U0524433

现代中国的困惑
古今之变：历史学家访谈录

李礼 ——————— 著

书海出版社

没有人具有预言未来的能力。
——卡尔·波普尔

自　序

当 2021 年春天带来新的温暖，一场灾难恍惚间慢慢散去，但新的疫情仍在继续，它已经改头换面。更为重要的是，越来越多的人发现，忽然而至的这场全球疫情已深刻改变了世界。没有人能预知，未来是否真的会以公元 2020 年为界，深深划出两个新旧世界，但毫无疑问，我们已经无法回到过去。

这很可能意味着一个全球化时代的大幅退缩，如果不是暂停的话。病毒带给世界不安，也让人们自我封闭起来，甚至目光中多了几分敌意。这种情绪并非主流，但足以搅起尘埃，特别是当它被互联网和不同意识形态用放大镜呈现出来时，不同国家、文化圈很可能由此互相怀疑起来，他们之前的链接和宽容为时尚少，本不牢靠。古老的原教旨主义和新的民族主义或许将再次接管地球一段时间，常抱怨日子平淡无奇的一代人，也忽然触碰到了一种动荡而不无危险的历史感。每逢此时，人们总会再次想起一些难以破解的老话题：我是谁？我们是谁？我们的未来会怎样？

实际上，这个问题受到的关注，近年一直与日俱增。在一个史无前例的全球化时代，人们得以在各种语言、空间之间切换，也被激发起重新打量自我的兴趣。区别仅仅在于，有些人群对这个话题略显冷淡，有些人群则格外关心，中国人无疑属于后者，至少在未来很长一段时间里如此。我们是谁？中国的未来会变成怎样？回答它们并不容易，而且需要首先面对另一个难题：古典中国是如何变成今天这副模样的？

这本书可能和这个话题相当密切，尽管它更聚焦一些东西。它主要讨论的是晚清以来的中国"现代"之路，目光聚焦于距离今天更近的历史时间段。读者不难发现，近现代史内容占据了本书的多数篇幅，更多时候，"古代中国"只是作为一个背景时隐时现，或作为一种传统与当下对应，因此"古代"的讨论相对不足。不过"古今之变"最重大的转变枢机实际发生于近代，人们头脑中的问题意识也始于此时。

所谓"古今之变"，并非古人抚今追昔的感怀或王朝更迭所引发的时间意识，而是对再造国家甚至自身"文明"的一种思考。它首先是一种危机意识，当19世纪中后期西方人裹挟新的器物、文化到来时，李鸿章、张之洞这样的"旧人物"也能立即捕捉到它，并为中国面临的巨大变局深感不安。此后，它被清末第一代启蒙者认真思考，并转化为各种行动。后者试图重塑一个新的现代民族国家，并把古老帝国里懵懂的公众改造为新国民。不幸的是，上述行动起步虽不算太晚，却异常曲折。在几个历史节点，"现代中国"在表面上看似成功了，却很快被发现只是一个个躯壳。

进入21世纪，中国因经济崛起赢得了世界的更多目光，无数人希望将这种关注转化为尊重，并让这个古老国家重拾历史地位，甚至再次赢得"轴心文明"时代的荣光。事实却并非如此，很多时候毋宁说适得其反。一些人为此愤怒，一些人感到不安。不过彼得·沃森提醒中国人说，尽管中国的技术、体育、商业、海外投资都已经取得了长足的发展，"但是，只有当中国能像西方的伟大文明所曾经成就的那样，在统辖人生重要的问题方面——比如今天我们该如何一同生活在这个人与人截然不同的世界？——换言之，在法律、哲学，尤其是道德哲学以及人文学科领域提出举足轻重的新思想，我们才能说这个国家在现代世界中成为一个真正重要的角色"（《20世纪思想史：从弗洛伊德到互联网》，译林出版社，2019年，中文版序第7页）。这位英国杰出的思想史学者将此视为中国人的新挑战，对此一些人可能不以为然，但它正可激发人们去重审"现代中国"的过去和未来。

无论承认与否，我们称之为"现代"的生活方式，主要来自西方。今天，中国人的衣食住行也不复古典之貌，但"现代中国"就是当下的模样吗？中国进入"现代"会遵循一种通用的演化路径，还是会变成一个相当特殊的例外？这种例外是如何发生的，它是否不可避免？这些疑问、困惑变成了本书的一些讨论，却难以给出令人信服的答案。也许我们唯一可确定的是，它将在很长一段时间里被反复讨论。特别是当"前现代"与"后现代"迎头相遇之际，沉重的历史包袱和虚无的美丽新世界相互缠绕，必将折射出种种悖论和光怪陆离的扭曲。

行文至此，几个幻想未来的晚清"科幻小说"忽然跳入脑海。梁启超想象1902年之后60年的《新中国未来记》，写到第五回合就写不下去了；吴趼人笔下的《新石头记》(1908)里，宝玉到未来去拜访了一位明君"东方强"，那个文明国家的疆土却以中国忠、孝、仁、爱等八德来命名。不过我印象最深的却是萧然郁生的《乌托邦游记》(1906)，它描写了乘坐每昼夜可行五万几千里的乌托邦"飞空艇"向理想"行星"的旅程，但作者同样没有写完。"我们的太空人还没有到达目的地，小说就停止了。仿佛这几位太空人的乌托邦之旅，永远在空中悬而不决。"王德威先生写道。他在《想象中国的方法》中犀利地指出，晚清作家很可能已注销了未来的动力。因为他们未来性的观点，只不过是"昔日"或现时情怀的重现而已。迈向未来成了"回到"未来。他们的作品并未真正地发现一个新地带，而是中国传统时间、历史观的复辟。

今天的我们，和100多年前的他们相比，究竟又提高了多少呢？

目 录

第一章　许宏｜中国"文明"从没有自外于世界　*1*

第二章　赵鼎新｜"儒法国家"的形成　*27*

第三章　许纪霖｜我们依然处在古代中国的延长线上　*45*

第四章　佐藤慎一｜转换世界图景的清末启蒙者　*67*

第五章　杨奎松｜中国革命，从温和到激进的转变　*81*

第六章　谢泳｜对国家的迷恋，知识分子的百年际遇　*101*

第七章　狭间直树｜中日之间的"亚洲主义"　*119*

第八章　张鸣｜如何"重写"中国近代史　*139*

第九章　黄克武｜历史变化背后的"思想结构"　*155*

第十章　高全喜｜启蒙的挫折——被遮蔽的新文化运动　*175*

第十一章　施耐德｜那些中国现代化中的"落伍者"　*197*

第十二章　罗新｜边缘人和被驯化的历史　*211*

第十三章　卢汉超｜理解中国社会的底层视角　*235*

第十四章　章清｜从"知识转型"重审近代中国　*253*

第十五章　马勇｜五四运动与现代中国的展开　*287*

第十六章　梁治平｜我们必须直面"文明"的死亡和再生　*311*

第十七章　葛兆光｜未来会如何看待我们这个时代　*339*

后记　*371*

第一章

许宏 | 中国"文明"从没有自外于世界

"一定要把中国文明的形成放在全球文明史这样一个大的框架里边,我们才能看清它的来龙去脉。"

许宏

著名考古学家,中国社会科学院考古研究所研究员,曾任夏商周考古研究室主任、二里头工作队队长。长期致力于中国早期城市、早期文明与早期国家的考古学研究及公众考古。著有《最早的中国》、《何以中国》、《大都无城》、《东亚青铜潮》、《先秦城邑考古》等。

一

民族主义与现代考古学的舶来

李礼 越来越多的人喜欢讨论何为中国,或到底什么是中国?您也有相关著作,比如《何以中国》。当然您关注的主要是起源,公众的关注则既包括古代中国,也包括当下。从您的角度看,如何理解这种社会心理?毕竟考古学也一直试图解决"我们是谁,我们是如何形成的"这个困惑。

许宏 对，我有两本关于古代中国的小书，一本叫《最早的中国》，一本叫《何以中国》。所以搞到现在我好像成了所谓考古学界的"中国"问题研究专家了。（笑）这个问题我印象最深刻的是前几年台湾学者王明珂先生到人大讲座，我们也跟着"追星"，当我把《何以中国》送给北大的一位教授时，他说现在讨论什么是中国的书已经有好几本了吧，这应该反映了我们的某种整体焦虑。是啊，我想起许倬云先生的《说中国》、葛兆光先生的《宅兹中国》和《何为中国》，还有本人的这两本小书也算是跟着凑了个热闹。这些书虽然都从不同的角度回溯古代中国，但也算是回应当代人的需求吧。很明显，我们的确都有点焦虑，说重新定位也好，说追求文化认同也好，反正是有这个需求。说起来，考古人参与这个话题，按说也不是很新的，这是百年来国人追求自我定位和文化认同的延续。

不过，我记得王明珂先生提醒说，世界各地区人类语言、文化与人种的起源、迁徙和分化，在19世纪后半叶至20世纪前半叶曾是相当热门的主题。然而从20世纪60年代以来，这些研究除了在少数地区与部分学者之间外，基本上已无法吸引学者们的兴趣。就是说其他国家的学界已经不再讨论这样的问题了，这可能是一个反衬。

李礼 20世纪初，中国开始从传统的古器物学、金石学转为西方考古学，其原因除了引入近代科学，像地质学、生物学，还有深刻的时代背景。记得您提到过，考古学者也都是"求变者"，考古学必须放到百年以来的中国社会史里，才能被更好理解。

许宏 现代的考古学就是舶来品，根本不是什么国学，对不对？考古学研究古代的东西，但研究理念、方法和这个学科本身都是非常新的，是一门现代学问。上个世纪初才从西方引进，那时我们跟日本实际上就差一截，日本引进的时间比我们还要早。这样一个新的学问被引进来，实际上它是和科学理性、追求文明认知这些诉求，以及好多学科一块舶来的。比如，考古学方法论的两大支柱，一个是考古地层学，一个是考古类型学，地层学来源于地质学，类型学则是生物学的概念，这二者都是全新的学科。它们是一块被引进过来的，来到中国正好应一时之需。

考古学当时应该是门显学，不少人有这种感觉，因为它在中国一诞生，就是要解答国人很迫切想了解的问题："我是谁？中国是怎么来的？"这样一些本源性的问题。顾颉刚先生的"古史辨"，胡适先生所言的"东周以上无史"，给人的感觉是整个中国古史虚无化了。这些思考的背景是，被西方打蒙了或者说打醒了的状态。天朝上国那种感觉逐渐退去之后，文献中的"三皇五帝"这些以前被人笃信不疑的东西现在不成了，怎么办？所以说，傅斯年就提出了"上穷碧落下黄泉，动手动脚找东西"，这是他在《历史语言研究所工作之旨趣》一文中用的一句话，呼吁脱离在书斋钻故纸堆的方法，到田野边疆去找东西、找史料。中国考古学就是这么发展起来的，所以它一开始就是显学，可以说是学术上的寻根问祖。

李礼 中国现代考古学诞生之初，尽管"仰韶文化"被认为是西方学者发掘的，但本土学者很快主导了考古工作，成果颇多，但同时也融入了太多的民族情感因素。记得张光直先生说过，1950年以前中国考古学的主旋律就是民族主义。我注意到您也指出了这一点，对此您有没有一些具体的感受？

许宏 现在公认的中国考古学的发端，是1921年安特生发掘河南渑池仰韶村遗址，这是被当时的中国政府认可的学者在中国进行的首次发掘。实际上在19世纪末叶，已经有外国学者在新疆和东北地区做考古工作了，但此前一般被认为是盗掘和掠夺，这种情况当然也有，但不能否认他们对中国考古的贡献。

实际上，放开了想一想，什么是中国考古学？中国考古学是中国人从事的考古学吗？答案显然是否定的，我们如果把它定位为在中华人民共和国境内从事的考古活动的话，就不能不承认最初的外国学者在科学方法应用以及获取历史信息上的累积之功。那时的测绘手段等我们还没有，但出版的考古报告质量相当好，甚至影响到此后中国考古学的发展。当然现在我们有越来越多的自信能够认可这些，以前是根本不认的。不过，就中国考古学的总体来说，这些外国学者的工作就是个序曲。仰韶文化发现一百年了（距1921年），考古学界还有较大规模的纪念活动，安特生是被我们认可的。之后，1926年"中国考古学之父"李济先生又到山西去寻找夏王朝的遗迹，根据典籍上的线索开始找。到1928年，中国本土学者就开展组织国家级的、成建制的大规模考古发掘了——这就是1928年到1937年的殷墟发掘，在中国考古学诞生不久。

所以说，中国考古学一开始就走上了以本土学者为主的探究之路，这跟世界上大部分地区都不一样，那里是欧美学者主导的考古学，对不对？甚至一直到现在也是，美洲不用说了，印度、埃及、两河流域都是，而中国则具有鲜明的本土特色，是学术上的寻根问祖。由于是本国学者主导考古工作，有利的一面肯定不少，比如甲骨文，一旦进入了民国学术大家的法眼，也就结束了长期以来一直被作为药引子，被当成中药吃的命运。我们的学术大家可以通过像《说文解字》这样的工具书作为桥梁和纽带，迅速打通古今，辨识出甲骨文。1899年王懿荣发现甲骨文，甲骨学在20世纪的第一个10年就开始了，这个是世界上其他地区的古文字研究比不了的。

也大体与此同时，随着外国侵略，民族主义在中国兴起来了。一方面，我们被列强的坚船利炮打得节节败退，开始有一个救亡图存的问题，救亡图存后边就要有民族主义，民族主义在这里并非贬义词。就是说要建构文化认同，对不对？但另一方面，科学理性、文明开化的理念同时也进来了，我们知道要求真逐理，追求历史真实，所以历史语言研究都要科学化。这是当时国人思想的两大主线，但这两条主线对于国人来说，并不是一直都能稳妥地、有机地结合在一起的，而是经常纠结和拧巴，因为后边有一个民族情感的问题。民族情感一旦参与了学术探究，把它放到一个什么位置，就是值得严肃思考的问题了。

最能说明问题的一个例子就是傅斯年先生后来在日本侵略东北之际，组织学者撰写《东北史纲》，到现在没有人把它作为严肃的学术著作，因为当时要服从于整个救亡图存这样大的需要，甚至早年民族辨识的工作已经开始了，但因为面临这样大的国族危机而趋于淡化，顾颉刚就曾撰文《中华民族是一个》，倡导民族团结，一致对敌。再比如，西北史地研究实际上也是这个时候兴起的。边疆的问题比较严峻，西北史地因此受到重视。后来的"五族共和"、"中华民族是一家"，都是救亡图存的产物，学者也都强调这些提法。从这个意义上讲，没有什么脱离于社会的纯学问，都是要放在大的历史背景下去看的。

所以在这种情况下，拉长中国历史，建构文化认同，就成为新生的考古学的一个重要责任。现在所说的民族伟大复兴，注重考古学的社会意义，其实和 100 年以前的思潮是有内在的关联的。

二
跳出中国看中国

李礼 您是否留意到，我们似乎特别喜欢把历史追溯得更久远，它似乎成了民族自豪感的一个重要来源。尽管从顾颉刚先生等人提出"古史辨"后，受到很多人的质疑，但部分中国古文明可能是建构的。

许宏 我给日本讲谈社版《中国的历史》系列的第一本写推荐序，最后那段我引了英国剑桥大学著名考古学家伦福儒教授的一段话："现在，（考古学）已成为世界各国许多人都感兴趣的一个领域。其部分原因是，它使我们每个人都有机会充分地了解本国的历史。但是，如果把注意力只集中于本国，那就是沙文主义。考古学还使我们有可能把每个国家的早期历史看作整个人类更大范围的历史的一部分。"

现在我们越来越多地从全球文明史的视野来看中国文明，任何事物，必须把视野放开才能看得真切，对不对？我最近几年一直爱说两句话。一句是，只懂考古已经搞不好考古了。因为目前处于信息爆炸的时代，学科之间必须渗透和合作，需要突破学科界限，尤其是科技使考古插上了翅膀，考古学应该是在人文社会科学中跟自然科学最接近的一个学科。第二句就是，只懂中国已经搞不清中国了。我想谈的就是一种文化呼吁，很多事情只懂中国已经搞不清楚了，看不清楚了，对不对？所以，在这种情况下，我们谈中国问题，必须把它放在全球文明史的视角下去看。那么像民族主义在其中起了一个什么样的作用，作为本土学者，当考古面向公众，该怎么把握这些，都是必须严肃思考的问题。

李礼 不少人注意到您不久前出版的《东亚青铜潮》，这是一种全球文明史的尝试吗？跳出中国观察中国，是这种写作立意吗？

许宏 《东亚青铜潮》是我"解读早期中国"系列小书的第四本，

的确是希望跳出中国来观察中国的一个尝试。现在看来，这四本小书虽然在出版时有各自的机缘，但回头看还是有其内在的逻辑性的。如果说《最早的中国》是着眼于二里头都邑这一个点，属于对早期中国的微观考察的话，那么《何以中国》就试图回溯到二里头之前数百年的龙山时代，捋清二里头崛起的脉络与动因，属于中观考察。而《大都无城》是把视野从二里头贯通到明清北京城，对中国古都做了动态解读，就属于宏观考察了。《东亚青铜潮》则试图把东亚青铜文明的缘起放到欧亚大陆青铜文明的大视野下去观察，就可以称为大宏观了。

这本书的副标题叫"前甲骨文时代的千年变局"，我从公元前4700年仰韶时代零星的出土铜器开始捋起，对纵贯龙山时代、二里头时代、二里岗时代的青铜潮前锋和外缘做了大扫描，对核心区域——中原青铜礼器文明及其冲击波更是浓墨重彩，用考古材料勾勒出了殷墟时代之前东亚地区接受欧亚大陆内陆青铜文化影响而发生文化社会巨变的宏阔图景。这本书的风格仍然是材料取胜、述而不作的，但从中可以看到作为广域王权国家的最早"中国"。在进入青铜时代后，中国历史上的第一次大提速时代也就开始了。从二里头到殷墟，青铜器的数量增加，体重和形体增大，从仅10余厘米高的单薄小爵到高1米余、重800多公斤的大方鼎，意味着中原王朝国家对铜、锡、铅矿的开发和供应的控制能力在逐步加强。以商文明为主干，在东亚"大两河流域"的黄河和长江流域形成更大的青铜文化交流网，也带来了更大范围的社会整合——地方将资源和物资向王纳贡,而王将作为身份地位标志的青铜礼器再向下分配,从而确立了对王朝的一元化的纳贡制度。这一文化交流网络的扩展,正是中国青铜时代文明发展的成果与动力,更成为秦汉帝国版图形成的前提,奠定了古代中国的基础。

从新石器时代晚期到青铜时代,中国西北地区是开放的前沿阵地。在丝绸之路之前,还有一条横贯欧亚大陆的青铜之路。可以说,青铜礼器及其铸造术,催生了早期中国,而作为外来因素的青铜冶铸在其中起到了比较重要的催化作用。

三
"中国文明"的特征

李礼 对于"礼制"您似乎多有研究,比如二里头青铜礼器的生产和使用。一些学者认为,礼乐制度是中国文明的特点之一。如果说"礼制"本质上是一种等级秩序,那么等级秩序在早期文明中其实都程度不一地存在,为何在中国会成为一种绵延久远的政治符号甚至制度力量?

许宏 中国古代文献上说的很清楚,礼制就是等级名分制度,用来确定上下、尊卑、亲疏、长幼之间的隶属服从关系。举行祭祀、朝聘、宴享等政治性、宗教性活动的建筑物及使用的礼器,是礼制的物化形式,它们既是社会地位的象征,又是用以"明贵贱,辨等列"

（《左传·隐公五年》），区别贵族内部等级的标志物。说起来，礼制就是用来辨识身份的，而中国儒家文化从根本上来说就不是讲平等的，比如君子、小人分得都很清楚。礼制就是区别人与人之间的等差，宗法等级制和与此相适应的一套礼乐制度，所体现的就是特权和社会成员间的不平等。

按理说广义的礼制，哪个早期文明都有，但中国这一套不一样。人家把青铜这种当时的高科技用来做刀剑，用来做工具和装饰品等等，但古代中国人则把它做成自己认为最重要的东西，那就是祭祀祖先的礼器。很有意思的是，中国最早的礼器爵是酒器。二里头发现了中国最早的青铜礼器群，正好在这个时候广域王权国家开始出现了。为什么中国人做这类东西？这些礼器别看它小，包括所谓"九鼎"在内，它们的一个特点是具有便携性，它是可以跟着王族走的，是吧？这套东西代表王权，是身份地位的象征物，这跟西方不一样。中国二三百年来一次改朝换代，如同割一茬韭菜，从都邑，从鳞次栉比、高度繁盛的都市到尸横遍野、荒废都城，宫殿在鼎革之际一般都是被摧毁的，都是在否定前朝的基础上建立新王朝。注意这里我随意用的"鼎革"一词，鼎为传国重器，鼎易手了，就标志着朝代换了。古代中国人把这个看得很重，所以著名艺术史家巫鸿教授说这里边有"纪念碑性"，是有道理的。在这种情况下，中国基本上很难有延续千年以上的"圣地"，而礼器在这里就承担起了政治符号的作用。从春秋时期楚庄王问鼎于周王室，乃至成语"问鼎中原"中的"问鼎"，到蒋介石往台湾去带到台北故宫博物院的那些作为中国古代文化结晶的艺术品,都是对王权的追求。

为什么后世中国人在相当长的时间里一直延续着"礼"器和礼制思维,甚至表现出对艺术品的独占?我觉得这和中国的政治结构是相表里的,就是注重建立在家族血缘关系基础上的权威,从家长、族长到一国的首脑,从周天子到后来的皇帝,完全是为了这样一套金字塔式社会结构的稳定,一切都是为了这个秩序服务的。但归根结底,这些又都是基于定居农耕生存方式的最佳选择,可以说是不太以个人乃至群体意志为转移的。

李礼 考古学无疑是对历史的一种长时段考察,据您这么多年的观察、研究,如果有一个长期存在的"中国文明",它的与众不同之处或者说特征到底是什么?它的"短板"又是什么?比如,梁漱溟先生曾认为中国是个过于早熟的文明,由此也带了一些问题,它比西方文化更高明,却因"早熟"而没有得到正常的发展。

许宏 这个问题最不好回答,尤其是像我这样做考古学研究的,我们的研究对象是形而下的"物",不敢过多地引申到形而上的层面,有一些想法也只能谈谈自己的感受。就考古学本位而言,人类本来就是自然的产物,一方水土养一方人,尤其在上古时期人类绝对受到气候和地缘的极大影响,而形形色色的文化,都可以看作各区域的人类对当地自然环境与条件的一种适应方式。东亚地区为什么到后来形成了称为"中国文明"的这样一个东西,还需要先从东亚的地形大势来看,这里所谓文明的前提是定居和农耕,定居和农耕基本上开始于1万年前。我们说整个欧亚大陆西部，是以地中海为中心的。从人类出非洲开始，地中海东岸就是一个大十字路口，文明的交锋、冲突剧烈，许多领域都走在了前列。从克里特文明一直到希腊文明，都是海洋文明，那是商业和农业或农牧相结合，属于外向型的文明。东西方两边各自大的地理、地缘因素不同，导致他们处理和自然关系的方式不同，也就是文化底蕴的不同，然后逐渐开始分道，特色增强。

在东亚大陆，定居农耕发展起来后，由于地分南北，所以有稻作农业和旱作农业的差别，建基于此，各地的文化也各具特点。但整个中国像一个大盆地似的，可以看作一个大致独立的单元。在500年前的大航海时代之前，东南方向基本上是隔绝的，除了有些渔民间的对外来往，但这些往来也没有影响到整个王朝政治的大格局。西北虽然没有隔绝人类活动的天险，但高原、高山、荒漠、戈壁，还是构成了一定的屏障。在它的中间，以黄河和长江流域为中心分布的华北大平原和长江中下游平原，没有像阿尔卑斯山那样的阻隔，两条大河又都是横向的，便于交流和沟通，所以在比较早的时候就形成了一个所谓松散的"中国互动圈"，张光直先生称其为"中国相互作用圈"或"中国以前相互作用圈"。这个大圈子在北方少数族群南下之际，由于中原之南还有南方可以作为迁移的后方和根据地，使得农耕文明不至于被彻底摧毁和替代，这是东亚大陆农耕文化圈的一个极大的地缘优势。这种地缘优势，又成为华夏文明赖以生存与发展的基础。我把所谓最早的"中国"界定在东亚大陆最早的具有核心文化性质的政治实体的出现、最早的广域王权国家的存在，这还比较保守。因为再上溯，到六七千年前的仰韶时代，甚至作为仰韶时代前身的裴李岗文化，有学者认为就已经开始有这种松散的"中国互动圈"性质的联系了，而这个应该是文化上的早期中国。

所以中国文明是地地道道的农耕文明，但不能"铁板一块"地看，南方和北方差得很多，南方是红土地，北方是黄土地和黑土地，最初也没有一个叫中国的存在。现在被我们称为特色的东西，是中原王朝文明诞生前后孕育出来的。这个中心形成之后碾压其他区域，淡化甚至消弭其他特质。中原文明为什么能在东亚大盆地里脱颖而出，而其他文化都退出了历史舞台？这肯定是各个区域文明竞争的结果。中原文明最终的胜出，与它地处东亚大盆地中部偏北，得地利之便有极大的关系，这是一个从物流到信息网络的中心，它有开放的优势，包括最先、最便利地接收外来文化的影响和刺激。从新石器时代直到青铜时代，与内亚接壤的中国大西北，就是当时改革开放的前沿阵地。中原人从与周边各族群交往的过程中汲取经验教训，最终形成了自身的一套"生活哲学"。

这个胜出的文明给人的感觉很早熟、很世故，它注重血缘关系，注重宗法关系，注重世俗的王权至上而非神权至上，或者可以说就是政教合一。在艺术表现形式上比较质朴古拙，形成了"礼乐文明"。最大的特点是非常注重人与人之间的关系，注重人伦道德。什么叫政治？说白了就是处理人与人之间关系的艺术呗。而长江下游的良渚文化、中游的屈家岭—石家河文化和上游更晚的三星堆文化所代表的人群，感觉都是注重处理人与神之间的关系，甚至到了战国时期及更晚，楚人还"信巫鬼，重淫祀"呢，具有浓重的巫术色彩，结果它们最后都淡出了，而缺乏巫术色彩的、重功利的、重血缘的、注重人与人之间关系的中原文明胜出了。孔子是怎么出来的？"中国文明"是哪来的？就是从这条路径上一步一步走出来的。

我认为，中原中心最终形成的标志，是二里头都邑和二里头文化的崛起，自此进入了青铜时代、以中原为中心的时代和广域王权国家肇始的时代。后来的中原礼乐文明尽管朝代更迭，但这套世界观和价值观一直被延续下来，在相对封闭的、以定居和农耕为基盘的东亚大盆地中，它显然具有极大的文化涵化的优势，对周边区域形成了碾压的态势。哲学家赵汀阳教授把这种延续数千年的生长方式解释为有着强大向心力的旋涡。这个旋涡的向心运动不断把中原周边各个地方、各种文化卷入到一起而成为一体，形成了所谓"中国文明"。

四
对宗教信仰、中央集权的一些历史感受

李礼 徐旭生先生曾说，专业祭司垄断"绝地天通"的宗教沟通，是上古社会几次主要进化过程之一。我想问的是，宗教信仰为何在中国古代文明发展中变得式微，甚至缺失了。直到今天，中国仍是世界上最为世俗化的大国。如果从一个古代研究者的视角看，如何理解这一切?

许宏 这个是考古人不好回答的问题,因为我们的研究对象是"形而下"的东西。我感觉其实全球各地的人群最初肯定都一样,科学时代之前肯定有个神学时代,原始宗教应该都是相近的。从考古学上来看,文献记载中所谓颛顼"绝地天通"的时代,我们倾向于把它放到仰韶时代和龙山时代之间,如果强说绝对年代,大体上就是公元前2600—前2300年这段时间吧。"绝地天通"之前,实际上就是说,一开始是各家各户都可以祭祀的,每家有个祖先神,因为那时还在社会复杂化的初级阶段,还都可以祭祀,但后来一些有力的酋长阶层或祭司阶层出现,就以那些大宗的祖先神作为整个族群的祖先神了。然后,是王的出现、国家的出现,有了所谓制度化的政府,这类民间祭祀就不被允许了,百姓失去了祭祀权。实际上这个对宗教沟通的垄断过程,也就是一个社会复杂化、文明化和国家化的过程。

考古学能观察到的,有这样一些现象。建筑,从半地穴式或地面式的小房子、大房子,到高出地面的台基式宫室;聚落结构,由向心开放的部族居住地,到密闭的、排他的、有序的宫殿区;最常见的陶器,由红陶、彩陶为主变为黑灰陶和彩绘陶为主,彩陶是大众日用品,彩绘陶(烧制后绘彩)则基本上为贵族所有;聚落的防御设施,从环壕到方形或长方形的城址;墓葬,从没有或罕见葬具、薄葬到棺椁齐备的厚葬;随葬品,从罕见礼器到玉、漆、陶礼器,直至各类青铜礼器，从以量取胜到成套出现、注重组合规制。上述仰韶时代向龙山时代过渡阶段在方方面面的变化，给人的感觉是：这是个大动荡、大分化、大改组、大整合的时代。这可以看作中国文明形成期的第一个大节点，按中国考古学界的提法，大致从此时进入了古国时代或邦国时代。

古代中国为何缺乏彼岸意义上的宗教信仰，是个有意思的话题。一种解释是中国文明的基盘是纯农业，发达的农耕导致人口增长、密集分布，彼此间人际关系紧张，所以人们的主要着眼点放在解决人与人之间关系的问题上，关注点集中于社会道德伦理层面。"有用"成为考虑问题的出发点，空灵高远的宇宙由来、彼岸宗教和哲学思考等偏于"无用"，也就很少为注重经世致用的古代中国人关注了。我们的一句老话叫"地大物博"，但实际情况很可能是地大物不博，资源并非太丰足，或者说尽管丰厚但还是不足以养活太多的人口。一个另类的观察是，欧美人吃肉基本是挑动物身上最好的部位吃，而中国料理的食物清单中，其他族群不吃的凤爪、猪手和各类动物内脏统统都有，是否暗喻着农耕时代食物来源的短缺？吃饱饭，一直是古代中国人一个天大的问题。许多特质都是从这里生发出来的。

张光直先生认为以殷商文明为代表的中国古代文明就是一种充满巫术色彩的"萨满式文明"，但这一观点没有得到学界的普遍认可。表面上殷商人重鬼神，但其实这些鬼神是他们的祖先，可其他文明群团的鬼神大多就是鬼神，属于巫鬼之类，而中原人是祭祖先。这种宗法中的血缘关系，到现在为止在中国人的生活中还是影响极大的。

我们缺乏公民意识，彼此之间称兄道弟，套近乎，都是血缘和拟血缘的那一套，重私德而轻公德。恩格斯等经典作家关于国家的定义，最重要的一点，是地缘共同体取代血缘共同体，但是中国的早期国家绝非如此，血缘共同体长期存在。在战国时期的临淄——齐国都城，从现今出土的一些标记氏名的陶文看，"同里者大率同氏"，表明聚族而居的传统实际上在中国历史上长期存在。

所以血缘这个东西是"中国文明"一个极大的特色，原始社会的那些血缘亲属关系没有彻底被突破，一切政治结构、社会结构都是建立在这个基础上的，所以才有所谓家国一体，国、家合为一个概念，一直延续到现代汉语中还是这样。

李礼 今天，越来越多人认同"中国文明"起源多元论。同时，很多人也常常会思考这样一个问题：为何"周秦之变"后，大一统的中央集权会成为一种主流治理方式？

许宏 最近十几年来开始更多地看闲书，看到黄仁宇先生讲中国大历史，有几句话我完全认可。刚才说过，一方水土养一方人，如何解释长期存在的中央集权，可能需要考虑以下几点。

东亚这一片大盆地地貌导致每年东南的季风跟西北的寒流交汇，它们交合得正好的时候是风调雨顺，但那种时候是非常少的，碰撞得很厉害的话，就是洪涝灾害；没碰撞着就是干旱。遇到这些自然灾害，第一个要应对的就是赈灾。一个地区旱了涝了，粮食不够吃了，怎么办？或者上游弄个坝把水拦住了，粮食歉收，我跟你借粮，你不借，百姓吃不饱，怎么办？这对各国来说都是很大的事儿。那么，如果你那块地方属于我，这事不就好办了吗？统一管理可以说是代价最低的，却可以做到利益最大化。

中国历史中的大变革，前面说仰韶、龙山时代之交，是可能的"绝地天通"的大变革，构成社会复杂化的第一大节点，而二里头文化应该是第二大节点，二里头文化结束了古国（邦国）时代无中心的多元，从满天星斗到月明星稀，进入了有中心的多元，这是王国时代。而秦王朝又是一个大节点，它开启了辉煌的帝国时代（包括秦汉帝国、隋唐帝国和明清帝国三大阶段）。

正如黄仁宇先生说的，赈灾之外，就是治水。但治水应该是很晚近的事儿了，最早是东周吧。人定胜天的概念在上古根本就谈不上，现在也不可能。时代越早，你受自然束缚就越深，比如大禹治水那个时候，你就跟蚂蚁一样，根本没有能力去治什么水。环境考古学者最新的解释是，大禹之所以能够治水成功，可能主要得益于距今4000年以后的气候好转而并不是人力所为。一旦气候好转，季风降雨正常化，植被恢复，大洪水等灾害自然随之好转。但限于当时的知识水平，先民们可能并不知道气候突变与洪水灾害之间的关系，他们将水患的平复归功于领导他们治水的大禹，自然是合情合理的。这可能就是大禹治水传说背后的真实故事。应该说，专家的研究结果比较好地解释了史前洪水的发生与怀疑大禹能否治水成功之间的矛盾。在东亚大陆，大规模的治水要晚到帝国时期，黄河和长江两大河流统一在一个版图里才好治理。

第三个影响中国古代史的要素是防御北边。中国这块大盆地的北边，畜牧、半农半牧或游牧的族群一直伺机南下，比如后来的匈奴、"五胡入华"、鲜卑拓跋部、蒙元等。这构成了华夏族群抱团做大的一个重要的外因。由是我们知道北方族群的南下，构成了中国古代史的一大景观，没有中国大北方的参与，一部完整的中国古代史是无从谈起的，甚至可以说，整个中国古代史，就是一部"胡化"的历史。这说的是秦汉及以后的情形，商周甚至更早的时候，我们都不清楚王族是从哪来的，但无论从 DNA 检测还是从体质人类学来看，殷商就有浓重的北方因素，这已不是什么学术禁忌。

五
从古到今，中国是一个不断开放的存在

李礼 记得傅斯年先生曾经质疑，到底谁是诸夏？谁是戎狄？早期中国其实主要是用生活方式、文化来区分不同人群，而且他们还一直不断地互相融合，比如钱穆先生后来提到，南北朝之后，北方的所谓汉族已经是融合后的一个新汉族了。

许宏 资源竞争导致人群冲突，解决方式粗略地说有两种大的模式，那就是战败的一方走不走，肯不肯走。王明珂先生曾分析过中国西北西南地区的情况。强势的农耕者（所谓华夏人或者汉人）来了，占据了谷地最好的地方，原来的农业居民被赶到半山腰，成为半农半牧的人，被称为"羌"人，本来住半山腰的那帮半农半牧的人又被赶到更高的地方，就成了"藏"人，那里养殖牦牛，农耕的比例更低。"羌在汉藏之间"，华夏人口中的蛮夷戎狄不就是这么来的吗？这是一方被驱赶到大盆地的更外围，或者是从平原的中国被赶到了山地中国的区域。但在认同上，这些差异不是绝对的，而且还是动态的，"夷狄入中国，则中国之，中国入夷狄，则夷狄之"。

第二种模式，就是冲突两方都是居住在东亚大盆地中心的平原地带，都是农耕起家的，安土重迁，战败了也不肯走。我经常思考二里头文化为什么能起来，就是东亚历史上第一个管控大规模人群的政治实体是如何起来的？二里头文化，应该是从公元前2400年—前1800年前后各方"逐鹿中原"的一个说法和结果，这几百年冲突剧烈，打得一塌糊涂，大家都不肯走，但都不想离开这儿的话就得有个说法。集团内部分化就得有所谓"人上人"，而集团之间就得有"国上之国"，于是各集团认可的广域王权国家出现了，下边虽然还都是小国，相对独立，但逐渐被"同化"，认可这个大的"国上之国"，夏商周三代王朝就是这么起来的，形成了华夏—边缘这种模式。

美国科学院院士卡内罗（Robert Leonard Carneiro）教授，以尼罗河流域、两河流域、印度河流域及中南美洲等古代社会为例证，提出了国家起源模式上的限制理论。也就是由于环境的限制，战败的村民无处可逃，或者基于利弊权衡，不愿逃走，故而屈服于战胜者，或者沦为附属纳贡者，或者整个村落被战胜者吞并。随着这种过程的反复出现，较大政治实体的整合情况出现了。强大的酋邦征服了弱小的酋邦，政治实体迅速扩大。最后，政治单位的复杂情况与权力集中情况都演进到一定的程度，国家也就随之产生了。我感觉中原国家的兴起，一定程度上都非常相像，资源集中与社会限制这两种因素在国家形成的过程中应该也起过作用，卡内罗的理论给我们思考中原古代国家的形成提供了重要的启发。

后来的中国就是在中原国家的基础上，涵盖了以前所谓蛮夷戎狄，逐渐逐渐这么滚雪球滚出来的。从古到今，中国是一个不断开放的存在，一直都在吸纳新的人群。"华夏"或"汉"首先是定居农耕，这是最底层的基础，新的人群进来了就得定居农耕，这就是赵汀阳先生所说的旋涡的力量吧。我觉得这不一定是"汉化"，"汉化"还是我们本位主义的思维方式，就是新的人群适应中原定居农耕习俗，然后使用汉字，汉字的使用也有凝聚力，它也是一个有效的工具，也是一种霸权，话语霸权，对吧？最后形成汉字典籍的霸权，等于说你有记载而人家那边没有记载，历史也就这么一直在建构，对不对？历史一定是胜利者书写的历史。

但考古学从某种意义上说，其实能恢复很多被遮蔽的东西。比如说三星堆，它确实跟我们所熟知的中原文明这套东西是不一样的，当我们去看，发现自己有一种惊讶的感觉，就说明我们有一个思维定势，说这个地方不该出现这样的东西。那么为什么不该？这就要反思我们的思想路数了，对不对？为什么会认为这个地方不该有这么高的文明？这说明我们以前的历史建构是有一些问题的，以前的认知框架有问题。王明珂先生说得好："'异例'（anomaly），是我们反思自身知识理性的最佳切入点。"所以我一直持谨慎而开放的态度，不敢排除各种理论和史实上的可能性。

李礼 说到开放态度，我注意到您在一篇文章里提醒说，中国从来就没有自外于世界，我们现在思考的所有问题都是中西交流碰撞的问题，几乎没有例外。考古学跟这些问题则是密切相关的。这是您对自己多年学习、工作经历的有感而发？

许宏 现在想一想，其实我们的知识是非常浅薄的，我们有全球史的观念，也就是从五六十年以前开始的吧，对不对？现在对整个全球文明史的把握，也不能说十分确切，这方面还有很长的路要走。现在我们说全球化是从什么时候开始的，一般朋友会说是五百年前大航海那个时候吧，哥伦布发现新大陆，才导致全球化这个态势出来的。其实可以说，全球化五千年之前就开始了，因为青铜冶铸技术的扩散，就是最早的全球化浪潮，那时已有了这样一个趋势。这些东西在考古学家手下逐渐逐渐变得清晰起来。

就对古代中国的认识而言，不识庐山真面目，只缘身在此山中。一定要把中国文明的形成放在全球文明史这样一个大的框架里边，我们才能看清它的来龙去脉。有学者对整个欧亚大陆青铜文明的态势做了梳理：距今5000年前后，欧亚草原青铜文化已经进入初始期的前段了，而东亚地区仅有零星的发现。到了欧亚草原青铜文化初始期后段，比二里头文化还要早，距今4000年前后，已经是星火燎原的态势了。二里头开始出来的时候，欧亚草原已经进入了青铜文化发达期的前段。所以整个东亚大陆青铜文化的动向应该是跟内亚地区密切相关的。而再往东,朝鲜半岛进入青铜时代已经是东周时代的事儿了,日本则几乎没有青铜时代,青铜跟铁器是一块传进去的。这样一个脉络是非常清楚的。

以青铜冶铸技术的传播为中心,从龙山时代到殷墟时代这一千年左右的时间里,有大量的外来因素进入东亚大陆腹地,例如小麦、黄牛、绵羊、车、马、带有长斜坡墓道的大墓、用骨头占卜的习俗,甚至甲骨文,我们都没有在中原找到它源于本地的证据线索。甲骨文源头的发现现在还有缺环,还看不清楚,商代文字突然就这么发达了,怎么来的还是个谜。大家知道文字这个东西,如是原生的,可能要相当长的孕育过程,但也完全有可能在很短的时间内,接受外来的刺激和影响发明出来,比如西夏文字、契丹文字和日语,都是在很短的时间内借鉴发明出来的。另外,像二里头文化这样的管控大范围人群的政治实体,究竟是独立自主地发展出来的,还是受到外边的影响才出来的,这都有待于进一步探究。

用一句话概括,那就是中国从来就没有自外于世界,一定要把早期中国的形成和发展,放到全球文明史的框架里面去审视。

六
中国考古学的转型

李礼 在很多人的印象里,考古学家似乎只对遥远的过去感兴趣,不过他们似乎也很难置身于当下之外，比如我们知道考古学曾经卷入所谓"儒法斗争"。从民国开始到现在，中国已经有了几代考古学家，您如何评价他们和百年以来的学术史演进？

许宏 观史需要距离感，我们迎来中国考古学诞生百年，百年后的今天我们才能初步看清来路。但说句实在话，感觉还是穿行于历史三峡中，感觉观史的距离仍不够远。我不揣浅陋，对中国考古学史的发展脉络有一个总体认知，那就是学术史并不是单线演进的。

第一代学人，其高度是后人难以企及的。他们正好处于西风东渐、社会动荡、思想变革的年代，他们一直在思考中国命运的大问题。这代学人学贯中西，如徐旭生、李济、梁思永先生（我把夏鼐先生往后归），属于觉醒的一代。第一代学人从一开始就站在了世界学术界的最前沿，整个层次高度就不一样。20世纪一二十年代，徐旭生、李济等先生学成归国，也就是从那时起，到40年代可称之为第一代学人。

第二代学人，活跃或成长于新中国成立后的前三十年（20世纪50年代初到70年代末）。这三十年，整个学科当然有重大的收获和进展，但由于社会形势和国际关系，导致我国学界和外界基本没什么来往，相对封闭的氛围导致包括学界在内的很多领域都受到很大影响。民族主义、修国史成为主要路数，学者们更为关注自身探索，甚至自说自话，缺少一个参照系。

考古学首先是发现之美，然后是思辨之美，思辨之美更高更美。

三十多年前提出中国考古学的"黄金时代"。可现在回过头看,那不就是考古发现的黄金时代吗?在研究理念和思维模式上是否有所超越?当然一代人有一代人的念想,我们不可苛责于前代学者,大家都是一步一个脚印走过来的。客观地讲,外在环境使然。

第三代学人,包括本人在内的一些考古学者已开始呼吁中国考古学的转型,由文化史为重心的研究转向全方位的社会考古。但更多的田野考古与研究的践行者是年轻人,他们有更多中外交流的机会,英语等外国语通达,有自身的一些思考,但他们还没有话语权。我认为这是一个过渡期,真正的学术高峰还要假以时日。现在我们这代学人更多的价值在于一种文化呼唤,呼吁中国考古学的转型。对于中国考古学的未来,我是充满信心的。

如果把我划在我的同龄人以及比我大的长者中间,我可能是目前考古学界的少数派,但据说我的声音得到越来越多年轻学者的认同,而他们代表了中国考古学的未来,这是我感到比较欣慰的。

李礼 最后想请教,如果说当下中国仍处于古今之变之中,您认为考古学对于一个真正的现代国家,意义究竟何在?

许宏 套用一句老话吧:没有历史,就没有根,而没有根,就没有未来。考古学的一个重要意义,应该就是唤回我们失去的文化记忆。这使得我们这门"无用之学"还显得有点儿价值,无用之用,是为大用。满足好奇心、求真逐理是人类的本能。可以说,考古学是一门残酷的学问,考古发现在时时完善、订正甚至颠覆我们既有的认知，考古学能够不断地给其他学科和公众提供灵感和给养。这也就是改革开放以来，考古学这门本来的冷门学科从象牙塔中走出，走近公众，走向社会的一个最根本的动因。

考古学是一门研究人类过往的学科，但它又是一门全新的现代学科。就中国而言，要探寻面向未来的文明之路，绝不该是对源于农耕文明的传统文化的"泥古"，也不可能是完全无视自然人文大势的全盘西化。建基于故有文明之上，同时吸纳所有人类文明的优秀因子，才能创造出崭新的、现代意义的中国文明。作为一名资深考古人，在这一过程中，我坚信考古学会有突出的表现和优异的贡献。

第二章

赵鼎新 |
"儒法国家"的形成

"儒学就像中国发明的瓷器,坚韧永久,但是又特别脆弱。摔破了就没什么用了。"

赵鼎新

1953年生于上海,美国芝加哥大学社会学系终身教授,浙江大学人文高等研究院院长,浙江大学社会学系教授,致力于政治社会学、历史社会学等领域的研究。1982年毕业于复旦大学生物学系。1984年毕业于中国科学院上海昆虫研究所,获昆虫生态学硕士学位。后赴加拿大留学,1990年获麦吉尔大学昆虫生态学博士学位、1995年获麦吉尔大学社会学博士学位。1996年起任教于芝加哥大学社会学系。作品曾获美国社会学学会2001年度亚洲研究最佳图书奖以及2002年度集体行动和社会运动研究最佳图书奖等。中文专著包括《社会与政治运动讲义》、《东周战争和儒法国家的诞生》等。

—

诸子百家与同期西方思想家的差别

李礼 除了大家所熟悉的,比如关于社会运动、社会抗争的研究,您对中国历史也有不少自己独特的看法,比如出版过的那本《东周战争与儒法国家的诞生》。我们不妨先从您对历史的兴趣开始,记得您说过,最早对中国古代史的兴趣来自"文革"时参加"批林批孔"小组,那是您第一次接触到法家学说这样的传统典籍,是这样吗?

赵鼎新 其实大家在国内看到的那本小册子(《东周战争与儒法国家的诞生》)是我花了三个月写出来的,但是我整整十几年一直在做这方面的研究,这一研究的英文著作题为《儒法国家:一个解释中国历史的新理论》(*The Confucian-Legalist State: A New Theory of Chinese History*)。

对历史的兴趣,在我是天生具有的,我小时候就不停问父母、祖父母、曾祖母他们所经历的事情。还有,我小时候特别怕死,但当时的中国是一个无神论社会,我也不可能从宗教中获得解脱。我于是总是想学历史上的英雄人物,想从历史中寻找自己存在的意义。但是我有兴趣,却没书看。如你所言,一直到了"批林批孔"的时候我才有机会接触那些典籍。

最后,我们这一代人都在很大程度上受到了黑格尔的线性史观,特别是马克思的历史唯物主义的影响。虽然我早就不认可历史遵从着任何一个总体性的规律,但是我始终保持着寻找历史规律的兴趣。

李礼 我想知道,您从上海"上山下乡"到了宁夏之后,如何被选进工厂"批林批孔"小组的?

赵鼎新 我所在的工厂有一个宣传干事,据说他是秦牧的学生,"文革"中跟着秦牧倒霉,被分到了宁夏。他蛮喜欢我,在搞"批林批孔"小组的时候把我也安排了进去。当时一个星期要上六天班,小组的人只用上五天班,有一天可以专门看书,而且厂里还拨了点钱用于购书。但是我马上发觉我们小组其实不是在研究历史,而在机械地把法家看作进步力量的代表,把儒家当作落后势力,并把某些当代人物乃至厂里的某些领导写成当代的"儒家"进行批判。换言之,小组其实很容易成为他人进行政治斗争的工具。当然,当时我的理解并不像今天表述得这样明白。

当时除了看郭沫若、范文澜、杨国荣的作品之外,我们还看了一些原著。原著中的内容往往会对我们接受的教条形成挑战。比如,《盐铁论》让我知道了当时支持私人商业发展的不是所谓法家,而是儒家学者。还比如,在"文革"儒法斗争的叙事下,苏轼是个两面派,但是多看了一些材料后不难发觉当时的问题主要是党争,苏轼比较平和的性格使他成了党争的牺牲品。打个比方,"批林批孔"小组中有一个朋友很教条,文章写得像姚文元风格,大家不喜欢他,但我却一点不恨他。这是因为我与他很长时间同住一个寝室,对他了解多一些,因此人家骂他我还为他说好话。假设我们的"批林批孔"小组也分成两派,那我可能也会被算成两面派。

我看问题不极端,遵从常人逻辑,因此很难接受儒法斗争是中国历史发展的主轴这种说法。在"批林批孔"小组一年多的时间里,我一篇文章都写不出来。宣传干事对我很失望,骂我不求上进。

李礼 进入"儒法国家"这个核心话题之前,不妨先把儒家、法家推至诸子百家。在很多人看来，那是中国思想史上一个辉煌时代。不过您却认为，诸子百家与西方思想史上的先贤相比，可能存在一些局限，也由此造成了相当影响，波及后世。具体而言，您认为中国早期的这些思想家，他们的"局限"是什么？

赵鼎新 也不好说局限，一讲局限就好像诸子百家不如他们（西方思想家），应该说是有显著差别的。

第一，诸子百家文章的最主要对象是国君，而希腊思想家文章的对象主要是当时的知识分子群体。在中国，每个人都想被国君看中，不管是骂还是捧，一心都系在国君身上。这是因为国君听了你的话，你的话才有用，才会变成政策，改变社会。

第二，希腊社会强调个人，人际关系纽带较弱，联系的紧密度相对较弱。这给希腊思想家提供了一种探索两个因子在不被其他条件干扰下因果关系的可能性，给了西方哲学一种片面深刻。这种片面深刻为理论理性和形式理性在西方的发展提供了可能，也为现代科学的出现打下了契机。在紧密的人际关系下，中国思想家看到的更多是多重事务之间的联系。他们因此很难把问题进行割裂，并且对脱离情景的因果逻辑不感兴趣。中国人的特长是系统性思维和相关思维。比如，"天人感应"理论把自然现象与社会想象看成了一个相互关联的系统，吃红色食品能补血这类思维方式就是相关思维的体现。我年轻时觉得中国出不了哲学家。与西方哲学家相比，孔子连定义都不会，人家问他什么是"仁"，他总是给人家一个不同的具体例子。后来我才懂得，孔子有他的深刻。他显然认为"仁"这个东西放在不同的场景下是有不同意义的，任何事务都需要放在历史情景下加以理解，一旦给出一个超越情景的定义，那就片面了。

第三，与古希腊哲学家相比，中国诸子百家有很强的历史理性，或者说是有从历史经验中找行为准则的冲动。这点，不但儒家和道家如此，就是厚今薄古的法家也喜欢用历史"先例"来论证自己的观点。中国思想家历史理性比较强，西方思想家理论和形式理性比较强。文艺复兴以后，理论理性和形式理性在西方被重新找了回来，这为现代科学的发展提供了可能，但西方人片面看问题的方式也会给自然科学的应用、社会科学的发展，乃至世界政治带来误区甚至是灾难。

二
只争输赢，不讲道德：战争打出"法家"

李礼 一个主流看法是，秦国因为采取了法家思想和行为方式，得以崛起并统一六国，汉代则继承了这种制度。不过事情也许没那么简单，还需要更加具体的分析。我注意到您特别关注"战争"这个变量。从早期的争霸战争，到后来的全民战争，您认为战争主导了各国之间的互动，它导致国内、国家之间的政治发生巨大变化，这种变化也使一个长期居于二流国家地位的秦国最后胜出。

那么，您着眼于"战争"研究，是出于怎样的考虑？说到战争影响诸国命运，进而影响历史走向，能否谈一下其中的关键何在？

赵鼎新　战争和做生意共同的特点就在于，输赢清楚。输赢清楚的竞争一旦在社会上形成主导就会导致工具理性的增长。人类有两种本能性的、指导自己行动的原则，一种是"对的我干，错的我不干"，这就是价值理性；另一种是"合算的就干，不合算的不干"，这就是工具理性。（先前所说的历史理性、理论理性和形式理性都是辅助性工具，使人能更好地发挥价值理性和工具理性。）春秋早期，价值理性是贵族行为的主宰，以至于出现宋襄公对阵中"半渡而不击"这种行为，即使打仗也要讲道德。但是在一场战争中，如果一个讲道德的对手面对的是一个同样强大的对手，怎么合算怎么来的话，恪守道德的对手往往会输掉。这种结果就会导致大家慢慢地都只争输赢不讲道德，工具理性成为主导。

但是先秦中国和前现代欧洲有很大不同。在欧洲，在战争越打越大的同时，商业竞争越来越激烈，商人的权力也不断提高。商人与在战争中力量不断加强的国家之间的冲突和合作，为君主立宪、代议制民主、民主国家和工业资本主义的兴起铺平了道路。先秦中国和前现代欧洲最大的不同是，欧洲是军事和经济竞争同时主导着社会变迁，而先秦中国主导社会变迁的动力主要是战争。先秦中国打仗，打着打着就打出了官僚体制，打出了常规军队，打出了国家更强的税收能力，打出了私有制，打出了小家庭（因为家庭越小，税收越容易且税收量可能加大），最后打出了一个系统的理论，就是法家学说。

在没有社会力量的牵制下，法家学说是一个最有效的战争动员理论。早期的管仲、晋文公等人都具有"法家"性质。这类思想到了战国开始系统化，出现了法家学说。法家改革首先从魏国开始。魏国改革的历史意义与欧洲出现工业资本主义和民族国家相似。它们都不代表历史进步，而代表一种同构压力（isomorphic pressure）。因为打仗输赢清楚，所以打不过人家就必须学。魏国改革之后，各国纷纷效仿，搞起了法家改革。

但是，秦国统一六国的背后还有其他的因素。第一，秦国的地理优势。夺取了四川后，秦国占据了长江、黄河两条河流的上游。这等于控制了两条顺路的"铁路"，人家逆流，它则顺流下去，运输又便宜又快。第二，秦国面对敌人的面向较少。当时有两个国家的地缘政治最优越，一个是秦国，一个是齐国。但齐国处在一个商业化程度较高的地方，当时临淄可能有二十多万人了，日子过得不错，你让谁去打仗？齐国虽然富有，但齐人却不是好战士。秦国人作战勇敢，地缘政治好，改革又比较成功，最后成为赢家。秦国统一六国在很大程度上是靠法家改革的成果，所以秦国统治者对这一套很自信，认为马上能打天下，也能治天下。但秦国因此垮得很快。

按照标准的说法，秦始皇焚书坑儒，其实并非如此简单。秦始皇怕死，搞方术，相信阴阳五行。如果去看秦始皇留下的碑文，人们发现他也提孝道，儒家这一套也是有的。秦始皇的脑子可谓是大杂烩，充满了各式各样的"糨糊"，但是有一点历史学家没说错，秦始皇在国家的重要政策领域采取的主要是严厉的法家方针。但是古代国家没有铁路，没有现代通讯设备，也没有现代的警察，怎么可能把人管住？我们看《史记》，在造反之前刘邦在哪儿？躲在山上。项梁在哪儿？在山上。英布在哪儿？在山上。张良在哪儿？在山上……秦朝虽然很专制，但是它能管到的地方有限。因此六国的遗老遗少大有藏身之处。当然，这些人躲着也不是专门为了以后造反。如果是在清朝，这些人就会像遗民一样在山上等死了，但是秦的暴政和宫廷内斗给了他们机会。

汉初统治者知道搞秦朝这套肯定不行，但是他们并未领略到儒学的好处。汉初精英的价值观是个大杂烩，但是国家的统治策略却是以黄老为主。黄老采取了道家的许多精神，但它也是大杂烩时代的产物。黄老强调无为而治，汉初因此形成了一个以"看不见的手"治国的局面，并出现了"文景之治"。但是，汉代统治者不得不面对几个新问题：经济繁荣带来了人口飞速增长、贫富差距加大和地方豪强并起等问题。"无为而治"并不能解决这类问题。此外，黄老是统治术层面上的东西，它不能为国家提供一个意识形态的合法性。儒学就是在这样的背景下逐渐被提升为国家意识形态的。

需要强调的是，汉朝上升为国家意识形态的儒学是经过改造后形成的"官方儒学"。儒学是一个活的东西，其内容和社会影响在历史上始终在变化。还有，我们一般讲董仲舒是汉代儒学的集大成者。但是，董仲舒在他活着的时候并不是一个特别重要的人物。司马迁是董仲舒的同时代人物，在他的《史记》中才提过董两次。儒学作为官方意识形态是逐渐建立起来的，并且在东汉才逐渐完成了所谓

"圣典化"(canonization)。董仲舒就是在这圣典化的过程中被吹大的,在《汉书》中董氏的传记占了整整一章。最后,汉武帝虽然把儒学上升为国家意识形态,但是他用的人杂七杂八,什么样子的都有,他的大量政策也是以法家学说为主。汉武帝时期形成的那种以儒学作为统治意识形态,以法家手段进行统治的做法逐渐发展成了古代中国政治体制的特征,并且一直延续到清末。

三
"儒家社会"的形成和瓦解

李礼 无论如何,儒家官方意识形态一直持续下来,直到清代才终结。在漫长的历史中,它虽然经历了种种社会变迁和挑战,却在多数时间居于主导地位,您如何看待这一现象?对背后的原因有何分析?

赵鼎新 应该说它受到多次严重的挑战。在意识形态上,它至少受到两次重要挑战。用现在比较时髦的话来说,这两次挑战都和"丝绸之路"有关。"丝绸之路"最早形成在汉朝,武帝打通西域后,可以说汉朝给西域输出大量的商品,而西域在贸易中还给汉朝送来了佛教。佛教在东汉后对儒学思想和基于儒学产生的政治体制形成了很大的冲击。这个冲击一直延续到中唐-北宋时期,直到新儒学的兴起和佛教的本土化后才走向稳定。这可以说是第一次高潮(挑战)。

第二次高潮发生在唐朝。中国同样向西方输送货物，而西方在贸易中还从海陆两路给我们带来了伊斯兰教。伊斯兰教在唐朝发展的最大阻力是逐渐走向强势的儒学，特别是新儒学，以及与新儒学相伴的两大制度基础——科举制和以村落为基础的宗法制度。伊斯兰教徒在生存和发展中不得不面对两个压力。其一是要想混出一个社会地位就必须考科举，其二是要想被更多的人接受就必须在伊斯兰教义中融入儒学的伦理。这两个几乎无形的压力给伊斯兰教徒安了一颗"中国心"，促进了伊斯兰教的本土化和伊斯兰教徒的族群化。

古代社会的主流价值观都是宗教或类宗教的价值观，不论它是儒学、佛教、伊斯兰教，还是基督教。前现代各个文明区别如此之大，一个重要原因就是因为它们有着不同的宗教。宗教出自人惧怕死亡和夸大自我意义的本性，但是宗教同时也需要回应当地的问题，并且宗教想象也离不开本土的经验。不同地区因此会出现不同的宗教。宗教往往不是为统治者专门打造的，但是一个宗教发展到一定程度后，统治者就想利用它，以加强自身统治的意识形态合法性。宗教人士也会试图利用国家权力来扩大自己的力量以及打击其他宗教。宗教和国家政权因此有很深的关系。不同宗教由于其性质不同会与国家政权建立不同的关系，其后果之一就是不同文明形态的产生。

相较于其他宗教，儒学作为国家统治工具有着特殊的"优越性"。如果统治者可以理性地自由选择一个宗教来作为自己统治的合法性基础的话，只要该统治者不是呆子，他很可能会选儒学。为什么？儒学讲三纲五常，它把社会不平等看作正常，只不过要求在社会上位的人做出与之地位相称的行为即可。用孔子的话说，这就叫"正名"。爸爸是可以主宰小孩的，但爸爸要做出爸爸的样子来；皇帝可以高高在上，但要做出皇帝的样子来，那这个皇帝就当得比较舒服。不像基督教，讲上帝面前人人平等，国君地位总是有点危险。印度教给一个没有流动的种姓社会以合法性和功能性，使得国家几乎成了多余，所以印度长期不能统一。

对于社会精英来说，以儒学为主导的国家也是一个可被接受的选择。这样的国家为社会精英提供了一个可以通过读书来获取功名的渠道。虽然说臣子面对皇上时必须顺服，但是臣子可以通过儒学伦理来规范皇帝的行为，还能用孔孟之道来教育将来的皇帝。儒学因此就成了国家与知识精英结盟的基础。这种结盟虽然受到了许多方面的挑战，特别是思想方面的挑战，但是它不断发展，并且维持了两千多年。儒学的存在使得其他宗教进入中国后慢慢地被边缘化，并被迫走向本土化。儒学的这个性质也使得它在古代中国政治领域所起的作用越来越重要，并在宋朝以后逐渐深入民间，中国社会成了"儒家社会"。

中国特殊的国家与宗教关系，还使得古代中国成了世界主要文明中最具有"宗教自由"的国土。这并不是说中国文化有什么特别的优越性。古代西方国家与基督教的关系较之中国的诸多朝代与儒学的关系要来得平等，但是这种平等却给西方国家和宗教之间带来了很大的紧张：统治者想摆脱教会的控制，而教会对其他宗教或者是不同教义的教会都具有很低的容忍度，因为教会怕国家支持其他宗教或具有不同教义的教会。基督教世界于是就充满了宗教战争和迫害。古代中国，国家与宗教的关系有点像传统中国的夫妻关系。统治者是丈夫，下面有着一大堆老婆（宗教），儒学的地位就相当于大老婆。大老婆在传统中国家庭中的特殊地位使得其他妻妾无法与之抗衡。儒学精英因此对其他宗教并不怎么嫉妒，而国家也因此能对宗教采取实用主义态度。你爱信什么教，就信什么教，只要该教的伦理体系不和儒学产生严重冲突并且不会成为造反武器即可。这一机制给了传统中国宗教生态的高度多样性，但同时也促进了其他宗教的儒学化。

李礼 刚才说到"儒法国家"一直持续到清末，有个问题似乎没有展开，在此我想顺便请教，您是如何理解清末革命和帝制中国的瓦解的？另外，1911年之后，"儒法国家"真的就消失了吗？

赵鼎新 如果不站在中国中心主义立场的话，你会发现直到晚清，中央政府还在加强统治能力。比如，改土归流，新疆建立了行省，大量的移民进入边疆地区。直到19世纪末，清朝还在加强对新疆和内蒙古的控制，其军事实力也还是在增强。但是，清朝碰到了先前的中原王朝前所未有的问题，它的挑战者不再是来自北方的游牧部落，而是正在经历工业革命的西方。

我们写近代史往往会把1840年的鸦片战争作为一个分水岭，但是鸦片战争对于清朝来说是一件非常小的事情。中国是一直到甲午战争后才真正产生危机感的。但是，即使在甲午战争后，革命也不是必然。如果中国最后一个皇朝的统治者是汉人的话，革命也许就能避免。清朝政权始终面临着两个难以调和的问题：救大清和救中国。清统治者在改革求强的同时还想加强满族贵族的权力，以抗衡在甲午失败后不断上升的汉族民族主义思潮，边缘化袁世凯、张謇、汤化龙这样的汉族精英的权力。辛亥革命的成功主要在于汉族精英和满族精英的矛盾，某些意义上不是所谓救亡图存。

但是，清朝晚期的改革，再加上辛亥革命、五四运动和共产主义革命的确是把儒学的根给彻底刨掉了。任何意识形态的社会影响必须要有制度来加以维系，儒学也不例外。宋朝以后，维系儒学在中国主宰地位的制度，一个是科举制，另外一个就是宗族制。晚清改革把科举制废除了。宗族制在民国时期就走向了衰落，土改后被进一步摧毁，大量农民进城后几乎被彻底摧毁了。

世界上所有的宗教在现代化的冲击下都有所衰退。这个衰退，西方学者搞错了，把它看成了"世俗化"。其实，在最近几十年里，除了民族主义之外的所有大型世俗意识形态（从极权主义到自由主义），在世界范围内都在走下坡路，取而代之的是宗教的复兴。但是，其他宗教在复兴，偏偏儒学复兴不起来，为什么呢？这背后的原因就是现代化并没有摧毁其他宗教的制度基础（比如，和基督教相应的教会组织和资源并没有被摧毁），这些宗教因此都能逐渐适应现代社会，并在现代条件下找出生存和发展的道路。唯独儒学，这个在传统世界无比强势的思想体系，在现代化过程中衰退成了一个无根的哲学，因为它的制度基础已经被摧毁了。

儒学就像中国发明的瓷器，坚韧永久，但是又特别脆弱。摔破了就没什么用了。

四
从社会学考察历史：发展不等于进步

李礼 进入历史研究领域后，您的一些研究视角让人印象深刻。比如，使用行军距离的统计来区别不同战争，用"主动进攻次数"分析战国时期各国实力；考察楚、晋争霸时，用夹在两国之间的郑国与它们结盟的次数，来考察两个强国究竟谁更具实力。诸如此类的统计、分析，生动且富有解释力。很多人和我一样，想知道当一位社会学家投入到历史研究后，有无一些特别的心得？

赵鼎新 有几点吧。第一，不管怎么写，一本再好的著作，它描述的首先是作者的眼睛，而不是客观事实。这当然不是说我们的作品和事实无关，但是关联的大小在很大程度上取决于我们的素养。因此，要做一个优秀的学者首先要锻炼个人的素养，包括学习各种定量和定性的研究手段。

第二，一个学者不应该把自己看得太重，太在乎自己。千万不要把自己的价值、品味和道德观放在一个至高无上的地位。当然这很难，我改行做社会学，就是带着爱和恨进去的。其实有爱有恨是好事，因为它们会给你动力，但是千万不要把自己的爱恨太当一回事，这样不但会活得很痛苦，而且可能会给自己一个很片面的视角。只有不把自己看得太重，我们才可能与历史保持一定的距离感。有距离感就可能会看得更清楚一些。比如，在我们国家当代的叙事中，我们总是在挨打，在吃亏。但调远距离，从邻国的角度看中国，我们会发现在东亚这片土地上，中国在大多数时间里处于强势地位。

第三，要清醒。为了研究早期中国历史，我反复读了《左传》《史记》等古籍。读这些古籍时，我首先想到的，是这里面所记载的事情仅仅是当时发生的许多事情的"一丁点"，并且这"一丁点"也是在强烈的意识形态和个人喜好的驱动下被选出来的。我为什么以先秦战争中的一些基本事实（比如谁和谁打仗、哪个季节打的、谁赢了等等）出发来开始我的研究？其根本原因就是这些基本事实与意识形态的关系较小一些。从这儿出发，我们可以把《左传》和《史记》中很多说不清楚的东西先放在一边，采用自下而上的方法，逐渐重构一个更为可能的历史。

李礼 正如我们看到的那样，研究历史的方法日益多元，比如近些年，文化史、社会史、经济史都很热。您如何看待这一现象？另外，最后我想请教，您觉得自己的"史观"是什么？

赵鼎新 传统的主流史观有进步史观和道德史观。持有进步史观的学者会认为历史展现的是人类不断的进步，甚至会认为历史背后有着一个客观的、能把人类社会推向美好终结的逻辑。我认为人类应该有一些共同和共享的价值。但是，进步和落后的定义从来和强权难以分开，昨天被认为的进步在今天看来也往往是无知和狂妄。持有道德史观的学者热衷于从历史中找正义，找道德。从历史中找道德本身没什么不好，但搞过了，特别是和权力与利益结合后就会促使造假。当权力和利益需要烈女时，社会就会突然出现大量为夫殉节的烈女，如此等等。

在西方盛行的多元史学是对进步史学和道德史学的一个反弹。当下西方史学的一个主流观点就是：历史是多元、没目的和非进步的，每一个历史都是自己的历史。在这一史观的引领下，西方历史学家的研究题目越做越小，于是就出现了"只见树木不见森林"的情况。问题是，历史题目做得再小，该题目中所含有的信息仍然是无穷的大，或者说研究者在写作时仍然必须有取舍。但是研究者一旦有取舍，他的价值观和旨趣就会从后门走进研究和写作。因此，当代史学虽然在庆祝人类文化和历史形态的多样性方面，以及在打破主流叙事方面都做出了很大的贡献，但是它并不能保证研究的客观性。特别是，历史如果真无规律可循，那我们研究历史干什么？

我的史观是什么？要讲清楚这一点，我得首先交代一下我对人类本质的理解，以及对社会变迁规律和动力的理解。

学社会学之后我经常会思考人、猴之间的共性和差异。猴子是政治动物，人也是。猴子是地域动物，人也是。有些猩猩能制造简单工具，具有经济动物的一面。人与猴的唯一区别是，猴不虚伪，人虚伪，比如说一群猴子将另一群猴子打败，胜者肯定不会说它们代表正义。猴子还很简单，它死了就是死了。但是，人怕死，狂妄到死后还想继续保持其生命的意义。这就是说人类除了是政治动物、经济动物、军事动物外，还是意识形态动物。在我看来，这是人、猴最根本的区别。这四点——即经济、政治、军事、意识形态——都是稀缺资源。在资源有限的条件下，我当官了，你就不能当；我占领了这块土地，你就不能占领；我在意识形态方面处于强势，你就处于弱势；我做生意赚多了，你可能就是少赚，甚至是赔本了。

这四个层面产生的竞争有着不同的性质。比如，军事竞争和商业竞争有一个共同特征：输赢准则很清楚。在经济和军事方面，如果输掉还不知道是怎么回事，那你就是傻瓜了。傻瓜也无所谓，比如商业竞争，如果赔了你还以为赚了，你公司很快就会倒闭。在输赢很清楚的情况下，如果你要赢，你的生产速度就要比人家快，效率就要比人家高，成本就要比人家低。这一性质就会给社会带来一个很重要的非企及结果（unintended consequence），即积累性发展（accumulative development）。

从马克思主义到社会达尔文主义再到自由主义等等，各种进步史观都是 19 世纪欧洲人自我感觉良好的产物。19 世纪的欧洲人打仗厉害，再加上生产能力强，欧洲的思想家就把他们在经济和军事方面的优势当成了历史进步，把其他地区的国家看成野蛮或落后。可怕的是，其他国家的精英还不得不接受进步史观，承认欧洲进步并向欧洲学习——因为人家武器造得比你好，商品比你价廉物美，你不学就完蛋。这就是所谓同构压力。人类历史上有很多重大的同构节点，都发生在军事和经济竞争占主导的时期。比如，战国时代的法家改革，一个国家搞了改革，别的国家不搞就不行。并不是法家代表进步，而是打仗的需要。

因此，虽然每个历史都有特殊性，但政治、经济、军事和意识形态四个层面竞争的性质在一定程度上却能规定历史的形态。比如，经济和军事竞争的性质决定了历史是积累性发展和有方向的。只是历史的积累性发展是经济和军事竞争的非企及结果，它没有任何本体性的进步和道德意义。历史不一定有一个统一的终结，因为除了经济和军事竞争外，人类还在政治和意识形态层面上展开竞争。政治竞争虽然输赢会比较明确，却不会直接促进社会的积累性发展。意识形态层面上的竞争既没有明确的输赢准则（想象一下，一个基督徒和佛教徒辩论哪个宗教更优越会有什么结果），也不会促进社会的积累性发展。因此，当意识形态竞争和政治竞争在社会中成为主导时，该社会就不会有很强的积累性发展动力。军事和经济竞争因为输赢清楚且能促进积累性发展，所以会给人类社会带来很大的同构压力，但是意识形态层面上的竞争，因为其输赢准则不清楚，所以会给社会带来多样性。这四个层面竞争之间的无限可能性关系会给社会带来同构性和多样性之间的巨大张力，给历史增加了不可预测性。

人类在性质不同的四个层面上进行竞争，就好像许多人在一架有四个基本音符的钢琴上即兴演奏各自喜欢的乐曲，奇奇怪怪的声音给了历史无穷的多样性。但是，尽管如此，历史却是积累性发展的。只是发展不等于进步，也不见得会把我们带到一个美好的未来。这就是我的史观和我对社会变迁规律的理解。

第三章

许纪霖 |
我们依然处在古代中国的延长线上

"一个原子化个人所组成的社会恰恰是专制主义的温床,专制主义最大的敌人是一个有共同体的社会。"

许纪霖

华东师范大学紫江特聘教授、历史系博士生导师、教育部人文社会科学重点研究基地中国现代思想文化研究所副所长、华东师范大学—不列颠哥伦比亚大学现代中国与世界联合研究中心中方主任,兼任上海市历史学会副会长、中国史学会理事。主要从事20世纪中国思想史与知识分子的研究以及上海城市文化研究,著作包括《中国知识分子十论》、《大时代中的知识人》、《近代中国知识分子的公共交往》(合著)、《启蒙如何起死回生》、《当代中国的启蒙与反启蒙》、《家国天下》等。

一

中国和现代有一种紧张关系

李礼 "何为中国"这样的讨论,最近几年变得相当热,不仅国内如李零先生,海外如许倬云先生有专门论著,不少研究、著作仍在进行。您对这个现象有何看法?是否可以这样理解,这是因为当下对中国的认同出现了一些危机或者说"断裂"？另外，在您看来，到底什么是"中国"？

许纪霖 实际上，这和中国这些年的演变有关，特别是和文化演变有关系。80年代的时候，中国最重要的就是融入世界，当时最大的一种焦虑感是80年代所说的，叫被开除球籍，被地球开除了，自我孤立。所以那个时候急于融入世界，融入世界就不存在一个自我认同的问题，关键是怎么在全球化浪潮里异中求同，那个时候叫与世界接轨。

但是差不多从80年代到今天，差不多过去40年了，中国接轨世界，融入世界，这个问题一半已经实现了，那么当你融入世界以后，成为世界中的一个中国以后，另外一个问题出现了，就是"我是谁"。科耶夫一次讲到他有个忧虑，担心全球化以后会出现一个同质性的国家，就是国家的面目、各个民族的面目变得模糊不清，这是最令人恐惧的。如果这个世界同一化，那么同一化是最乏味的，也最容易产生专制。世界的美妙在于它的多元性、多样性，同时又能保持和谐，大家可以分享一些得以相处的共同价值，但是各自有自己的文化。这是18世纪到19世纪之间，我非常欣赏的德国古典思想家赫尔德的理想。世界就是一个百花齐放的一个大花园。

那么今天为什么"何为中国"这个问题能够突然成为热点？就是因为当中国深刻地加入到全球化过程以后，自我是什么就变得很突出。"我是谁?"这和一个孩子的成长经历相似。我记得有一个朋友,他的女儿是在美国成长的,那个时候母亲老是希望她学汉语,她不愿意。因为她那个时候还没有融入美国,她什么都要像美国人一样,怕被别人认为自己不是美国人,后来她经过自己的努力考进MIT,然后像美国人一样,美国人拥有的她都拥有了,那个时候不用母亲督促,她却开始非常狂热地学习中国文化,了解中国的历史,因为她要具有一些美国人所没有的,来显出她的个性。

我想今天中国已经到了这个阶段,当中国融入世界以后,中国的一半已经和世界接轨了,但是在这个世界里面中国是什么?这个问题就凸显出来,这就是一个认同。所以,认同这个问题通常是在进入第二阶段,在自我比较成熟之后会凸显出来的。"五四"的时候自我认同不强烈,到20世纪30年代以后,何为现代中国这个问题就很尖锐了。

李礼 从正面解释看,这也许是一种成熟。不过我想问问危机。您是否认为,大家会突然觉得虽然共处一国,但是对这个国家、对外部世界的理解大不一样,出现了一些危机意义上的感受,或者说焦虑?每个人的价值观和想法如此不同,而且差别越来越大。

许纪霖 认同一方面和全球化有关,另外一面就是中国今天观念的分离,利益的分化。中国是什么?建立一个什么样意义上的中国?以此之故,"何为中国"这个问题就变得突出。

我对这个问题的思考,实际上差不多在四年以前,当时华东师范大学现代中国与世界联合研究中心和美国加州大学伯克利校区东亚研究院联合开了一次研讨会。这个研讨会,我设定的议题是"何为现代中国"。我关心的是,什么叫现代中国,modern China。过去我们在对现代中国的历史研究中,发现"现代"和中国似乎是冲突的,现代似乎是普世的,中国是特殊的,现代似乎是西方来的,中国是本土的。似乎在过去的叙述架构里面,中国和现代有一种紧张关系。那么在这种紧张关系里,怎么构成了一个我们所理解的现代中国,也就是现代意义上的中国?

李礼 您可能注意到,一些学者曾指出,中国没有完成古今之变,认为中国还没有走完古典到现代的转变之路,对此您有何评价?刚才提到的"现代中国",和这个话题也大有关系。

许纪霖 我一般不太愿意用这种方式,从古今中西这样一种二分法来思考现代的中国。实际上在今天的中国,西方的东西已经内在化,成为中国的一部分;古代的东西也沉淀下来,也内在化了。我们今天依然处于古代中国的延长线上,所以今天的中国是一个古今中西的交汇所在,我称之为"一个十字架、一个焦点"。而且如果古和今、中和西两部分分得很清楚的话,那事情也好办了。问题是它们已经内在地交汇在一起,很难辨别清楚,这就是现在中国的各种各样的复杂性。所以在思考什么是中国的时候,我先是从自己的专业角度,思考什么是现代中国,但越是思考这个问题,就越会回到我们刚才说的延长线上。

历史是不能割断的,所以只能回溯看中国的历史是怎么过来的,它的基因是什么,它的文化内在构成是什么,然后,到了近代以后,它发生了一个什么样的蜕变和转型。如此,你才能真正理解"现代中国"究竟意味着什么。所以,我开始对古代史有兴趣,过去我很少研究或者关心古代史,但恰恰是因为这样一个因素的推动,我现在对古代史部分越来越有兴趣,但我不是为研究古代而研究古代,是为了解、思考"现代中国"。

李礼 记得您在华东师大,好像讲过中国古典文化之类的大课。

许纪霖 我讲的是中国文化概论,中国文化的过去、现在和将来。我讲课的方式完全和别人不一样,别人把中国文化看成一个死的东西来讲,我是把它看成一个活的传统。通常,当我讲中国文化的时候,讲中国过去的哲学、政治、制度、宗教、社会,不但把它们和今天的中国做比较,还试图用现在的角度、现在的用法,来回溯这个传统的价值和意义,所以我把它命名为"中国文化的过去、现在和将来"。

二
"新天下主义"针对的是中国特殊论

李礼 您提出的"新天下主义",有一些人认为,某种意义上也可以被称为一种新的"国家主义"?

许纪霖 毫不相干。

李礼 各种国家主义近代以来一直络绎不绝。是否他们认为，某种意义上您是对那些存在诸多问题的国家主义的一种修补、完善，从而提出一种国家、个人、社区能够结合在一起的国家主义？

许纪霖 这是两个话题。"新天下主义"的问题意识并不设定于和国家主义相关的话题。因为对"新天下主义"的提出，我做了一个非常清晰的解释——我所有文章最大的好处就是清晰，不大容易产生误解，除非你不去读或故意误解。任何文章都有特定的问题意识，我通常感到遗憾的是，很多人不太愿意了解我的问题意识是什么，想当然地就以为"新天下主义"是什么，不是什么。实际上，"新天下主义"针对的是两个问题。第一，中国特殊论，我要指出中国的文化传统，包括儒家、道家、佛家，都是普世文明，都不是从中国特殊的民族和国家立场来思考和做价值判断，而是采取了一种人类主义的立场。所以当我说"新天下主义"的时候，是希望中国文明重新回到这样一种普世文明的立场上。这是针对的第一个问题。第二，"天下主义"在历史的实践中有弊端，就是中心化、等级化。它们构成了一个以中原为中心的等级秩序，"新天下主义"所谓"新"就是以近代民族主义的各个民族国家一律平等这样一种新的现代元素，来平衡、对冲"天下主义"的等级化，所以我称之为去中心、去等级化，从而产生一种共享的普遍性，那个普世文明是一种共享的普遍性。我特定的问题意识，就是针对中国特殊论。

"新天下主义"还有一个制度的肉身是帝国,帝国与高度同质化的民族国家不同,是多元宗教、多元民族、多元治理。中国拥有这么大的疆域和这么多的人口,国家的治理更多要以一种传统的方式回到它的多元性上,而不是同异性上,这是我"新天下主义"特定的问题。

李礼 "天下"这个概念经常被广泛使用,比如在儒家学说里。顺便一问,您如何评价今天中国的"新儒家"?

许纪霖 我从来不评价别人。现在这几年,自己越来越不愿意把精力花在研究之外的评价上。更简单地说,如果我愿意评价的话,得是它已经构成了一个思潮,这个思潮第一足够大,第二它本身有内在价值,我才会认真对待。

李礼 新儒家的思潮,肯定是有了,但它的内在价值看来您不认可?

许纪霖 关于新儒家,我已经讨论过儒家宪政的问题,但是我没有讨论过新儒家的"天下"问题,我只是觉得他们在"天下"的论述上,没有什么新的东西值得我认真对待。

李礼 "新天下主义",表面上只加了一个"新"字,看见"天下"两个字,很多人大概首先会按照过去的那套观念去理解它。

许纪霖 问题就出在中国人过于懒惰,有一种思想的惰性,望文生义，不尊重也不愿意尊重对手，然后拿起来就评，更多的是误读。这个毛病各家各派都有，是一个普遍的思想病症，至今尤甚。因为现在思想界党派化已经到了极致。我很不喜欢党派化，无论他属于哪一家。

三
我是一个现代的爱好者

李礼 当您把兴趣转向古代中国，并且越来越深入后，会不会发现自己会热爱上传统文化？或者说古典中国的一些东西？

许纪霖 我不是一个古典主义者，我骨子里是一个五四精神的支持者，一个现代的爱好者。但是我心目中的现代和古典并不是对抗的，恰恰是融合的，也就是说，我所爱的那个现代是有古典韵味的现代，它从古典延长而来，在今天这个时代里面又被赋予新的内涵。

我对传统的古典没有兴趣，就像我不太喜欢看古装戏一样，对纯粹的古典一点兴趣都没有。

李礼 您对两者的协调更有兴趣？

许纪霖 我不大喜欢看《权力的游戏》，反而喜欢看《纸牌屋》。

李礼 如果要找一个古典、现代协调较好的地方，会是哪里？日本会不会比较理想，还是中国台湾？

许纪霖 我更喜欢台湾吧,觉得那边的学界继承了大中华的历史文化,没有割断传统,也不保守,而且有很强的五四传统,但这种五四传统发展到现在,已经对古典产生了某种温情,这个温情并不是说让人全盘接受,只是它能够让人善待传统。

李礼 这和您对待"传统"的态度大体相似吧?

许纪霖 当然,我自己对古典有一种善待之情。但这也有个历史的演变,实际上我年轻的时候很激进。我看看自己80年代、90年代时候写的文章,那真是全盘反传统,文化上是很激进的,甚至还和林毓生先生商榷过,商榷过他对传统的"创造性转化"。这篇文章收在我的第一本书——《智者的尊严》里面。现在回过头来看,当然想法有很大的改变。

当然我这点受到王元化先生的影响太大。1993年王元化先生重新思考杜亚泉的价值,使我产生一个很重要的触动,让我重新反观传统、古典的价值和意义。我发现越是深入地了解中国的传统,就越会知道它好在哪里和坏在哪里。

李礼 杜亚泉先生对"调和"的想法颇有考虑。近代中国始终有一种"调适"的思想变革线索。

许纪霖 很惭愧,在这之前,我对杜亚泉一点不了解,虽然他对我们家族很重要。

李礼 对。他是您家族里的一位先人,算是远亲吧?

许纪霖 怎么说呢,如果按照现在的观点,还是蛮远的,他是我祖母的伯父。当年的大家族和我们现在的小家庭不一样,一个长辈对全家族都负有提携的责任。当杜亚泉从绍兴来到上海,在商务印书馆做《东方杂志》主编、理化部主任的时候,他把我们全家都带到了上海,包括我的爷爷和外曾祖父——他们都是在商务编译所做编辑,曾外祖父杜就田后来还担任了《妇女杂志》的主编。杜亚泉提倡"接续主义",把传统和现代接上,不喜欢走极端,更喜欢古今中西的融合,这些气质作为一种无以名之的精神基因,大概也影响了我。

李礼 有不少人用"调和主义"来形容他们这批人。

许纪霖 也可以,差不多的意思。我想最好的一种现代,是能够接上古典美的那种现代。我也曾在90年代迷恋过后现代,迷恋过尼采,但是后来觉得后现代是一种斩断,与传统的斩断。特别是尼采,最后他自己就是上帝,抱着一种价值虚无主义。最后,只能相信自我的意志。这个东西离我比较远,我还是相信人类是要有些长久的价值,而这些价值不是创造出来的,而是演化出来的。

李礼 从年轻时的那种状态,到回过头来更加关注传统,这种变化除了受王元化先生的影响,还与个人的生活经历有关吧?是什么让后来的您和年轻时的自己区别开来?

许纪霖 这和阅读有关，对传统读得越少，越会把它妖魔化、简单化。后来阅读多了以后，我觉得中国文化毕竟是轴心文明，第二个影响就来自史华慈，他对中国文明是持一种尊敬的态度的，他有句名言："有些人热爱中国，但我尊敬中国。"热爱是一种情感的态度，尊敬不仅是一种情感，里面还包括一些理性，甚至某种宗教情结，所以这话很有意思。史华慈从来没感觉到中国文明和西方文明距离这么遥远，差距这么大，他反而觉得中西方的这些轴心文明，所面临的问题是同样的，只是回应的方式不一样，轴心文明背后的关怀是一致的，所以不同文明之间才能对话。

所以，我也蛮喜欢西方文化，但是当我了解了中国文化以后，我更喜欢在比较当中来阅读，越深入下去，越觉得中国文明不简单。

四
中国"再嵌化"的困难

李礼 提到"文明"，记得您曾论及严复、梁启超那批知识精英，说他们既追求国家富强，也追求现代文明，但"追求富强"所导致的种种后果却令人遗憾。遗憾什么？能否具体说一下？

许纪霖 我骨子里是一个文化主义者，离我最远的是技术，或者说富强和技术。"富强"的骨子里是工具理性，今天我们看得很清楚了，对这些工具理性，人是可以通过发明机器人、AI技术（人工智能）来完善的，但是也有一些不能完善的，或者说不能实现的，那就是人的价值、人的尊严、人的情感，乃至于一种在困境当中的决断力。

而一个文明是不可能建立在技术的算计基础上的。黄仁宇先生对现代资本主义有一个很准确的解释，叫作数目字管理。

李礼 某种意义上，相当于今天流行的大数据。

许纪霖 对，数据。实际上，他们有一种乌托邦情结，由于现代性就建立在这套资本主义工具理性技术的基础上，他们以为通过这套合理的、科学的、近乎完善的计算，人可以实现自己的最优化配置、资源的最优化配置、人的幸福快乐的最优化配置。

事实上，我们都清楚全然不是那回事！这几个世纪，人类在这方面的进步是最大的，但也就是这时，人类所面临的灾难也最严重，问题不在于理性，理性是中性的，计算是中性的，但是能够驾驭这样一种工具理性背后的价值，现在在不断弱化。所以在这个意义上说，价值是最重要的，文明就和价值有关。我越来越坚信这一点。

李礼 您所说的文明或价值，指的是什么？

许纪霖 亨廷顿对普世文明有一个理解，他说普世文明指的是各个不同的文明之间大家共享的那部分，所以我称之为共享普遍性。共享普遍性，它不能有某一种特殊的文明作为代表，它恰恰是各种不同文明的共享价值。

李礼 在一些著作,比如《家国天下》中,您提到了"脱嵌","脱嵌"的现实后果之一,就是使人变成利维坦下虚无主义的个人,这也是大家在当下中国的日常生活中能够感受到的,虚无主义仍然很强烈。

利维坦和虚无主义成了今天很多人的枷锁,不过这个话题您没有更多展开,是否还有文本之外的观照?或者所谓春秋笔法?

许纪霖 我倒从来不用春秋笔法。查尔斯·泰勒给我非常大的启发,在现代社会实际上人都处于"脱嵌"状态,因为过去我们从属于某一个共同体,是吧?人在传统社会里面,不是宗教的就是家族的,或者是某一些共同体里面的。但在现代社会,人最重要的就是从这样一个共同体里面脱节出来,成为一个独立的人。

我们过去欢呼独立的人、自由的人多么好,但是我们发现当一种独立自由的人从各种意义网络里面脱嵌出来以后,这些人本身就变得非常虚幻,不真实了。因为他最后就成为一个原子化的状态、个人化的状态,而一个由原子化的个人所组成的社会恰恰是专制主义的温床,专制主义最大的敌人是一个有共同体的社会,而不是"一袋马铃薯"的社会——由无差别又无有机联系的人所凑合而成的"社会"。

对美国社会,很多人有误解,以为美国就是一个个人主义社会,它恰恰相反,美国社会充满着社群精神,有各种各样的社群,从传统的家庭、教会,到现代的志愿组织。托克维尔在访问美国以后对此感到非常地惊讶，他认为社群和宗教，这两个点构成了美国社会自治的基础。没有社会自治就没有民主。所谓独立的个人，独立是相对的，个人依然归属于某个或多个自愿选择的共同体，构成了一个非常丰富的社会，很难想象个人如果没有社群和社会，可以单枪匹马去面对强大的国家。今天的问题在于如何"再嵌化"，怎么重新构成各种有意味的社会共同体，个人如何"镶嵌"其中。

李礼 这是个难题，可能是一种理想状态。从操作角度讲，中国不是一个宗教国家，也不再是一个儒家文化意义上的宗法社会，很多东西已经消失了。该如何重新结合、建构起来呢？

许纪霖 不是理想，这是一个实践。中国从20世纪80年代开始"脱嵌化"过程，到90年代是"大脱嵌"。而最近这十年，中国开始"再嵌化"，你看社会各种各样的慈善公益组织、兴趣团体，非常活跃，这就是一个"再嵌化"的过程。

人们重新回到了社会，甚至重新回到家庭。美国的阎云翔教授发现这两年中国的家庭化有回归的趋势，因为在城市打拼竞争的年轻人，仅仅凭小夫妻的财力无法在大都市中成家生子，必须调动双方两个家庭的力量共同协作买房、抚养孩子，才有可能在"北、上、广、深"生存下去。

李礼 一个社会"再嵌化"的困境或难点，您认为是什么？理想的结果是一种什么状态？

许纪霖　一个健全的社会，必须是建制化和合法化的，但是我们现在缺乏合理的建制让已经出现的社会组织合法化，因此产生了很多灰色地带。

最可怕的社会是一个乌合之众的社会，而不是一个有组织的社会。有组织的社会是可以良性博弈互动的，但一盘散沙的乌合之众最容易被煽动，发生从顺民到暴民的暴乱。虽然也有一些社会小团体，但它们依然是一个个分子化的组织，与原子化个人同构互不相关。一旦暂时权力失控或者管制失灵，社会就会大乱。这是真正的危机所在。而最好的社会就如哈耶克所说的，有一个自发扩展的秩序，不用通过行政权力干涉，可以自发形成有机的秩序。

五
红舞鞋一旦穿上不会停下来

李礼　您研究过几个代际的知识分子，就五四、新文化运动这一段历史来说，这么多年大家的看法仍差异很大。如果今天让您再评价，会是一个什么态度？

许纪霖　五四、新文化运动，带有一种青春的激情，五四既是理性主义的，也是浪漫主义的，类似德国的狂飙运动。五四人对传统有一种毅然的斩断，虽然今天来看不符合理性，但那个时代的知识分子，因为传统的毒素都内化于心，他们急于把自己与这些毒素分离，于是就有了这种"斩断"的偏激。

我最尊敬他们的一点是，当鲁迅他们和传统决裂的时候，是与内心中的某一部分决裂。不像今天有一些人在讲到中国传统的时候，似乎自己是与传统不相干的，全然没有意识到自己依然是传统的一部分。

李礼 您刚才说自己是五四之子。很多人注意到，50后、60后这批学者的家国情怀里，仍带有一些传统知识分子气质。这种情怀今后会不会成为"绝唱"？

许纪霖 "家国天下情怀"是很中国的，但这种情怀如今越来越稀缺。今天不少人成为钱理群老师所说的精致的利己主义者，他们更重视的不是情怀，而是利益。如果他们关心"家国天下"的话，更多是从利益考量，有用没用，是否可以获得某种回报。但是真正的"家国天下情怀"对于中国知识分子来说，只是一种纯粹的精神关怀，与利益无关。

李礼 所谓"有机知识分子"，可能就会变成那个样子？

许纪霖 "有机知识分子"是相对于传统知识分子而言的，葛兰西作这两种知识分子区分的时候，是说过去的知识分子都不代表特定的利益，他们没有被利益化，而是代表普遍良知，这叫作传统知识分子。到了20世纪的时候，随着阶级的分化，知识分子也被高度利益化、阶级化了，他们总是要和某一个利益集团、某一个阶级结合，所以被称为"有机知识分子"。

当然这个问题和刚才谈的是两个不同的问题，今天的年轻一代不是"有机化"的问题，他们也拒斥"有机化"。他们只是想在各种利益网络关系里面获得自我利益的最大化。

李礼 对现在的很多青年学者来说，这些情怀虽然很好，但是天天面对工作任务，教学和学术考核，活在被算计的学术体制结构里，客观上也难免"有机化"。

许纪霖 今天的青年知识分子是生活在一个物欲世界里的，他们的成功、他们奋斗的意义都和物欲有关，各种生存标准、评价标准都高度物欲化。这个物欲是一个广义上的物欲，而真正精神性的东西很少，所以今天年轻人都很无奈，多有不满但是又只能跟着这个潮流走。

我非常同情他们，如果我是他们，也只能被迫地接受这一部分现实，但是我会有一块"自留地"。年轻教师一入职，压力就很大，几年里面要完成几篇论文，拿国家课题，否则无法升职称等，饭碗都成问题。对此我只能表示同情，会给他们一些建议，力所能及地帮助他们。但是，我会给他们忠告，"你一定要给自己留下一个真正属于自己的空间"，也就是说，你要能够在几年时间里，不惜工本地写一两篇对得起自己的好文章。这个文章不是仅仅用来完成这些指标，而是你自己真正想做的，尽自己最大的能力把它做好，一定要给自己一块"自留地"，如果这块东西没有了，你就被物化了。

人的生命存在价值就和这块"自留地"有关，而与各种成功指标无关。用美国哲学家麦金泰尔的话说，追求的是内在利益，而非外在利益。内在利益与自己内心的渴望、内在的价值有关，它是不能用任何功利的东西去衡量的。

李礼 这确实很重要，要不然人会变得痛苦起来，当然可能有人会认为您站着说话不腰疼，反正您已是成名学者，写什么都行，到处都能发表，他们则要困难很多。

许纪霖 那他们就错了，这个时代诱惑你的东西无穷无尽，即使做了教授，还有长江学者、政协委员、文史馆员、资深教授等等无穷的诱惑在前面，一直到你死。人的贪欲是无止境的，一旦欲望形成了习惯，这个红舞鞋穿上是不会停下来的，不要以为到某一刻你会满足，永远不会。

李礼 所以很多时候还是要下一个判断和决断。

许纪霖 无欲则刚，适可而止，能够守得住一些东西，这才是最要紧的。

六
化约主义是一种最懒惰的思想方式

李礼 您主要研究近代思想史和中国知识分子，大家对此已经相当了解。如果问这个领域1949年以后的核心"问题意识",那应该是什么?您有没有想过?

许纪霖 我现在基本不研究1949年以后的部分。简单地说,民国知识分子比较让我迷恋,而当代知识分子更多是让我痛心,所以我更喜欢研究让我迷恋的这部分,而远离那些让我痛心的部分。

李礼 记得我们以前聊过,您不太愿意接触和政治离得近的话题,但在您研究的这个领域,某种意义上政治非常近。治学中如何把握政治、学术之间的距离?或者说保持一个很好的状态?

许纪霖 相对于政治而言,我更喜欢的是文化。但文化永远离不开政治,尤其在中国。但我更愿意在政治背后看到文化,在文化背后去看政治。

李礼 听说您原来写过诗歌和小说?

许纪霖 我写过剧本,写过散文,但没有写过小说。

李礼 想问一下,您的剧本大概写的是什么内容?

许纪霖 那是1978年,我为我所在的政治教育系写了一个剧本,打败了中文系,拿到了华东师大话剧会演第一名,代表华东师大参加了全市的会演。但是现在回过头来看,这作品太简陋了,不值得再提了。我骨子里是一个文化人,对政治有一种远观的兴趣,缺乏内在的兴趣。大概因为是爱惜羽毛，觉得搞政治的都需要一双萨特所说的"肮脏的手"。这点也是我对知识分子的自我理解，知识分子首先是一个文化的存在，而不是政治动物。

李礼 您说不太关心政治，不过 1949 年的知识分子，您觉得他们该怎么自处呢？政治，你不去问它，它自然会问你，是吧？

许纪霖 我非常欣赏一句话，不知道最初是谁说的：以出世的态度入世，以入世的态度出世。

当你入世的时候，你是不功利的，是以一种非常超然的、文化的心态来入世，没有任何功利的欲望。倒过来，以入世的态度出世，即使你出世，从事学术的时候，也有一种悲天悯人的关怀。我很欣赏梁漱溟的话：我是一个问题中人，不是学问中人。学术，在当今世界从某种意义上讲是出世，躲在象牙塔里面，但我从来无法做纯学术的学术，那种技术性很强的活儿，我没法做。我最关心的是学术背后的文化意义，特别是对当下社会的意义。我的姿态永远在出世与入世之间，希望在两者之间保持一个适当的平衡。

李礼 这个境界其实蛮难的，尤其对年轻人来说。

许纪霖 但是，你要知道 80 年代的文化人基本都是这个姿态，所以我身上有非常浓郁的 80 年代文化人的特征。那是五四和启蒙一代知识分子的共同底色，介乎文化与政治之间，但骨子里是文化人。这与"文革"时期的红卫兵充满政治情怀、今天年轻一代学人纯粹是知识动物,是完全不一样的。

李礼 80年代这个立场和姿态,相当有警示力,这些气质确实带着那个时期的印记,现在很难再有了。

许纪霖 对,现在失传了。

李礼 别人对您的印象,可能还是自由派知识分子形象更多一些,如果自己给自己定义,会是什么?

许纪霖 我是一个无法被精准定位的知识分子,也不愿意被一种简单的框架定位。如果说一定要定位,毋宁借助丹尼尔·贝尔的话,我在政治上是自由主义者,在经济上是社会主义者,在文化上是保守主义者。

李礼 那么您更喜欢哪一个自己呢?或者说在价值取向上更愿意成为怎样一个人?

许纪霖 我喜欢研究内心世界比较复杂的知识分子,这是功夫活儿,因为只有内心丰富的人,才配得上理解他们。虽然内心充满紧张感,但更符合世界的本质,人的内心小宇宙与外在世界的大宇宙是相通的。因此,我更愿意自己复杂一点,不被简化为某种人格化的符号。

李礼 拒绝"化约"?

许纪霖 不错,化约主义是一种最懒惰的思想方式,也是意识形态的需要。知识分子需要与各种化约的意识形态划清界限,成为一个有深刻思想和丰富灵魂的精神人。

第四章

佐藤慎一 ｜
转换世界图景的清末启蒙者

"曾经诞生大思想家的时代结束了。日本也一样，即便有评论家，有学者，但是也不存在能够影响很多人的思想家。"

佐藤慎一

日本知名历史学者，研究领域主要为中国思想史等。1969年毕业于东京大学法学部，1972年任东北大学法学部副教授，1979年至1981年任加利福尼亚大学巴克利分校客座研究员，1987年任东京大学文学部助理教授（中国哲学），1993年任教授。2001年至2004年任东京大学人文社会系研究科科长、文学部部长，2006年至2007年任东京大学副校长。主要著作有《近代中国的知识分子与文明》（中译本2006）；编著有《近代中国的思想者们》（大修馆1998）；合著有《"封建"、"郡县"再考——东亚社会体制论的深层》（冈田英弘、张翔、佐藤慎一，思文阁2006）、《中国的思维世界》（沟口雄三、小岛毅、佐藤慎一，中译本2006）；译著有柯文的《知识帝国主义》（平凡社，1988）等。

一

站在中国与西洋的接触点上

李礼 佐藤先生是从什么时候、出于怎样的缘由开始关注近代中国知识分子的？随着多年研究的推进，您对这一群体的印象有着怎样的变化？如果说这个群体有所谓"共通性"，您觉得那是什么？

佐藤慎一 我出生于1945年，1964年4月考入东京大学。那是日本迈向经济高速发展之路的开始，那一年的秋天，东京举办了奥运会，还开通了东海道新干线。当时东京大学的外语教育中，英语属于全员必修课，第二外语是从法语、德语和中文这三者中选择一个。我选择了中文，这是因为我认为自己要比同一时代的普通学生对中国的历史和社会的关注度更高。而那一年，在东京大学入学的2660名学生中，选择中文作为第二外语的，只有42人。顺便说一下，后来成为《朝日新闻》记者、写下了关于中国的著名作品的船桥洋一君也是我中文课程的同班同学。

这里附带说一下，随着中国的发展，选择中文作为第二外语的学生人数也在逐渐增加，2011年入学的3000名新生中，选择中文的超过900人（约占全体的三分之一）。但是，受到日中关系恶化的影响，后来又每年递减100人，2014年度入学者选择中文作为第二外语的减少到了600余人（约占全体的五分之一）。由于现在第二外语还可以选择西班牙语、意大利语、俄语和韩语等，所以五分之一的学生选择中文，仍然可以说明他们对中国抱有很高的关注，但是另一方面也要注意到急剧减少的趋势。

在日本的大学，在对中国的历史、文学和思想比较关心的学生中，文学部的学生占压倒性多数，而我是在法学部的政治学科。我在法学部参加了教授日本政治思想史的丸山真男先生的研究班讨论会，受到了决定性的影响，这是我立志做学问的契机。丸山先生分析了荻生徂徕等江户时期的儒学家的思想，清晰地阐明了从把政治视为"自然"的世界观向把政治视为"人的作为"的世界观转换的过程。我想如果用他那种（既不同于马克思主义，也有别于实证主义）方法来分析近代中国思想的话，是不是可以勾勒出不同于以往的中国思想史形象？

在东京大学学潮正酣的 1969 年，我从东京大学毕业，然后直接留校，在法学部做了助手，并着手中国近代思想史的研究。在思想史研究中，有诸如民众思想的研究类型，但是由于我深受丸山先生的影响，理所当然地就把知识分子思想的研究作为我最初的选择。在当时的近代中国思想史研究中，士大夫是作为"迟到的存在"、"应该克服的存在"来对待的，不过我对此并不认同。如果对照生于 20 世纪后半期的我们的知识水准，他们的书写乍一看的确给人一种陈旧的感觉，但是如果将他们放到其所处的时代状况中去考察他们发言的意义，就能感受到他们的发言并不能一概地被视作"陈旧"，那里还有不能被抛弃的要素。我想打捞出他们那些不能被抛弃的思想的可能性。

当时的中国正处在"文化大革命"之中，中国的中国思想史研究偏于一端，试图把中国思想史描绘成反动的儒家与进步的法家之间相攻相克的儒法斗争史观，而说到近现代思想史，又以毛泽东思想为绝对正确的大前提，那么近现代思想史就成了那种绝对正确的思想产生过程的描述。也就是说，中国研究者所描述的中国近现代思想史，就是以毛泽东思想为目标、只有一条道的革命思想史，脱离这唯一道路的思想家全部被贴上"反动"、"反革命"的标签。由于"文化大革命"有很强的吸引力，当时很多日本的中国研究者也都赞同这样的观点，而我则无法赞同。革命思想史可以作为描写近现代中国思想史的"一种可能性"，这一点我承认，但是应该还有其他的可能性，而我本人想去追求其他的可能性。

我最初的作品，是写于1972年的《清末启蒙思想的形成——以世界形象的转换为中心》，在这篇论文中，我分析了站在中国与西洋的接触点上去思索行动、克服中华式的世界观（认为中华文明是世界上唯一的文明、把中国放在世界中心位置的世界形象），从而为形成新的世界观做出贡献的六位知识分子，他们是王韬、郑观应、何启、严复、康有为和梁启超。在当时的中国，他们被统称为"变法派"或者"改良派"，被视为相较于革命派的"迟到的存在"，而我则对他们在世界形象的转换过程中所承担的角色予以高度评价。所谓革命派，在政治上比梁启超他们更激进，然而就知识的基石而言，我以为梁启超等人则背负了更多的责任。

二

士大夫变为知识分子的过程

李礼 中国传统士大夫转变为现代意义上的知识分子，很多人对这段历史非常感兴趣。佐藤先生如何看这一过程？对于此前那些比较普遍的看法，您是否有不一样的见解？

佐藤慎一 中国的士大夫，在英语中译为 Scholar-official（学者—官僚）。也就是说，在王朝体制下的中国，做官原则上限于修学问（儒学）者，而修学问者的目的则是为官，从而经世济民，这样的双重意义就把学问与政治结合到了一起，而把学问与政治结合起来的机制就是科举。

我认为科举是发掘优秀人才的非常好的机制。首先，科举要考察的始终是本人的文化能力，与家族背景和地位无关；其次，它是极为开放的机制。男子，无论是贫困的农家子弟，还是朝鲜人、日本人，都可以参加应试。对贵族制持批判态度的近世欧洲知识分子认为，科举是一种公平的制度，并加以礼赞，据说英国在19世纪中期首次创制出公务员考试制度的时候，仿效的就是科举制。正因为科举制是优越的制度，它才持续了上千年。

20世纪初，士大夫失去了其可能存在的政治条件和社会条件：王朝体制覆灭，科举制被废除，儒学失去了它的权威性——在这样的历史背景下，士大夫开始了向近代知识分子转换的过程。我认为在这个转换过程中有两个主要的对立轴。一个轴是围绕与政治的距离所采取的方式的对立。有一些人认为，知识分子负有经世济民的责任，积极参与政治应该是知识分子的责任。而另外一些人则认为，知识分子的职责是研究学问，知识分子应该从现实的政治中超脱出来，专心钻研学问。当时另一个轴则是围绕思想自由的对立。有知识分子认为，知识分子的职责是以明示真理、引导大众为前提，把自己信奉为真理的某种特定的思想体系绝对化，排除所有与那种真理对立的其他思想体系；而有的知识分子则认为，思想自由才是社会发展不可或缺的条件，应该拒绝赋予特定的思想体系以绝对的特权，要贯彻多元主义的态度。

近现代中国知识分子的转换过程应该视作这两个对立轴的复杂组合。有些人认为知识分子负有经世济民的责任，并且奉马克思主义为唯一真理，认为那才是"革命知识分子"，并且仅仅关注"革命知识分子"的产生过程。但是我认为，也应该关注其他诸种可能性。

李礼 众所周知，日本对近代中国知识分子产生了重要影响，但是很多人认为这种影响主要是通过日本作为西洋现代思想的"中介"发生的。当然，不少日本思想家对清末流亡日本的中国杰出人物，还是有着相当直接的影响力，您如何看待这个问题？

佐藤慎一 我认为日本对近代中国知识分子最大的影响，在于和制汉语的大量流入。从幕末到明治时期，日本人在学习西洋思想和学问的过程中，创造出了大量使用汉字的翻译语汇，甲午战争以后急剧增加的中国留学生原封不动地接受了这些和制汉语。人们使用语言进行思考，但作为思考工具的语言却完全被替换了。这个意义无论如何强调都不为过。中国人不再使用儒家经书赋予意义的语言体系进行思考，从这个意义上说，我认为和制汉语的大量流入，对中国传统知识分子向近代知识分子的转换起到了至关重要的作用。

关于具体的每个日本思想家对中国人的影响，日本还没有研究。在日本，日本思想研究和中国思想研究之间隔着壁垒，日本思想研究者对于同时代的中国思想状况几乎不了解，而中国思想研究者对于同时代日本的思想状况也知之甚少，这是实际情形。要打破这个壁垒，中国思想研究者和日本思想研究者有必要进行共同研究。以狭间直树为首的京都大学人文科学研究所展开的，关于梁启超的共同研究就是成功的范例。共同研究的成果《梁启超——西洋近代思想的受容与明治日本》（みすず书房，1999；中译本《梁启超·明治日本·西方》，社会科学文献出版社，2001）也已经刊行了，从该书能明显看到福泽谕吉和德富苏峰思想对梁启超的影响。

虽说如此，简单地受影响与深为倾倒的崇拜是不一样的。留学英国的严复对斯宾塞崇拜得五体投地，但我以为对日本思想家如此崇拜的现象，在中国留日学生中间并没有发生。

三
如何理解清末"革命"

李礼 很多人用"激进（急进）"这个词来评价清末的中国知识精英，佐藤先生的大著《近代中国知识分子与文明》也特别指出"法国革命观"对他们的影响，我对这一点很感兴趣。在您看来，那时的中国人，特别是知识精英，是如何理解革命的？您如何理解清末革命的爆发？

佐藤慎一 "革命"这个词出自《易经》，本来属于中国传统的概念。由于明治时期的日本人把 French Revolution 译成"法兰西革命"，"革命"这个词中就被添加了企图打倒恶的旧体制、创造全新的政治秩序这种新的含义。志在推翻清政府的中国人当初把自己的企图叫作"起义"或者"造反"。他们使用"革命"一词来阐明自己的思想和行动是在甲午战争以后，这明显是受到了日本的影响。

中国人在接受新事物时，总会以"实际中国古已有之"这样附会的理论来说明，有这样的思维惯性。这也许是因为他们把中华文明必须具备"全部"有价值的东西当作了前提。无论是佛教的接受，还是科学技术的接受，都如此。在对"革命"这一概念的接受上，同样是这样。1905 年撰写《中国革命史论》的革命派陈天华把秦末农民叛乱视为革命的先驱，认为中国有应该继承的革命历史。而另一方面，1903 年写出了《革命军》、对鼓吹革命思想贡献卓著的邹容则认为，像法兰西革命那样创造了近代社会的革命是"文明革命"，而中国历史上存在的革命只不过是以专制君主替代专制君主的"野蛮革命"，在中国不存在值得继承的革命历史传统。

认为革命在中国历史上是否有先例，这样的问题在后来的历史中以变形的形式呈现了出来。最终中国共产党做出的解释也有双重性，即当说这个革命是新民主主义革命的时候，那意味着它在中国历史上是史无前例的（不仅如此，世界史上也没有先例）；而说这个革命是对农民起义的继承的时候，那就是继承了中国史上应该被继承的先例而进行的尝试。

改革思想在中国人中间发挥影响力是在甲午战争失败（1895）之后，而革命思想在中国人中间发挥影响力则是在义和团运动（1900）之后，二者的间隔很近。革命思想迅猛传播的原因之一是对"瓜分"的恐惧。当时欧洲列强在不断推进对非洲的瓜分，放在那样的事态中，他们害怕中国也像非洲那样被瓜分，因此对变革现状产生了强烈的热情。

当时的一个原因还在于，清朝是满族贵族建立的王朝。清末的革命运动包含着"驱除鞑虏"这样的革命思想和以打倒皇权、建立新的共和体制为目标的共和革命这两个面向。而在革命运动不断展开的过程中，把众多的中国人汇集起来的压倒性目标，则在很容易被理解的"驱除鞑虏"这个问题上。对于打倒王朝体制之后如何构建共和政体这个问题，革命派知识分子的思考极不成熟。在20世纪初期这个历史节点上，列强中属于共和制的国家只有美国和法国，大部分的大国都是君主制国家，共和制是否是政治上的优越体制，这个问题不仅对于中国人，它对于人类来说都是没有解决的。而君主制的全面崩溃则是在第一次世界大战之后。虽说"如果"是历史的大忌，但是如果清王朝是汉族王朝的话，中国近代史则可能走不同的道路。

有人认为辛亥革命是以中国同盟会为旗手的革命，其指导理念是孙文的三民主义，我则持不同意见。在辛亥革命之前的阶段，同盟会已然处于分裂状态，孙文的边境革命路线接连失败。赞成孙文三民主义的，即便在同盟会中也仅限于兴中会的人。而在武昌起义爆发的时候，孙文身在美国，他是从报纸上才得知了起义的事实。继1911年10月10日武昌新军起义之后，各省相继宣布脱离清政府独立，独立的省代表汇集起来成立了中华民国临时政府，从而实现了革命目标。从武昌起义到1912年2月12日清帝逊位，仅历时四个月，并且各省基本上以不流血达成了独立。1909年，为了响应加强地方自治的要求，清政府在各省新设了谘议局，谘议局议员大部分属于乡绅阶层（地主阶层），议长等领导阶层多由有日本留学经验的改革派担任。他们绝不是革命派，但是宣布独立的正是这些人。他们之所以对清政府不抱希望，是因为如果清政府继续存在，就有爆发真正革命的危险。他们非常清楚如果爆发了像法兰西革命那样的革命，将会引发多么糟糕的政治混乱。在"瓜分"的危机中一旦爆发那样的混乱，中国将陷入异常糟糕的事态。因此他们选择了在打倒清政府的基础上尽快恢复中国秩序的路线，拥立能够使秩序恢复的强力人物袁世凯。我认为应该把辛亥革命看作为了防止真正革命爆发于未然状态的革命。

四
诞生大思想家的时代结束了

李礼 我知道您长期关注中国思想史和知识分子研究，在这个领域,是否有什么问题、研究成果曾经被您特别关注过?

佐藤慎一 我在前面提到,我并不认同把中国近现代思想史描述成革命思想史,所以我虽然读了"文化大革命"时期及其后续时期中国研究者所写的中国近现代思想史研究著作,但并没有受到什么影响。

首先让我觉得"这本书很有趣"的,是读了李泽厚先生的《中国现代思想史论》(东方出版社,1987)的时候。特别有趣的是他那篇《启蒙与救亡的双重变奏》论文。在这篇论文中,李泽厚先生把中国的现代思想描述成面向"启蒙"与面向"救亡"的交错重叠的过程。李泽厚认为,一直以来统括为"五四新文化运动"的表述中,应该区别作为"救亡"运动的五四运动与作为"启蒙"运动的新文化运动。我认为这是他独具慧眼之处。

李泽厚先生把其后中国思想的展开作为"救亡"压倒"启蒙"的过程来理解,也不得不充分承认"救亡"是最优先的,但是指出了"启蒙"受到轻视引发的诸种问题。对于中国来说,首先应该致力于去做的,是复活"启蒙"。无论是马克思主义,还是毛泽东思想,在中国都是"救亡"的思想,二者作为"救亡"思想是成功的,所以发挥着巨大的影响力。

李礼 您特别强调"文明"这一角度,作为对以前政治色彩浓厚的思想史研究的一种修正,获得了不少共鸣。开始时,您是如何去理解这个角度的?思想史研究今天在很多人看来,仍经常显得相当空泛，您对此怎么看？

佐藤慎一 就像前面所说的，《清末启蒙思想的形成》这篇论文是我的第一篇作品，而《文明与万国公法》是我的第二篇作品，都是20世纪70年代的作品。那绝不是"新的"作品，所谓"文明"这个角度，大概当时（中文版出版后）在中国读者看来是耳目一新的吧。

文明与文化是不同的，这是我的前提。文化是民族等集体所具备的个别的东西，而文明则是超越个别民族的普遍性的东西。而另一方面，帝国也是超越了个别民族与国家的存在，所以帝国与文明紧密相连。就中华帝国而言，它是与儒学这种普遍性思想紧密连接在一起的。到了近代，中华帝国解体，儒学也遭到了激烈的批判，其间中国知识分子非常关注如何摸索出新的普遍性。因为与所有的个别之物保持距离、进行普遍主义的思考，才是知识分子本来的使命。

曾经诞生大思想家的时代结束了。在日本，即便有评论家，有学者，但是也不存在能够影响很多人的思想家。我想这在中国是一样的。在这种环境中，年轻人对思想史的关注度也会很低。但是，不是只有大思想家的思想才是研究对象。比如，我也可能去探讨安倍首相的"思想"，并且我认为这也很有必要。安倍首相是在怎样的框架内去理解现在的国际关系的，或者是在怎样的框架内来理解近现代历史脉络的，等等问题，都在深层次里影响了他的政策走向，当然对他的好恶感情另当别论，我认为应该把他作为研究对象。

我认为在思想史构思上重要的是：不要从结果上倒推，不要将现代的价值观投射到过去，而是要把自己放置到那个思想家所处的状况中去追逐他的体验，尽可能从内心去理解那种思想的意义。比如，围绕19世纪80年代在中国铺设铁路的是非，引发了很大的论争。现在看来，铁路很便利谁都知道，于是很多研究者把这种见解投射到过去，来界定铁路建设的推进派是进步派，反对派则是反动派。我认为这样很容易贴标签，没有意义。因为在当时人口过剩的中国，劳动力惊人地廉价，使用大量劳动力比引入产业机械花费的成本更低。如果铺设铁路，那么运输业中的大量劳动力都将失业。于是很多运输业劳动力秘密结社，成为当时组织性最强的劳动者。如果这些运输业劳动力大量失业，极有可能发生暴动。而实际上，中国已有那样的先例。鸦片战争的结果是，上海被迫开港，长江沿岸的物资聚集到上海，由上海装船出口，运到外国，这样一来，鸦片战争之前的广州运输线路就衰退了，广州线路上劳作的大量运输业劳动力就失业了，结果他们成了太平军的中坚力量。不让太平天国那样大的起义再次发生，这是19世纪后半期中国政治家的基本想法。政治家们考虑到一旦铺设铁路，就极有可能再次爆发叛乱，因此反对铁路建设就理所当然了。

今日看来并不合理的思想和行动，在当时的状况中却非常合理，这种情形并不少见。我认为对历史情境的复原是思想史的有趣之处。

第五章

杨奎松 |
中国革命，从温和到激进的转变

"在欧美日本社会主义、无政府主义等各种新思想、新观念的影响下，中国青年知识分子的思想观念已经开始发生了潜移默化的改变。其中一个最值得重视的改变，就是相当一批人的等级观、阶级观被颠覆了。"

杨奎松

著名历史学者，北京大学退休教授，华东师范大学紫江学者、终身教授、中国当代史研究中心主任。代表作包括《"中间地带"的革命》、《西安事变新探》、《"鬼子"来了：现代中国之惑》、《忍不住的"关怀"：1949年前后的书生与政治》等。

一

从戊戌到清末：革命为何难以避免

李礼 印象中，您的兴趣似乎主要聚焦于中国现当代革命，但我注意到您的一些著作也涉及晚清、民初，即革命的"由来"问题。比如早先出版的《海市蜃楼与大漠绿洲：中国近代社会主义思潮研究》，以及近年的《"鬼子"来了：现代中国之惑》。总体上，您如何看待近代以来持续不断的中国"革命"现象?

杨奎松 我是研究历史的,历史研究的一个主要功能,是尽可能还原历史事实的真相,告诉人们过去发生过什么,许多对后来影响重大的事情是怎么发生的,以及它们为什么会发生,等等。也就是说,历史学家研究的其实是实然问题,而非应然问题。历史上哪件事该不该发生,或发生的事情在今人看来是好是坏,严格说来未必是历史学家必须回答的问题。

再者,从历史研究的角度,历史上的事情,好或不好,都是相对的,很难一概而论。革命就更是如此。英国革命、美国革命,好像今天也没有几个说不好、不该的。法国革命比英、美革命要暴力,但也是有说好的,有说不好的,说好的今天也多有批评。但很少有人说法国人当年不该争人权,不该主张"自由、平等、博爱",不该反帝制、建共和。中国革命恐怕也是如此,不能一听"革命"两个字,就认为都是暴力。即使存在暴力,也有程度的不同。何况,我们今天讲"中国革命",也不能一概而论、不做界定。民主革命、民族革命、社会革命,是一种革命吗?

李礼 很多人脑海里有一种历史感受,近代中国似乎有过几次避免暴力革命、转入政治改革的机遇,比如 1898 年变法、1900 年之后的新政,可惜都没有抓住,这导致之后几十年很多事和革命搅在一起,似乎只有破,没有立。您对此如何评价?也顺便请教一下您对戊戌变法和清末革命的看法。

杨奎松 首先，我们今天使用的"革命"一词，指的是"Revolution"。该词的基本意思，是彻底改变，不意味着一定就是暴力改变。当然，在中国，要彻底改变旧的制度、体制、文化，往往会引发暴力。但即使在中国，革命也不都是血腥的，或者说暴力的程度也有很大不同。

比如，1898年的戊戌变法，在我看来也是革命。尽管它暴烈的程度，远不如后来发生的一系列革命。但是，我们不能因为它暴力的程度低一些，就把它说成是不革命的或反革命的。指出戊戌变法其实是具有革命的性质的，也确实诉诸过暴力手段，流过血、死过人，有助于后人了解，在中国彻底改变旧制度、旧体制会多么难，中国的革命为什么总是要流血。

说戊戌变法也是革命，并不是无中生有。无论从康有为等追求的目标来看，还是从其变法激进的程度来看，包括从主事者最后选择激烈对抗、失败后或流血或逃亡的结果来看，我们都很难简单地把它看成一场根本排斥暴力的改良运动。还在变法过程中，时任直隶总督的荣禄就曾当面质问过康有为：变法不错，但一二百年之成法，岂能遽变？康怎么答？他毫不含糊地回答说："杀几个一品大员，法即变矣。"不难看出，康、梁他们从一开始就做好了流血的准备，要么流变法者的血，要么流拒变法者的血。因为，在他们内心里，就像谭嗣同说的那样：今日中国除非闹到新旧两党流血遍地，否则不会有复兴之望。这也是为什么，一个由上至下的维新变法，康有为等竟推动光绪皇帝在三个多月里一气颁布了一百多道变法诏书，平均每天一道还多。稍有常识者都清楚，如此激进，非招致反对不可。康有为、梁启超、谭嗣同等人当时真的幼稚到对此危险浑然无知吗？未必。

注意一下梁启超几个月前关于只谋急进，不图渐进，当"以种族革命为本位"，不以立宪为本位的言论；注意一下他们在变法过程中发现后党阻挠，光绪权位不稳，马上就计划暗杀；注意一下康有为变法失败后，刚刚逃亡到香港，就向日本人"借兵"，要"略取武汉""攻占南京""再移军北上"……不难看出他们急于求成，是抱定了不惜诉诸革命暴力的决心的。谭嗣同最后以死明志，也反映了这样一种心理。

确实有人认为，如果戊戌的变法不那么急进，亦或慈禧施行新政后，孙中山等不挑动反满，中国后来很可能就不会走暴力流血的路，但这种看法恐怕是太过一厢情愿了。如果我们多少了解一点当时世界大环境、大背景及其发展的大趋势，和中国社会当时的主要问题，应该就不会得出这种假设来。

19世纪末20世纪初，当康有为、梁启超和严复等还在致力于学日本搞君主立宪的时候，开始席卷欧美乃至东亚的社会政治思潮已经不是民主主义，而是民族主义和社会主义（包括共产主义和无政府主义）了。这也是为什么，还在戊戌变法前夕，梁启超就提到过"以种族革命为本位"的问题。1902年中国学生大批涌入日本后，许多人几乎马上就变成了激烈的反满分子、无政府主义分子，以及社会主义思想的追随者，甚至就连梁启超也一度转向反满革命并崇尚社会主义了。

更重要的是，晚清革命在中国不可避免，并不是因为国人有了人权和平等的意识，开始厌恶皇权和帝制了，而是世界范围内民族主义的浪潮兴起后，使得原本就存在的满汉民族矛盾不可避免地白热化了。

从 1901 年以后开始如雪片般四处传播的反满文字中可知，大批汉族知识青年都受到民族主义的思想影响，开始认定，260 多年来，占人口绝大多数的汉人，一直受着从长城外打进来的极少数满族贵族的统治和奴役。正是这样一种心理迅速构成了 20 世纪初中国革命爆发的主要思想基础。

在这里需要注意的一个问题是，反满革命的宣传最初确实非常激烈，如邹容的《革命军》等，是扬言要"诛绝五百万有奇披毛戴角之满洲种"的。因为当时大家多半信奉的还是 19 世纪末兴起于欧洲的"一个民族一个国家"的思想，因此也就比较认同孙中山的"驱除鞑虏"，即将满人赶回到长城以外去的主张了。但两年后，就连邹容自己也改变了这种态度。

这场革命有没有可能避免呢？理论上，如果清朝统治者清楚地意识到危机所在，主动退让，也许不是不可能。但这恰恰就是在中国，在各国，革命从来都是难以避免的原因所在。因为握有政权、享受着种种既得利益的统治者，通常都不大可能看得懂历史发展大势。最好的情况，也就是像西太后那样，在走投无路的情况下，会想到可以由自己掌控变法，来化解危机。从今天来看，西太后此举不仅解决不了中国当时的民族矛盾问题，而且还极大地加速了革命的到来，因为新政把原本不想革命的汉族士大夫，也都推到反满革命一边去了。

先前的反满运动，基本上局限在海外华侨及闽粤等地秘密会党中间。晚清废科举、兴学堂后，原本还依赖于清王朝来谋得上升空间的广大普通读书人，一夜间全被抛到社会上去了，而年复一年进入新学堂读书的大批少年学生，同样都要自谋生计，这就毁掉了让汉族年轻知识人臣服于满族统治的几乎是唯一的理由。更何况，他们用来谋生的知识和技能自此基本都来自西学，无论在新学堂，还是在出国留学中，他们也更容易受到各种新思想、新观念的刺激和影响，更容易把汉族百姓所遭遇的种种灾难和屈辱，一概归结为残暴无能的满族贵族统治的结果。

在这种情况下，清末新政施行不过几年之后，反满革命接连爆发，清王朝最后几乎于一夜间即被全体汉族，反满的、不反满的，包括拿着清廷俸禄的汉族权贵所弃，可以说革命不可避免。

二
辛亥革命并非共和民主革命

李礼 那么您怎么看"革命"的烈度，何为激烈，何为不激烈？辛亥革命比起此前的欧美"革命"，有何差异？

杨奎松 一般来说，政治革命争的是政权，目标敌人只是少数统治者，范围不大，而且受实力对比等条件制约，还有妥协迂回的可能，故通常都不会太过激烈。民族革命争的是独立和文化主导地位，暴力的程度和范围因民族关系情况和力量对比情况不同而会有很大不同，故有的可能很激烈，有的可能不用诉诸暴力。比较而言，我们今天谈到的较激烈的革命，应该指的是"社会革命"。社会革命争的是平等，尤其是经济平等。一旦涉及"等贵贱，均贫富"的问题，就很容易把穷苦阶层的社会大众调动起来，革命也就容易变得激烈了。因为把"富""贵"者视为敌人，并以剥夺财产、地位为手段，不仅革命的对象和范围可能无限扩大，而且革命烈度也往往难以把控。

就不同性质的革命会有不同激烈程度的问题，我们可拿英、美、法、俄四国革命做一简单比较。英国革命是典型的政治革命，争的是权利，贵族和国王经过长期较力，一步步接近民主，虽有暴力，但流血不多。美国革命带有民族革命性质，打出的旗号是人权平等，但真正目标其实是独立。因此，出面组织领导革命，向宗主国要人权、要平等的主要是社会精英阶层，一旦在军事上挫败英国，双方达成妥协，北美各殖民地也就顺势通过协商妥协，逐步建立起世界上第一个联邦共和制国家了。法国革命也是政治革命，旨在争人权自由，却因过分强调平权，一度使平民的意志占据了主导地位，结果把政治革命引向了社会革命，出现了过度暴力和血腥的局面。俄国十月革命是典型的社会革命，一上来就剥夺了地主和资本家的大部财富，并且将资产阶级，甚至上层小资产阶级一概视为敌人，革命自然就变得很激烈了。

如果对照上述四种情况，可以看出，中国的辛亥革命实际上还是一场民族革命，并不像后来许多国人以为的那样，是一场推翻帝制的共和民主革命。孙中山固然早就提出要学美国"创立共和（民国）"，但辛亥前中国既没有发展出公民权利意识的社会基础，更没有经历过思想启蒙和由上到下各阶层争取权利的斗争。辛亥期间，在推翻清室统治的武装起义过程中，废帝制、建共和，只是大势所趋，别无选择。但它不可能真的带来宪政民主，不论是英国1648年式的，还是美国1789年式的，亦或法国1792年式的。因为当时中国还没有形成一个有着共同利益，并对自身权利有着共同诉求的纳税者群体。

之所以要特别指出这一点，是因为只有明了这一情况，才有助于我们理解辛亥后的中国，为什么革命仍旧停不下来。因为，如果政治革命的任务没有完成，也就意味着人权、民主、自由等等都得不到保障，最基本的权利平等实现不了，其他任何平等都是空的。在20世纪上半期，国际权利平等思潮的冲击一定会引发持续不断的矛盾和斗争。

三

五四之后"宪政"方案为何式微

李礼 1898年那场变法以日本"君主立宪"为蓝本，20世纪初清末新政的宪政尝试，在辛亥革命后也一度得以延续。那么，为何到了五四之后，这些曾经的"宪政"方案却都式微了？

杨奎松 这种情况与19世纪欧美资本主义发展、扩张，所暴露出来的严重危机有关。仅就欧洲英、法、德等国自身而言，因贫富悬殊、阶级分化，逼成的社会运动、罢工示威，乃至城市起义，就接连不断，此起彼伏。1848年马克思、恩格斯的《共产党宣言》，就诞生在欧洲接二连三的暴力革命的背景下。在那之前，温和的、改良的社会主义主张和试验还很流行；在那以后，无政府主义、共产主义、革命社会主义的激烈主张影响极大。这是当时的社会现状和社会环境造成的。这些激进理论的建构者，之所以认定暴力革命是必须的，是因为此前的各种斗争都显示：掌握在特殊利益集团手中的国家政权本身，就是暴力压迫的机关；要根本改变社会贫富悬殊、少数人压迫剥削多数人的现状，就非得用暴力手段推翻压迫阶级，直至根本废除国家不可。受到这种情境和思想的冲击与影响，那些对中国问题充满危机感，想学西方的志士仁人，稍一接触欧美社会，就会动摇他们原来单纯照搬西方民主宪政的想法。

我们知道，孙中山最初组织的兴中会进行反满革命时，其入会誓词是"驱除鞑虏，恢复中华，创立合众政府"。这里面没有社会主义的内容，只体现出民族主义和民主共和的思想。但是，1905年他在建同盟会时，誓词中就加上了社会政策方面的内容，变成了"驱除鞑虏，恢复中华，创立民国，平均地权"。之所以会有这样的变化，就是因为他在1895年广州起义失败后,于1896年秋至1897年夏流亡英国9个月,还在大英博物馆的阅览室里蹲了两个月,对欧洲社会变革产生了新的认识,开始认同社会主义思想了。

1905年创建同盟会之前,他曾亲赴欧洲第二国际总部,告诉其领导人说,在他的领导下,中国革命不仅会成功,而且中国还将成为世界上第一个社会主义国家。他的理由是,欧洲资产阶级统治已经稳固,无产阶级想要推翻资产阶级恐怕要花上一百年的时间,而他将吸取欧美历史教训,将民族、民主及社会革命"毕其功于一役"。中国民族民主革命成功之日,就是社会主义开始实现之时。

包括康有为、梁启超,他们在国内时也只识得民主政治之皮毛,或多少受到某些民族主义(梁启超称之为"种族革命")思想的影响。流亡日本,特别是游历欧美后,两人都对他们过去想要模仿的欧美、日本民主宪政,包括对工业发达后因社会分化所带来的贫富悬殊,开始感到失望。梁启超一度认定,资本主义即将寿终正寝,20世纪社会主义必将取资本主义而代之。康有为更是断言资本主义没有前途,"贫富必不均而人格不平",他尤其担心欧美工人结社反抗会"酿铁血之祸"。据此,他很快将此前他提出过的人类只能由"据乱"到"升平"到"太平"的所谓"大同三世说",与西方共产主义乌托邦理想两相结合,在1903年前后初步成就了一本专门论证国家、阶级甚至家庭等终将消亡的《大同书》。

换言之,进入20世纪以后,凡思想上多少与当时的世界能接上轨的政治家,不管谁来设想中国的社会改造,几乎都会想要避免重蹈资本主义的覆辙。以中国人习惯于找捷径的性格，许多人之所以转而醉心社会主义，其实就是想要找到一条既能避免重蹈资本主义社会分化、阶级斗争的覆辙，又可以得到资本主义工业发展利益的超越之路。

李礼 您深入研究过"社会主义"在华传播的历史，能否认为20世纪初以来的中国革命，很大程度是无政府主义和各种社会主义思想影响的结果？

杨奎松 从20世纪初到五四前后，中国持续发生过三次社会主义思想传播的热潮。一是1902—1907年，主要发生在流亡或留学在日本的数万中国人中间；二是1910—1912年辛亥革命期间，主要在北京、上海、南京、广州等几个大城市里；三是1919—1922年五四期间，几乎遍及全国各个城市。第一次热潮中，无政府主义的思想传播影响最大；第二次，社会政策思想与无政府主义思想影响各半；第三次对中国思想界冲击最大，各种改良社会主义思想、无政府主义思想、俄国布尔什维克革命共产主义思想，都得到了相当广泛的传播，并直接间接地带动了各种社会运动。

当然，孙中山和康梁两派人实际上既不相信无政府主义，也不认同共产主义或革命的社会主义。他们固然都诉诸过暴力，一方是志在"驱满兴汉"，另造汉人的国家，一方是志在武装"勤王"，以求由上至下再启变法。形式上，他们一度围绕着要不要"革命"的问题，爆发过一场激烈的论战。但这场由康梁一派人挑起的论战，很大程度上其实是缘于他们自认"正统",痛恶孙中山这种"宵小之辈"出来搅局。因此,他们对孙中山最激烈的指责,就是声称孙依靠"下流社会",如"赌徒、光棍、大盗、小偷、乞丐、流氓、狱囚"之流,"排满"是"祸国",搞"社会革命"是"肇攘夺变乱之患",欲重演赤眉、黄巾之变。

实际上,孙中山对社会人群和社会改造的认知,与康梁并无本质不同,他一样相信"上智下愚"。在他看来,世间之事,只能用"先知觉后知,先觉觉后觉"的办法,调动"后知后觉"者按"先知先觉"者指引之路,领着广大"不知不觉"的底层大众去实现。因此,孙中山发动革命起义固然多靠"下流社会",如会党等,但其"建国方略",包括所谓"民权革命""民生革命"的方案里,都是自上而下的,坚持要由他这样的先知先觉者来主导、来"训政",渐次来推行的。他的"社会革命",也不过是打算在重建汉族政权后,在他领导下,政府用和平赎买的办法购得大量土地,一方面用于平均地权,做未雨绸缪之策;一方面便于大量引进外资,来帮助中国开发工业。在他看来,中国只有"大贫小贫"问题,不存在社会分化问题,因此他从来不赞同在中国搞什么"均贫富"。

如果我上面所说基本符合史实的话,那么我们理当可以得出结论:不仅康梁的革命谈不上多暴力,而且孙中山的革命也绝不可能有康梁宣传所说的那么激烈。

四
接受苏俄

李礼 到了20世纪20年代,中国革命的"烈度"反而更强了,除了政治革命任务未完成,是否还有一些深层次原因?作为其中一个历史节点,五四运动究竟改变了什么?

杨奎松 假如我们把晚清以来的中国革命视为一个持续进程的话,确实能够发现,革命的烈度和广度,在五四前后出现了明显的变化。之前的革命,康梁一派人就不用说了,即使孙中山革命党所发动的革命,充其量也只是一些城市中的暗杀或少数人的起义。辛亥革命大概是最具血腥的革命了,武汉和广州等几个城市都发生了满人大批被汉人杀害的情况。但这种情况也仅仅发生在少数城市,而且持续的时间很短。而在20世纪20年代中期以后,革命的范围、烈度和规模,显然都远甚于辛亥之前的革命了。

2019年是我们通常所说的五四运动发生的100周年,很多学者都在撰文纪念或研讨。但是,五四带给现代中国最大的冲击和影响是什么呢?是学生的爱国热情,还是对"民主""科学"精神的推崇,亦或是"打倒孔家店"的文化革命勇气?我觉得都不是。

爱国的学生运动即使不算甲午年的公车上书,至少从20世纪初留日学生那里开始,就没有停过。对于"民主""科学"问题,大量的研究成果都认为,作为思想启蒙,它们在五四后基本被救亡的情绪压倒了。至于五四新文化的反传统作用，恐怕五四还没结束就消失了，或者用余英时的说法，五四反传统原本就没有脱离传统的思维模式。

那么，相对于中国现代历史，五四时期最重要的影响是什么呢？这要从前说起。在我看，就外部环境的冲击和影响而言，最关键的是俄国1917年的十月革命。因为俄国与中国毗邻，再加上列宁领导的这场革命一开始就是以世界革命为目标的，因此，它向中国输出革命原本就是题中应有之义。1919年负责指导世界革命的共产国际的建立，1920年和1922年两度召集东方民族革命分子会议，1920—1922年中国多个共产主义小组织自发组成，其他各种激进组织的代表也相继前往苏俄寻求共产国际的承认和支持等，都再明显不过地反映出中国革命正在脱出旧的轨道，而转向一个新的方向了。

但是，这和五四有什么关系呢？

以往学界的研究多强调外部作用，如俄共、共产国际派人来华，提供各种帮助等。传统党史则更强调内因，说俄共来人前中国已有一部分人做好了各种"准备"。这两种说法在史实上都不很准确。

事实上，俄国十月革命虽然发生在1917年11月，但俄共，特别是共产国际，向东亚三国输出革命是在红军从西向东推进到远东地区后，即1920年春派维经斯基等到中国与李大钊、陈独秀等接触后才开始的。但在差不多两年前，中国一些激进知识分子就已经开始对俄国革命表示认同了。这在当时国际国内舆论条件下，还不是一件那么轻而易举的事情。因为之前举国舆论都还在欢呼俄国的二月革命,突然间又冒出来一个列宁和布尔什维克党,一举推翻了二月革命建立的临时政府,欧美政府及其舆论都接受不了,中国政府和中国的知识界、舆论界自然也都接受不了。

俄国新政权最让人接受不了的,一是它宣称建立了一个社会主义国家,二是它宣称它是世界上第一个平民(工兵)政权。前一个宣告在大多数欧美国家政府看来实属大逆不道,但对中国人可能还不至于造成太大震惊。毕竟梁启超15年前就有过这类预言,孙中山12年前还向国际社会公开预告过他有志于将中国变成世界上第一个社会主义国家。不过,对于大多数中国知识分子来说,后一点却是最难接受的。当时来自欧美通讯社的大量报道都显示,俄国布尔什维克新政权,就是建立在康梁等最害怕的那个"下流社会"基础上,旨在"等贵贱,均贫富"的强力机器。

那么,为什么还是会有越来越多中国的知识分子以及青年学生会认同他们,甚至自发地开始组织共产组织,亦或自费派代表前往苏俄去考察,去争取承认呢?在我看来,一个最重要的原因,是相当一段时间以来,在欧美日本社会主义、无政府主义等各种新思想、新观念的影响下,中国青年知识分子的思想观念已经开始发生了潜移默化的改变。其中一个最值得重视的改变,就是相当一批人的等级观、阶级观被颠覆了。他们不再会像康梁那样,固执地坚持"上智下愚"说,甚至不再认同传统的"劳心者治人,劳力者治于人"的观点,因此也不再那么讨厌所谓"下流社会"了。

我想,这恐怕就是你提到的那个历史表象下的更深层次的原因吧。

五
观念的改变和历史后果

李礼 那时中国知识分子思想观念上的改变,能否请您开展一下,说得更具体一些?这种改变又导致了怎样的影响或者说历史后果?

杨奎松 简单地说,无论中外,古代国家都是讲等级讲尊卑的。不同民族或国家等级制形成的原因不同,表现形式也各不相同。中国两千年专制集权官僚体制,一方面建构了君臣父子"家天下"的政治文化,一方面通过"学而优则仕"的科举制度,设立了"万般皆下品,唯有读书高"这一社会等级尊卑的分界线。直到 20 世纪初,绝大多数人都相信,除了皇帝以外,社会上主要就是两种人,一种是上等人,一种是下等人。劳心者基本上都是高贵的,劳力者基本上都是低贱的。不难想象,如果五四时期所有人仍旧抱持着这样一种思想观念,列宁领导社会底层的工人、士兵推翻社会中上层精英领导的政府这件事,中国的知识分子和青年学生如何能够理解和接受?

五四时期许多知识分子和青年学生之所以很快就接受并理解了俄国革命这一事实,最主要的,就是因为多数人在观念上已经不再歧视辛勤劳作的底层劳苦阶级,并且也开始不再以"十指不沾阳春水"为荣了。

这一变化是怎么来的呢?自然也是 19 世纪以来欧美社会运动及

其激进思想的影响。

早在 19 世纪后半期，西人在华办的英文报纸，以及传教士办的中文报刊，就开始报道欧美的种种社会运动，特别是劳工阶层结社、游行、罢工，乃至与政府巷战的消息。进入 20 世纪以后，日本和中国出版的报纸刊物，也开始注意介绍和传播与此有关的各种思想和主张了。

在中国人中，最早开始鼓吹劳动光荣、相信劳工联合必定能够战胜资本家的，是在日本和法国受到无政府主义思想影响的一批年轻的知识分子和学生。他们中有些人在辛亥革命前就开始在广州和香港从事所谓"工团运动"，一些工友还参与了帮助革命党制造炸弹、运输武器的秘密活动。辛亥革命后，上海的徐企文曾创立过一个"中华工党"，并因此付出了生命的代价。一战开始后，中西报刊关于欧美劳工组织合法化、工党势力强大，以及通过立法限制劳动时间、限制童工雇用、照顾女工之类的消息更加密集，这些都极大地冲击甚至改变了国人的传统观念。

这里举两组数字吧。先说"劳动"这个概念。

我粗略统计过 1910—1921 年"劳动"这一概念在中国报刊标题上出现频率的变化。1911 年以前，中文报刊与英文报刊上出现的比例是 9∶49；1911 年是 31∶77；1912 年是 44∶91；1913 是 47∶89；1914 年是 52∶78；1915 年是 42∶54；1916 年是 42∶66；1917 年是 75∶110；1918 年是 115∶203；1919 年是 346∶466；1920 年是 536∶557；1921 年是 505∶452。

这一比较及其变化可以说明两点。一是有关"劳动"问题的报道和文章从辛亥前到五四时期，出现了很大的增长。这种增长进至1917年以后，几乎是飞跃式的。二是这方面的报道和文章，早先主要还只是出现在各种英文报刊上，辛亥以后中文报刊亦开始跟上，1919年以后双方数字已明显接近，但1921年中文报刊的篇目数量已超过了英文报刊。

我这里统计的报刊还只是发行持续较长的报刊，而且只限于中国大陆，不包括日本，也不包括香港。也就是说，它能够反映的只是大陆范围内思想较平和的那些读书人的兴趣。这类报道和文章日渐增多，清楚地说明许多并无激进思想的读书人也越来越关注这类话题，并且多少都能够正视甚至接受在欧美出现的这种社会等级尊卑观念的转变了。

让我们再看一下"劳工"一词出现和变动的情况。非常明显的是，直到1918年前，中文报刊几乎不使用"劳工"一词，谈论欧美工人运动的，几乎只见于英文报刊；出现在中文报刊上中国工厂劳动者的消息，多半都和"闹事""偷窃"之类明显带有贬义的报道有关，使用的概念，也是"工人"，而非"劳工"。然而，这一情况在1918年年底突然发生了改变。在天安门中山公园举行的庆祝第一次世界大战胜利的群众集会上，北京大学校长蔡元培破天荒地发表了题为《劳工神圣》的公开演说。自此之后，"劳工"一词几乎马上就开始频繁地出现在中文报刊的标题中了。1919年，中文篇目的数量已经占到英文篇目数字的四分之一了；1920年更进一步，占到二分之一还多。

这之后发生了什么，我想我们不用再讲了。相信多数读者都知道，还在1918年夏秋，北大教授李大钊已经连着写了几篇文章在欢呼俄国布尔什维克的胜利了。他的观点明显地在变得激进，11月讲演时他已经把俄国十月革命直接视为"庶民的胜利"了。而这个"庶民"，并非是一些人讲的"Democracy"（民主）的汉译，而是"劳工主义"的意思。他解释得很清楚，俄国革命的意义根本在于它是"劳工主义胜利"，而这恰恰是未来人类发展的方向，因为未来人类的新世界，必定是"人人都成了庶民，也就都成了工人"的。

由此或可得出我的一个结论，那就是，五四时期中国社会发生的最具重要性的思想变化，既不是民族主义从此高涨，更不是民主主义及科学理性获得启蒙，而是社会平等意识普遍发展起来，劳动者的社会地位在许多知识分子的心目中迅速提高，人们对未来社会发展方向的看法开始发生改变。这也是为什么，五四时期不少知识分子会力主"与劳工阶级打成一气"，大批青年学生会努力去拥抱"泛劳动主义""新村主义"，会去组织"工读互助""平民教育演讲团""劳动补习学校"等。如此也就不难了解，何以1920—1922年会有许多学生热心"研究""马克斯（思）主义"，何以各地会有多个共产主义组织生长出来，何以中国后来能够走上俄国十月革命的道路了。

李礼 谢谢，这些分析可能会让很多人对那一段历史有新的理解。

第六章

谢泳 |
对国家的迷恋,知识分子的百年际遇

"没有无缺点的社会运动,也没有无缺点的社会思潮,一个社会思潮的优点多,我觉得就值得肯定。"

谢泳

1961年出生,山西榆次人。著名学者,厦门大学教授。曾任《黄河》杂志副主编。2007年调入厦门大学人文学院中文系,任教授。研究领域主要包括中国现代知识分子、中国现代文学史料等,是上述领域国内最受关注的学者之一。著有《西南联大与中国现代知识分子》、《储安平与〈观察〉》、《逝去的年代》、《中国现代知识分子的困境》、《血色闻一多》、《钱钟书交游考》等。

一

有皇帝和没有皇帝时代的知识人

李礼 我们要聊的是近代知识分子和他们的命运,如果按许纪霖先生等人的划分,近代以来的知识分子可能有六代人。今天看来,他们似乎有一个共同特征,就是他们的很多诉求某种意义上最后都变形或失败了。这些人在中国历史上命运浮浮沉沉,如果将他们放到一百年左右的时段观察,一定有不少偶然性之外的东西。

您长期关注现代中国知识分子，特别是民国中后期和1949年新政权之后的知识分子。今天我们似乎也可以上溯到更早的时候。很多人知道您对鲁迅、胡适、储安平这些知识分子的评价，我想听听您如何看待晚清知识分子，比如对维新党人、立宪派知识精英的看法，他们引进思想，着手政治启蒙，可以说直接影响到了后来五四那一代人。

谢泳 我们现在所谓知识分子和过去说的读书人，还是有点区别。知识分子的概念在中国学术界是从20世纪80年代后期才从西方传来的，这个过程我就不细说了。一般来说，对这个知识分子的定义实际上强调两点：一个人如果你只讲你的专业，比如只是一个医生或一个工程师，这不叫知识分子，一定是在专业之外对社会有关怀，而且这个关怀的指向，通常指的是批判态度。如果一个医生他老是歌颂这个时代，那在这个概念里，他好像不属于知识分子。

中国知识分子天然对国家、对社会的进步有关怀的情结，这是中国传统，但整个近代以来的知识分子，可分为几种情况——代际分析不一定准确，但我觉得线索上还比较明晰，是一个可以梳理历史的角度。较早将中国知识分子用代际来观察的人是李泽厚。20世纪80年代，李泽厚写了一本书《中国现代思想史论》，书里对知识分子进行分类，他当时将中国近代以来的知识分子分为五代。许纪霖也用了这个视角，将时间后延，包括了20世纪80年代活跃的知识分子。学术上，以代际划分知识分子的观察，大概以20年为一代，前后差个两三年也是正常的，这个划分是为研究方便而取的一个思路。

我过去虽然做过一点中国现代知识分子研究，但说实话，也不成什么体系，多是个案和随感。五四以前的知识分子，我没有做过什么细致研究，我只涉猎过五四后的一部分知识分子。刚才说的康有为、梁启超那一代知识人，大概相当于19世纪的"60后""70后"，不过他们和我的研究对象大约差了100年左右。每个时代总有几个耳熟能详的代表。比如，戊戌变法前后，主要是康梁在思想文化界有较大影响；到五四前后，就是鲁迅和胡适的年代了，胡适比鲁迅小10岁，基本可放在一起观察，他们算是"80年代"的人，不过是在19世纪；再往后就到了费孝通、钱钟书和储安平这一代，他们是1900年前后出生的，不过这已是20世纪了。

西学传到中国，尤其到了19世纪末以后，整个教育体系和整个社会文化传承方式，因为有西方学术进来，实际上已经发生了比较大的变化。比如，像康梁这一代人，我觉得还属于传统的中国知识精英，具有我们常说的士大夫气质。科举是1905年废止的，康梁实际都赶上了科举制末期，他们的整个知识结构基本还是传统的中国学问。中国传统知识分子受儒家文化影响，天生有参政意识。不要说康梁这样有自觉政治意识的，就是一般的知识人，也有比较强的家国情怀。

康梁他们的优势是什么？就是比较容易接近社会的最高层，或者说就是皇帝。用现代术语来讲，他们接近政治权力的中心。梁启超后来在北洋政府做过官,做过司法总长。他和后来的知识分子不太一样,康梁那一代还属于有皇帝时候的知识分子。到了鲁迅和胡适的时代,他们则属于没有皇帝的知识分子,没有皇帝的知识分子对世界的看法、对国家的看法和对国家的认同,在情感上还是有一些差异的。比如康梁的很多理想还要寄托在皇帝的身上,还是希望通过高层来获得推动变革的动力,这是传统知识分子和现代知识分子的明显差异。

从知识结构上观察,如果从中国传统知识来讲,康梁以后,整个知识分子对中国传统学问的掌握,应该说是一代不如一代。比如鲁迅、陈独秀和胡适的传统学问,当然不好和康梁那一代读书人比,他们的中国学问没有康梁那代深厚,这是一个基本事实。胡适、陈独秀、鲁迅这一代的传统知识虽然较前辈稍弱,但他们的西方知识超过前者。到了钱钟书、储安平、费孝通这一代,即1900年到20世纪10年代出生的知识分子,差不多是第三代了,他们的国学知识较上一辈也是递减的,但西学知识却是递增的,现代思想和国际知识已完全是世界性的了。

我觉得这是一个比较明显的代际特点。康梁属于传统知识分子向现代知识分子转型完成得比较好的,传统学问没有成为他们观察西方世界的障碍,鲁迅、胡适以后,特别是钱钟书、费孝通、储安平以后的知识分子,完全就是现代知识分子了,在他们成长的时代,西方知识对中国已产生了强大的冲击。

关于戊戌变法,陈寅恪有一个看法——当然陈寅恪的看法和自己的身世有关。戊戌变法前后，他的祖父陈宝箴在湖南做官，父亲陈三立跟在陈宝箴身边。陈寅恪写过一篇有名的文章，《读吴其昌撰梁启超传书后》。当时吴其昌写了《梁启超传》，陈寅恪读后讲了两个看法。他说梁启超写戊戌变法回忆的时候，还没有脱离出当时情感的漩涡，所以他的叙述不一定都真实，以后还需要历史学家来考证，来辩驳。另外，吴其昌是清华国学院出身，是梁启超和陈寅恪的学生，这个感情也比较重，所以传记也有偏颇的地方。陈寅恪当时表达的意思，以他的判断，康梁以后中国社会的变革，不是进化论，一代比一代好，倒觉得此后50年来中国的变化适于"退化论"。在陈寅恪看来，戊戌变法以后，整个社会好像还不如先前的时候。陈寅恪后来讲他"少喜临川新法之新，而老同涑水迂叟之迂"，也是这个意思。陈寅恪的意思是：政治变革，保守可能比激进要好一点。

二
没有无缺点的社会运动和社会思潮

李礼 对知识分子经历的近百年的大历史脉络，您刚才做了一个大概梳理。康梁生活在一个有皇帝的时代，胡适他们生活在一个没有皇帝的时代，这种描述很有启发。当然，康有为师徒分歧很多，梁启超后期的变化很大，20世纪20年代从欧洲回来写完《欧游心影录》以后，他多了不少世界主义气息。总体上，梁启超比较好地完成了从儒家士大夫到现代知识分子的转型。

刚才您提到从康梁那代人开始的西学递增，西学应该是近代知识人完成自我转型的一个重要基础。即使早期康梁这批人，之所以能够崛起而成为一代知识领袖，也是因为一开始就有西学的"加持"。梁启超一开始见到康有为，尽管是举人见秀才，但为什么一下被折服？康有为重新解读经学、对古典的再诠释当然是重要原因，不过不能不注意到，那时康已吸取了不少西学知识，他去香港和上海租界的经历，很大程度上改变了他的命运。康有为开始思考西方治理背后的政治、学术原因，因此大量购买江南制造总局出的新书和《万国公报》。到万木草堂开的时候，今天我们可以去读《长兴学记》等记录，课程里已有西方政治史、哲学史，可以说康的西学当时在士大夫里已非常领先，所以1898年康梁的行动并不偶然。虽然103天的戊戌变法确实比较激进，常被后人诟病。但不能不承认维新党人当年在思想理念上确实是最先进的，比如康有为在上书中明确提到，要立宪法，界定公和私。这和表面上也赞成变法的其他人，还是非常不一样的。

到五四这一代知识人，对西学掌握得更好，某种意义上对传统放弃得也更加决绝，批判更加狠烈，说过很多很激进的话，比如中国古书一本都不能读，40岁以上的人全要杀掉。当然这只是在那个语境上产生的，并不代表他们真要这么做。五四运动前后知识分子阵营很复杂，比如里面还有学衡派，几股势力的较量最终影响了20世纪20年代以后中国的政治走向，包括政党型国家的出现。

我想请教，您如何看五四那批知识分子和他们的政治行动，如何评估他们对这个国家造成的影响？

谢泳 我们观察晚清知识分子时，要注意过去知识分子生产的时代，他们和今天所谓读书人生活的时代，完全不是一个概念。说实话，今天教授连个县委书记都很难见了，但那个时候的知识分子，包括到五四时代的知识分子，不是这个状态。陈寅恪晚年回忆时讲过一个细节，说有一年到故宫去参观，见到光绪皇帝读过的一本书——恰是湖南时务学堂的章程，陈寅恪对清朝有好感，所以他很感慨，说看见章程上有油污痕迹，他还将此事讲给他的父亲陈三立。陈寅恪的意思是光绪皇帝了解梁启超他们的新思想，那个时候知识人是在中心的，以后知识分子就越来越边缘化了。

五四运动，如果按我们现在的理解，实际上有两个五四。5月4号上街的是一个，我们强调它的爱国主义；但胡适和后来的学术界讲五四，更多指的是这个运动之前，胡适从美国回来提倡白话文以后，他称之为"中国的文艺复兴"，这才是真正的五四新文化运动。这个时期的知识分子，像胡适、陈独秀和鲁迅，他们和传统知识分子比较最明显的区别就是有了公共舆论。梁启超在日本办过报纸，已经与现代知识分子的活动方式一样了，而康有为还是以递折子的办法，直接通过官员或者通过固定渠道把自己的想法传达给皇帝，但梁启超要唤醒民众（办报纸），这个意识非常重要。

五四以后，中国有了近于现代意义上的大学，戊戌变法以后的北京大学前身——京师大学堂，虽然与严格意义上的现代大学有差异，但那个格局非常近了。京师大学堂的声、光、电、化课程都有，外语也有，但还不是严格意义上的现代大学。严格意义上的现代大学要到20世纪20年代，就是清华大学改革大学部的时候才算，它的样式，比如说科系的设置、教授的聘任制度、院系制度的设立等标准基本成熟。五四前后知识分子主要活动的区域，一个是大学，还有一个是报刊，还可以加上出版界。比如鲁迅虽然在教育部，但也教书，并参与编报纸，像《新青年》《每周评论》《学衡》等刊物，都有他的参与。至于胡适他们，已经是现代知识分子了。

要通过大学，通过现代传媒如报纸和刊物，用自己的思想影响社会，这是五四知识分子比较明显的一个特点。不过五四知识分子作为一个大的群体，也有差异。现在大家倾向于认同的是以胡适为代表的自由主义。因为五四前后中国知识分子实际上是两群人。以教育背景分别，一部分有留学欧美背景，像胡适、蒋梦麟等；还有一部分人，知识背景是留日的，像陈独秀、周氏兄弟、钱玄同等。清末时，中国留学生留日比例较高，因为日本和中国距离较近，语言上障碍相对小，中国人过去学习、生活相对容易。欧美留学背景的知识分子，后来比较容易选择自由主义的道路，留日背景的知识分子，相对"左倾"，比如陈独秀、郭沫若他们。到了20年代前后，学过文学史的都知道，主流是以胡适、徐志摩为代表的新月派作家，像沈从文等都是这条路上的人；留日背景的知识分子，如陈独秀、周氏兄弟、郭沫若等，到后来的太阳社、创造社，五四知识分子分化，最后就是左联。

今天官方纪念五四，学界也纪念五四，我个人对五四的看法，觉得还是回到胡适的判断比较符合当时的历史现实，也符合19世纪末20世纪初中国整个思想文化界的潮流。诸位知道，今天多数现代观念，都是五四以后才开始深入人心，才开始被整个社会广泛接受，包括一些非常简单的观念，比如自由恋爱、婚姻自由、父子关系、个人独立、个人意识，在五四之前，这些都还没有成为中国人的正统观念。五四以后，这些观念深入人心，慢慢演化到建立起现代的知识观念系统。

五四可能有偏激处，或者说历史发展有曲折，但这是中国现代社会的一个重要的思想收获期，包括白话文，因为现在强调国学、强调中国传统文化的重要性，我们可能对胡适提倡白话文，对抛弃中国传统的一些做法，有不同意见。比如，胡适对中国古典诗歌的一些评价，可能有过激的地方。但诸位可以设想，如此众多的现代知识，如果全用骈体文、四六句子来介绍，肯定没有白话文对思想、对大众的巨大影响。白话文的提倡可能对文学有伤害，对中国古典诗歌这种文体有伤害，但对整个社会传播现代知识，普及现代思想，无疑有重要贡献。衡量一个社会运动的标准和尺度，我以为只要优点多一点就是对的，大家就会选择。没有无缺点的社会运动，也没有无缺点的社会思潮，一个社会思潮的优点多，我觉得就值得肯定。

三
民国知识分子的分野与生存状态

李礼 说到白话文,我想起章太炎先生,他和梁启超都参与过《时务报》,梁的文章除了笔锋常带感情,写得也相当浅白,传播力、影响力也因此特别大。黄遵宪曾批评章太炎写得太古奥了。章虽然后来到日本继续办《民报》,但他更多以一个革命家和国学家的身份示人,作为一个报人实际上却不太成功。

其实一直存在两种看法:一种认为权力和看得见的实际行动,比如谁打倒谁,这才是真正影响历史的东西;但还有一派,则相信观念发生在潜移默化当中,从长远看它才是改变历史最有力的东西。在我的印象里,自由主义者持后一种观念的更多一些,包括哈耶克,有过很精彩的论述。我本人也赞同这种说法,虽然很多时候结果会迟滞很长时间才到来,但观念最终是推动历史的一个根本性力量。

很多现代观念都是经过五四传播下来,记得殷海光后来回忆说,对他一生有重要影响的,五四运动是其中之一。不过殷海光所承继的自由主义,在中国实际上却一直开花,没有真正结果。尽管在胡适这一代人里,一度气象万千,比如新月派,新月派的那些文章真的充满了现代政治抗争色彩,他们对政府批判的力度非常大。

我想请教一下谢老师,自由主义思潮在20世纪30年代到40年代,一度看起来还是很有声势,如从新月派到20世纪40年代西南联大的教授群体,对政府一直多有抗议,他们是作为很重要的一种反对力量存在的,不过这批人随后发生了巨大转变,很多人可以说重新走向国家主义。1949年新中国成立的时候,相当多的中间路线知识人确实真心拥护。这是您比较着力研究的一段历史。对其中的变故,您是如何理解的?

谢泳 1949年以前,观察中国社会,有三件事情我觉得还是做得比较好的,而这三件事情都不是本土文化自然生产出来的,都是从外面引进来的东西。过去讲中西文化相遇,我们比较强调的是冲突,但是实际上仔细看晚清的历史或民国的历史,我觉得可能融合的地方更多。

基于人性的一个基本判断,好的东西人凭常识就能判断出来,有时候不需要理性思考。今天也一样,比如手机,不需要电视上天天提倡手机有什么好处,告诉你一定要用。不需要。因为大家能感觉到它的好处,包括以前的电话、电脑这些东西,道理都很简单。思想文化方面,实际上也是这个原理。再比如服装,西装当然也有缺点,不过肯定是优点更多。如果现在还穿长袍马褂,你要开车就不方便,现在提倡汉服多少是脱离实际。中国好多东西确实有价值,但现在看起来,成为主流、成为稳定的日常生活常态的东西,多数却是从西方来的。有现代社会意识的人,在如此便捷的现代交流方式下,应该知道哪些地方的人生活状态更好一点,人更自由,这是常识,不需要讨论。

中国和西方接触以后,学了西方的大学制度。我们原本没有严格意义上的现代大学,中国文化的知识系统是综合知识,通过私塾保持它的普及性，知识体系相对稳定，它的优点是传播容易，相对公平。在古代社会，家庭或家族找几个塾师来教书，没有什么太多区别。如果向上流动，就是科举制度。现代知识需要现代大学制度来传承，这个制度中国没有，但中国知识分子到西方一看，大学是现代社会组织，觉得这个东西好，马上就学过来。西方大学制度到中国来，开始负责推广、管理的都是传统科举出来的人，多是举人或者进士。诸位知道，任何技术转型和社会生活的转型，第一动力一定是传统行业和新对象最接近的地方，教育制度也如此。中国传统教育向现代教育转型基本没有障碍。中国大学早期模仿日本和德国的大学，后来模仿美国的大学，1949年前中国的大学里，比如说教授治校、学生自治、学术独立、思想自由等，基本是模仿性的。那个时候的大学老师都有个样子，学生也像样。

除了大学，中国当时也没有严格意义上的现代新闻制度，李礼兄是这方面的专家。中国有邸报制度，但那不是现代新闻制度。现代言论自由观念建立以后，媒体的独立性和政治势力是没有关系的，有关系也是软关系，凡独立机构在现代政体中一定是登记制度，登记制度是什么意思？就是所有的法人和自然人都有权利去从事这种职业。1949年以前，任何个人想要办报纸，管理机构都允许你来办，你办得好不好，你垮了或者做成大的报业托拉斯，那是你的事情。北洋政府、南京国民政府时期都有查封报纸、暗杀记者的事例，但没有人认为个人办报纸是错的，或私人力量进入新闻领域是错的。

那时的出版行业也是这样，谁想办就办，只要有资本，你认为自己可以从事这个行业，你就自由进入。早期出版业在传播近现代文化方面，起了非常大的作用。像中华书局、商务印书馆，都是私营的。因为这些制度存在，知识分子活动的基本环境才有保障，所以民国知识分子活跃程度非常高。

关于自由主义知识分子，其实也不复杂。一般来说，在政治上主张宪政体制的人，大体就是自由主义。在文化上，他们倾向于多元主义，就是各种文化并存。在经济上，自由主义通常推崇私有财产神圣不可侵犯的传统，倡导自由市场机制。民国大学里当然各种思想都有，但以主流来说，做人做事、学校管理的模式，基本是美国自由主义模式。报界也大体如此，像《大公报》办得相当不错，它虽然有缺点，但还是代表了社会正义，维护了公平。我过去做过储安平和《观察》杂志的研究，他们遇事不能说一点人情没有，但确实很独立、客观、理性、公正。他当时就敢写《这个样子的宋子文必须走开》这样的文章，等于直接批评了国民党政府的行政院长。

因为自由主义天性偏向于保守，不太主张在社会变革中采用激进方式。但这个思潮在中国社会变革中，后来实际上比较边缘化了。留日的那部分知识分子，像太阳社、创造社出来的人就比较激进，容易和革命潮流融合，激进的主张、思潮和情绪自然也就导向了革命，容易被某些政党吸收和接受，中国知识分子的思想脉络大体就是这样。

从个人家境方面观察，也有一些可以考虑的角度。自由主义知识群体，成员都比较稳重，家境也不错，有正当职业，在社会上有稳定地位。左翼知识分子多数居于社会边缘，流浪是他们的生活常态，容易导致浪漫主义，像郭沫若、蒋光慈、丁玲等，个人生活较少有长期的稳定状态，他们一般来说比较喜欢剧烈动荡的生活，后来"左倾"也是情理中的事情。

到了20世纪30年代以后，世界左翼思潮兴盛。1949年后时代转型，政治制度也发生了变化。原来和左翼政治思想最接近的知识分子回到了主体当中，成为后来研究者所谓延安知识分子，他们大体都是左翼知识分子，都是有革命经历的知识分子。我非常赞同这样的说法，就是自由主义传统其实并没有彻底消失。改革开放以后，中国大学里比较有吸引力的那些教授，不是50年代和60年代受教育培养起来的那些学人，而是依然健在的民国教授，当时多数学生直接隔过了五六十年代成长起来的知识分子，直接对接了上一代老辈学者，当时1900年左右出生的知识分子，80年代有的还健在，他们身上保存了某些自由主义传统，这算是一点余脉。及至后来，在中国大学里整个思想状态中，我个人以为自由主义传统虽然并没有获得合法性，但在思想潮流方面，它却受到了人们的尊敬，毕竟当时中国著名的学者多是这个传统的代表。

四
对国家的迷恋

李礼 我注意到您写过一些文章，对当代知识分子多有批评，认为知识分子价值体系被摧毁后一直没恢复过来。20世纪50年代对知识分子的改造堪称百年来影响最大的一次，甚至是断裂式的，此后很多传统不复存在。不少人也为此困惑，因为在那之前几年被改造者的人生和工作状态完全是另一番模样。当然在强大的国家面前，个人力量显得非常渺小，难以抵挡改造。

不过在另一方面，自严复以来，知识分子一直寄希望于国家强大，对新国家的拥抱似乎也包含了一种对富强的渴求。近现代史有一个重大的背景，就是中国作为雅思贝尔斯所说的轴心文明的一种，一直颇受世界尊重，至少很长时间如此，而19世纪中叶之后突然成为一个被侮辱、被伤害的对象。中国知识精英这一百年来的心态都需要在这个背景下解释，他们希望中国回到那个被世界主流尊重的状态，希望国家重归"中心"。直到现在，中国人仍对国外怎么看我这种事非常敏感。史华慈教授用追求富强来描述严复那代人，如今依然多多少少还存在这种心理，就是如果可以让国家强大，牺牲一些个人自由和利益是可以接受的，这种观念甚至在很大程度上还是一个主流观念，这可能是思想改造的"基础"。

对于从延安到1949年后对知识分子的改造，我很想听听您对这一段历史的看法，无论是国家层面还是个体心理意义上的。

谢泳 其实很难讲清楚这个事情，我是20世纪60年代初生人，马上60岁了，还算有一点人生阅历。人这种生物，内心观念力量支配你行为的时候，能强大到什么程度，有时候很难讲。什么意思呢？比如说，如果有一种信仰能支撑的话，那也得修炼到那种信仰真正发挥力量的程度。自由主义思想还到不了这个层面，人还是在趋利避害的前提下做选择。

1952年以后先是思想改造运动，接着是院系调整。当时朝鲜战争已经爆发，中国和美国兵戎相见。美国式的学校自然不可能再办下去了，比如燕京大学。国家力量在推行变革时，个人基本上是挡不住的。除非理念和信念到了信仰程度，达到了宗教境界，在内心形成了巨大力量。多数知识分子做不到这样。大学里普遍的政治学习，是一些人不可能接受的，这一套从常识的角度判断都不合理，但所有大学老师都得这么做，这种体制上的强迫性，很少有人能主动抵抗。只有极少人是独立的，认为这样不行，也不认同，但最后还是顶不住。比如，北京大学教国际法的周炳琳先生，他就不认同，拒不作检查，但他回家后女儿劝他检讨，说这是组织上的要求，最后周炳琳也没有办法。

知识分子的整体转向，是生存环境的强迫性决定的；个人信仰或观念力量决定行为的现象，不能说完全没有，但缺乏普遍意义。我觉得随波逐流才是常态，但这里面有几种情况，有一部分是机会主义，对他来说，认同这种价值观能够有更多的机会，比如原来就偏左的知识分子，慢慢有了民主党派背景，1949年以后政治地位慢慢开始提高。

中国自由主义知识分子传统的中断应该是1957年。之前很多人也还正常，当时的政治学习、政治表态等活动有形式主义的一面。当时的思想改造，可能多少还有些让人愿意接受的东西，勉强认同一段时间就过去了，生活还是要按常态的机制发展。独立的人也有，但比较少。陈寅恪和钱钟书算是特例。1950年以后，中国社会发生的知识分子之间互相揭发、互相批判的事特别多，名人几乎无一例外，说难听一点，好像都找不出一个干净的人来。但我们现在找不到钱钟书揭发过谁，批判过谁的材料，至少目前找不见。还有陈寅恪，陈寅恪和钱钟书的独立言论，在他们的旧诗和笔记里，这些材料现在已有很多研究。

李礼 回顾几代知识分子的命运，最终发现，国家似乎变得越来越强大，个人还是被碾压下去了。直到今天，无论什么立场的知识分子，每当看到中国强大的"场景"，内心深处仍会涌出各种异常激动的情绪，这种东西就像无意识一样，贯穿在这一百多年里。

究竟如何让个人和国家变得更好？记得在一次沙龙中，我说起两种路径的对比，也愿意把它作为今天的结尾。一种是国家强而带动个人强，另一种则是个人强从而国家强。从梁启超、严复这代人开始，多数人选择国家强而个人强，这其中当然有儒家思想传统作为背景的原因。或者他们认为这两条路最后一定会殊途同归，但实际上这两个选择大不一样。个人而国家，国家而个人，两种路径会导致政治生态乃至个人生活非常不一样的面貌，最后很可能南辕北辙。一百多年来，中国知识分子对国家的迷恋以及希望国家强大的心思，今天隐隐还在。未来会怎样？我们无从得知，从乐观的角度来讲，也许时间会改变一切。

第七章

狭间直树 |
中日之间的"亚洲主义"

"日本的普通民众,如果跟大家普通地、日常接触的话,都是很友好的;可是如果国家要求诉诸战争,那国民还是会选择投入进去。这样的话,日本人的国民性到底是什么呢?"

狭间直树

著名中国近现代史学者,日本京都大学名誉教授,自 1978 年以来长年担任京都大学人文科学研究所中国近代史共同研究班班长,研究范围包括辛亥革命、五四运动等,对中日近代思想的传播和影响的研究也尤为深刻。著作包括《中国文明选·革命论集》(合著)、《中国社会主义的黎明》、《东亚近代史研究》(合著)、《五四运动研究序说》等。

一

甲午战争催生的意外结果

李礼 您的著作《日本早期的亚洲主义》(中文版)2017 年出版后,引起了中国读者的很大兴趣。我想知道,就思想源流而言,早期的"亚洲主义",中国方面只是对日本的一种被动回应,还是有着自身的具体动因?我们知道,那时一些中国人确实对联合日本抱有兴趣，比如章太炎1897年在《时务报》上发表过《论亚洲宜自为唇齿》，称日本应成为学习对象。

狭间直树 关于这方面的研究，可以说还不太充分。不过，我们大致可以说，这个倾向（指学习日本）是双方都有的。也就是说，中国方面产生了这种认识，日本方面也有相关的呼应，这两方面的融合，导致这一思潮在1897年变得明显起来。

甲午战争竟然产生了那样令人意想不到的结果。一般来说，战败国都会对战胜国产生仇恨，战胜国会瞧不起战败国。但中日之间没有这样，我认为这是由于中国一直以来都是日本文明的源头，是东亚文明的中心，所以中国是日本一个尊敬的对象。另一方面，对中国来说，尤其对知识分子们来说，之前没有想到会输给日本，于是他们开始反思。在此情况下，他们认为，我们"汉人"明明没有这么落后，之所以会变成这样的结局，是因为满人不好。在这样的氛围下，产生了战败国向战胜国学习的思想，这在世界历史上都是很罕见的。这种罕见，体现在战争结果的出人意料上。所以说，这种关系（指中国学习日本），只有在这一动荡交织时期的东亚地区才会出现。关于这些内容，桑兵老师也有论文研究。

所以说，包括章太炎在内，多数中国知识分子接受了这一思潮（向日本学习）的影响。我认为这应当被看作一种思潮。比如，唐才常就是一个典型，他可以说十分贴近日本。唐才常在1900年就过世了，直到死前他都没有怀疑过这个问题，可以说非常具有乐观精神。

章太炎情况就不太一样了。简单来说，章太炎跟康有为、梁启超的想法十分不一样。但是对他来说，就算和康梁走了不同的路，要学习日本的想法还是持续了很长一段时间。

说到章太炎主张学习日本，最重要的例子就是他翻译了岸本能武太的《社会学》一书。这已经到1903年了，时间已经过去很久。所以说，在那段时间，他虽然与康梁分道扬镳，但也可以看得出，他们只是在用不同的方法向日本学习和吸收知识。之后的1906年，章太炎出狱后到日本成为孙文《民报》的主编。这大约是《民报》出第六七号的时候。他接手的时候是编辑第六号，出现他名字的是第七号。这个时期的章太炎，已经有很明显的特征了。首先，他是革命家。基于这样的立场，他开始对日本进行了一些批判。在实际中，他也想把自己革命家的身份坐实。最显著的例子就是他创办了"亚洲和亲会"。这个组织虽然没有发扬光大，但是创建一个新组织的行为，说明他已经决意要和康梁走不同的路；在思想方面的表现，他认为中国有中国的文明，东亚的其他国家，比如印度，有其他的文明。以此为基础，可以说章太炎的思想已经超越了仅仅跟随日本的层面，上升到了全亚洲的高度。他的思想走到了这里，想创造一些新的东西，但是基本上都没有实现。不过能想到这么多，已说明他很伟大了。所以，我认为，章太炎这个人应该得到很高评价。

李礼 像您刚才所说的，中国人愿意学习日本，很大程度上是因为知识精英觉得那是清政府的失败,这激发了一种以汉民族为本位的早期民族主义,章太炎就是一位代表人物。不过这种民族主义和您所言的亚洲主义是否有一些矛盾,它们之间看起来是否存在某种冲突?

狭间直树　理论上应该是有的,但实际上基本没有。之所以这样说,是因为那段历史时期很复杂。

首先,"满"和"汉"的分野很明确。所以说"反满"的话肯定就会产生一种对亚洲主义的反对,就是你所说的汉民族的民族主义。这种冲突在理论上是会有的,一定会有。但是在当时的情况下,如果只主张这些(单纯排满),就和以前的"反满"——那种会党组织的"反清复明"一样了。所以,这种情况持续到清末就产生了变化。清末的时候,汉族知识分子意识到不能单纯地"反满",而要创造出属于自己的新政治。基于这样的理念,就有了孙文的革命。

这种革命不是帝制的重复,而是建设一个属于人民的民国的思想,在那时开始变得多起来。不过如果只说这些的话,又会仅仅止步于中国一国的革命。比如在章太炎的认识中,如果只做这些的话,全世界是不可能得到解放的。因此为了解放中国,就必须解放全亚洲。因此他思考的是整个亚洲的进步。所以在那段时间,章太炎入力最深的是印度。

李礼　是,他有一段时间想离开日本,到印度去"出家"。

狭间直树 是打算去的,但没去成。学界这方面的研究还不是十分充分。后来,刘师培不就把章太炎告了嘛,我们不能仅从结果上看。我认为章太炎的确曾经打算过要为印度做一些事,他准备好了钱,打算去。最后没有去成的原因,我认为一个是刘师培太烦,一个是他的老婆不好。所以,有这么多复杂的因素重叠在一起,但这方面的研究还有待加强。但是在清末的知识人中,能对印度抱有这么大关切的,只有章太炎一人。他认为印度有印度独特的文明,中国有中国独特的文明,各自基于各自的文明,才能实现振兴。

正是因为章太炎有这样广阔的、世界性的思想,所以他才能把中国的传统文明,或者说是传统的学术,改造成中国的"国学"。这大概是他的一个独特之处。

李礼 日本人和中国人之间存在一种互相歧视,这是您在研究中提到的,比如曾根俊虎称:"我政府自明治维新至近年,对清国之处置即使无侮其心但难免于形。我既侮彼彼亦侮我。若不得侮则怒且怨。"作为一位历史学家,您认为这种互相歧视出现的历史背景是什么?因为直到今天,这种情绪仍然多少存在,而此前中日漫长的历史交往中,双方似乎并没有这种情结?

狭间直树 很难说这种想法具体是在哪个时间产生的,也很难说推动它的具体势力是什么。不过,大体上日本的普通人对中国还是怀有敬意。对于日本人的祖先来说,世界是由大和、唐、天竺三个部分组成的。大和是日本,唐是中国,天竺是印度。在这三者中,大和是一端，然后从天竺传来了佛教，从唐传来的是各种各样的文明。那时的日本人大概就是这样认为的。

第一次对这种看法提出反对的，是江户时代开始出现的日本国学。这和章太炎所提的国学不同。这里所说的国学，是只有日本最伟大这种想法。对于这种看法，明治时期知识分子中的大多数，比如西周，就认为要学习西方的知识，中国的学问也不能摒弃，尤其是儒学和朱子学。不过当时会这么想的只有文人，武人还只会高喊着"欧洲万岁"之类的东西。于是，认为中国已经落后的想法开始成为一种思潮。如果仅仅是这样还好，但最终，在国民中也出现了"日本只有打胜仗才算强大"的想法，就这样开始有了对周边诸国的侵略战争。这是日本这边的情况。

中国方面，一直都把日本看作一个弹丸小国，认为怎么可能输给这样的国家。两方的冲突变成现实的，是1887年的长崎事件。在这个事件里，中日虽然最终妥协了，但也可以说它成为一个转折点。在这之后，日本取得了甲午战争、日俄战争的胜利，对于中国的蔑视情绪大规模出现了。情况很复杂，但是简单说来的话就是这样。

二

对"脱亚论"的评价和反思

李礼 亚洲主义里有"兴亚论"的诉求，"脱亚论"则是与此相关的另一个论题，人们围绕它发生了一些争论，比如一些学者认为，福泽谕吉的"脱亚论"并非想让日本从亚洲脱离出来，而是说亚洲各国之间的关系不能再像过去那样持续了。对此您如何理解？"脱亚"在近代日本精英头脑中的景象，后来又有了怎样的变化？

狭间直树 "脱亚论"这个说法被提得很多。但是"脱亚论"被当作一个问题来探讨，是从二战之后，或者说是 20 世纪 50 年代以后，由远山茂树先生提出来，才成为一个受到普遍关注的问题。

战败后，"为什么日本会侵略亚洲"开始成为一个重要问题被广泛讨论。在一次会议上，远山先生指出，作为明治维新的理论指导者之一，福泽谕吉提倡了"脱亚论"。所谓"脱亚论"，就是通过脱离亚洲，实现加入欧洲。通过脱亚入欧的方法成为帝国主义国家，而这个作为帝国主义国家的日本，便展开了对周边国家的侵略。当时的历史学界多提倡这一观点，并对"脱亚论"展开反省和批判。这种观点长期支配了日本史学界。

在这样的潮流下，对于"脱亚论"的评价就姑且定型了。不过在那之后的十年左右里，出现了很多新意见，像刚才您提到的那种对"脱亚论"的新解释也开始被提倡，有很多人呼吁说要去理解福泽谕吉的思想。我对于这两种观点都不是十分赞同。

首先，我不赞成这种拥护福泽谕吉思想的新解释；另外，我在《日本的早期亚洲主义》一书里有一个序章，在这篇文章中我回避了这个问题。这篇文章是我在 2002 年完成的。当时我已打算好好研究，书写福泽谕吉"脱亚论"的问题意识，但出于知识储备不够，就打算以后再好好整理总结，但是一直就这样搁置了。可能是出于惰性吧。本来打算重新写，后来桑兵老师说不用写也行，这本书就这样出版了。

虽然还没有写成文章，但一些问题我已经在思考了。我们现在很多人在讨论，福泽谕吉写"脱亚论"的时候，自身的想法到底是什么？但我认为更重要的一点是，福泽谕吉提出的"脱亚论"为什么在当时日本的舆论界、思想界都没有引起重视？为什么？难道说明治时期的日本已经在朝那个方向发展，所以这个问题才没有引起大家的关注？在迎来战败的1945年，很多人开始思考为什么日本会变成这样。三宅雪岭，一位很稳健、很伟大的先生，他提倡的国粹史（不是标榜本国最强的那种国粹史）就认为，每个国家都有其"粹"，也就是最重要的东西。所以三宅雪岭就认为，日本是被军人毁掉了。

战败以后，这种说法开始流行起来，很多人都认可这样一种看法。但是在福泽谕吉写"脱亚论"时，没有人会把这个问题往这个方向上想，也没有人提出别的意见。学界是在战败后才开始反思：为什么日本会走上这样一条路？远山先生就站出来说：看吧，跟我们想的一样——那个时候的日本太坏了，天皇统治下的日本太坏了。为了对这种说法进行认证，人们就展开了对"脱亚论"的批判。然后又过了十多年，又有人开始说福泽谕吉没有那么坏。大概就是这样。我在2000年的时候没能好好思考，好好地整理，到了现在我可以简单提一两句，大致的内容在我的关于亚洲主义的那本书里也有提到。

三
明治维新与戊戌变法

李礼 提到明治维新，中国戊戌变法的重要发起者比如康有为，正是将日本的明治维新作为改革蓝本，很多人愿意将这两次政治改革加以比较，对您而言呢？

狭间直树 康有为的确试图以明治维新为蓝本进行戊戌变法，然而却不能简单地对前者的成功与后者的失败进行比较。清朝变法派受皇帝之命实行改革，与日本维新派奉天皇之命实行改革，在结构上几乎是一致的。但是清朝的皇帝没有实权，武力掌握在不喜欢改革的西太后手中，因此太后一旦下定决心（阻拦），变法注定会是失败之命运。

而日本的天皇受到与江户幕府作对的雄藩的武力支持，能够与幕府的权力相抗衡，并且第十五代将军德川庆喜缺乏与天皇对决的信心，因此幕府的败北几乎也可以说是注定的。其他社会、文化等方面的差异还很多，但需要慎重对待被忽视的、最具决定意义的顶层政治构造之差异，需要对它们进行比较。

李礼 在19世纪转向近代化的努力中，特别是政治转型的道路上，人们常认为日本成功而中国却失败了。您认为其中的原因是什么？比如有这样一种意见：如果是汉族政权的话，中国的维新变法就能成功。

狭间直树 这个问题很大，不好简单回答。的确像大家所说的，满族人里有慈禧太后那样的人，所以变法才会失败。在这个层面上，可以说如果革掉满族贵族势力，变法有可能成功，但恐怕不能这么简单地说。要注意的是，列强利用满族上层来支配中国的这一构想（有了变化），因为在明治维新以后的30年中，国际形势发生了很大变化，并且对于这种变化，日本和中国，采取了不同的应对措施。简单来说，在那之后出现了一种错位。

比如说，在当时，慈禧太后和守旧势力的反扑，跟义和团运动同时发生了。这就是当时清国所处的状况。日本幕末时期也有很多外国人，但具体情况还是不一样的。当时的日本，是一种什么事都由幕府来承担责任的状态，所以两国之间不能单纯比较。不过可以说，满族贵族把持政权的问题的确是一个十分重要的原因，但也不能因此就说没有它，事情就会变得简单。

除此之外，我们都说日本明治维新成功了，但是这能算作真正的成功吗？最近学界就此问题出现了很多反省的声音。从表面上看，一直以来很多人都说，甲午战争和日俄战争的胜利都是明治维新的成果。由于明治维新，四民平等才得以实现，国民教育才得以普及。在此背景下，日本的国力才会提升，战争才会胜利，这不得不承认。

李礼 那么狭间先生对明治维新如何评价？也认为它遗留了很多问题吗？对于日本学界对明治维新的历史反思，您持何种态度？

狭间直树 部分认可吧。首先，如果我们要称赞明治维新，我认为其中最基础的，就是它在国民教育方面的贡献。也就是说，在我看来，明治维新最大的贡献，就是使日本向以国民为基础的国家迈出了第一步，这一点值得称赞。

但是，这里所谓"国民"是什么呢？是被神化了的天皇的子民。这导致了什么？我们都知道的，是之后中日战争、第二次世界大战的失败。这就是在明治宪法所构建出来的体系中诞生的新国民的所作所为。我们不得不承认这一结果是失败的。

尤其是我们这些在战后被培养出来的一代人，在那个不好的时代终结后诞生的人，更应该对此进行反省。所以，我们不得不承认明治维新有积极的一面，但是也不能忽视它所导致的恶的结果。综上所述，我认为明治维新应该从两方面来进行评价。

你提到的这个问题，是目前日本学界广泛讨论的一个问题，尤其是围绕福泽谕吉的争论十分热烈。

李礼 2018 年是戊戌变法 120 周年，晚清的政治"改革"被热烈讨论。您刚才说的观点，可能会给很多人不少新启发。

狭间直树 的确，明治维新一些积极的成果需要承认。但同时，想到明治时期的日本对朝鲜和中国做了什么，在战败 70 多年后的现在，我们就必须意识到这个问题。日本国内对此也有很多讨论。

四
章太炎、严复、康有为、梁启超

李礼 近代中日知识精英之中，您个人有没有特别欣赏、偏爱的人？或者有哪些人您认为比较重要，却被历史所忽略的？

狭间直树 很难说啊，因为没想过这个问题，很难回答。相比较来说，研究历史会产生对历史人物的喜好偏差，但是如果太执着于这些的话，历史研究就没法进行了。所以我尽量不去想这些问题。所以我也很难回答。但是，如果要说某个人在某些方面很厉害，我可以拿章太炎举个例子。章太炎曾经被袁世凯囚禁过。在那个时候，如果他能低声下气一点的话，袁世凯肯定会立马放了他，给他高官厚禄，但是章太炎是绝对不会这么做的，这一点我觉得很厉害。

章太炎当然很伟大，不过，像他这样的人还有很多。

李礼 梁启超已受到相当大的关注和尊重，不过直到今天，很多人还是认为他的思想较为浅薄，更多只是作为中介和传播者，将西方、日本的思想导入国内，而康有为或章太炎、严复这些人，对中国或西方的理解更为深刻。对此您怎么看？

狭间直树 梁启超他不像康有为在倡导文学、开放思想门户、接受新思想的思想史中占有一席之地。但是新的时代思想，必须是建设以"民"为基础的国家，这一西方近代思想对当时的中国以及周围的汉字文化圈的影响覆盖了人文科学的多个领域。对于他们正确且流畅地把西方近代思想介绍过来，这一文明史上的贡献，后世应给予高度的评价。

与梁启超同一时代的章太炎，在把传统学术改造成"国学"这一点上，功绩不可磨灭。在准确翻译西方近代重要文献方面，严复的功绩无人出其右，但他没能成功地将西方文献传播出去。

李礼 个人而言，您欣赏康有为吗？谭嗣同、唐才常、梁启超这些康门弟子，是否真的构成了一个政治共同体？作为梁启超研究专家，您认为梁和其他中国知识精英相比，有何独特之处？

狭间直树 我对康有为这个人没有什么好感。对于金钱，他难说有洁癖，尤其惹人注意的是每到关键时刻，他退避三舍的懦弱态度。梁启超1901年在思想上对康有为进行批评，但在行动上还是坚持弟子的立场。辛亥革命后的宪政党（保皇会改组后的组织）时期，梁启超不赞成康有为的"虚君共和"而采取单独行动，到张勋复辟时甚至不惜武力对决。不过梁启超晚年重拾作为弟子之态度，所以可以说他是康有为终生的弟子吧。

谭嗣同、唐才常虽然与康有为都站在改革的一方行动，但不能说属于康有为的"政治集体"。尤其是后者，1900年勤王起义时他已经陷入困境，即无法获得来自康有为的资金支持。

我最初进行梁启超研究时，是从梁启超戊戌政变被迫流亡日本后在多大程度上接受了日本文明史的成就这一问题意识开始的。我现在对梁启超以及与他同时代的人共同努力形成的"近代东亚文明圈"的历史意义感兴趣。这些在《东亚近代文明史上的梁启超》中有更多介绍。梁启超是一位兼具"政治家""学者""报人舆论家"等诸身份及其才能的人。其根本的追求在于把中国改造成近代国家（国民国家）的政治课题。他根据19世纪末、20世纪初的学理，使用新式舆论工具促进了舆论的形成。在这个意义上，他是一个具有个人社会责任自觉性的近代知识分子先驱，而且是其中最为突出的先驱。

李礼 关于梁启超头脑中的"思想资源"，是个有些庞杂的话题。您认为他在日本吸收的众多思想，以及在他身上发生的转变，哪些让您印象深刻？

狭间直树 关于梁启超的"思想资源"，他的国家论以伯伦知理的《国家论》（进而言之应该说是吾妻兵治重译的《国家学》）为核心，不过其背后还有富耶（Alfred Fouillée）的《哲学史》（进而言之是中江兆民翻译的《理学沿革史》）等，以改造中国为目标的《新民说》即是以它们为基础写成的。

不过1903年梁启超访美后的思想变化集中体现在《开明专制论》，此后他把全部精力投入到反对革命，在清朝统治之下往君主立宪制过渡中去。《开明专制论》的理论基础是笕克彦的《法学通论》等。但是这一时期，"共和之真精神"仍然主张的是人们应该自觉确立秩序，拥有公益心，这一点值得关注。

梁启超在辛亥革命后的1912年9月回国之际，以"国体"已经因革命变成共和制为由，确保了自己在共和国的政治立场，即自己的目标虽然是在君主体制下实现君主立宪制，但在共和体制下就要拥护共和政体。他反对并阻止袁世凯称帝，被称作"共和再造的英雄"，这是梁启超最为欣慰的事情。

李礼 建构现代国家的目标，与梁启超启蒙中国新公民的努力，在一些人看来不无矛盾，而另一些学者包括您看来，却是有机结合的。然而具备自主政治意识的新民，似乎势必与一个开明专制国家（梁的理想）发生冲突，对此该做何理解？如果在一个威权主义者和自由主义者之间做一次选择，你认为梁更倾向于哪一个？在您看来，哪些理念在一直吸引着他？比如我首先想到的是国家主义。

狭间直树 拥有自主政治意识的"新民（新公民）"与"开明专制国家"的国民，自然存在矛盾冲突。因此梁启超一边开始撰写《新民说》（第5节《论公德》等）——意在培养具有"公德"的新民，一边在访美后意识到这种理想的不可能（其根本乃是对"革命派"的怀疑），而将论据错开来阐释新民涵养需要从培养"私德"开始（第18节《论私德》）。此后他与革命派之间展开论战，放弃继续撰写《新民说》，而自《新民丛报》第73号开始撰写《开明专制论》。不过，他一直没有改变的是认真直面时代课题的意识。

因此中华民国成立以后，他在袁世凯大总统手下担任司法总长，为阻挡解散国民党的命令发挥了积极的作用。但是在20世纪20年代，与政治拉开距离、主要专心于学术活动时，他站在自由主义者的立场对中国国民党的"党国统治"表示反对。梁启超政治立场的变化是复杂的，但是究其一生可以发现，基本上他坚持的应该说是"自由主义"。

按照梁启超自身所言，在流亡日本后的1899年到1921年游欧回国期间，国家主义是他的思想核心。国家主义的内容一般被理解为把国家看作第一位，但是需要留意的是梁启超的国家主义暗含的基础是具有国家主义自觉的国民。梁启超受其吸引，是因为看到近代西方各国的强势以及日本昌盛的基础在于接受了国家主义。后来放弃国家主义，是因为梁启超通过一战后对欧洲的访问，意识到国家主义并非完美。

"中国公众"中的知识分子的确对梁启超保持了较高的兴趣。这种兴趣在《新民丛报》时期曾达到顶峰。他去世后，人们积极响应为其制作年谱这一事实不可忽视。这应该是出于对他开辟时代思潮先端之功绩的尊敬。关于梁启超的研究，始于美国，中国台湾的张朋园教授极大推动了这一研究。近代学术在20世纪20年代发生了巨大的变化（飞跃式的），梁启超晚年顺着这一大趋势发展了自己的学术。今后一项重要的课题，应该是研究其在世界史中的位置。

因为梁启超是一位从事多方面活动的人，所以他的很多地方都令我产生兴趣。其中尤其需要注意的，是他关于宗教的态度。西方文明与基督教有着深厚的关系，这一点几乎已经成为常识，但梁启超却坚持对基督教的批判态度，在不关心宗教方面，他成为东亚比较有代表性的一个人物。承认信仰自由，确立对宗教的开放精神，对今后的历史应该也是有用的。

五
"亚洲主义"的演变

李礼 在早期"亚洲主义"理念中，人们也能看到传统儒家的思想抱负，比如要求一国政治必须负有保证人民生活安定的责任。但您曾提到过，日本提倡亚洲主义的机构，同时也很推崇中村正直翻译的《自由之理》（密尔的《自由论》）。在近代转型中，中日两国是否对西方的个人自由都有着实用主义的解读或"借用"？

狭间直树 其实没有矛盾。我们搁置一些少数派的意见，从大方面来说，中村正直的思想比较有代表性。他的思想吸取了中国的传统思想，尤其是儒学，比如他认为要使人民的生活得以安定，这就是一种儒家的思想。

至于儒家的安政爱民与西方的个人本位是否有矛盾？这是一个很有趣的话题。其实我打算就这个话题做一次讲座。先简单说一个方面吧。最重要的一点，不论日本还是中国，对于西方近代思想的理解，都像你刚才所说的那样。但是，中国的儒学真正提倡的东西，却不是那些。这是因为当时日本的中村那些人误解它了。简单来说，就像新文化运动时期的中国人误解儒学那样，明治时期日本的知识分子也对儒学有一些误解。我的老师岛田先生（岛田虔次）就曾对中村进行过批判。大概就是这样。

中村正直是一个严格意义上的学者、翻译家，研究过儒学，也学习过正统的西学，先学了儒学，再学西学。他对西学的理解水平很高，可以说他在两方面都很优秀。

李礼 历史上一度比较亲近的东亚"文化共同体"，是否今天已经不复存在？您觉得，日本知识精英在过去的一个世纪里，对中国的看法发生了哪些根本改变？

狭间直树 在日本想要成为东亚盟主，实行侵略政策的时期，"文化共同体"在东亚已经不存在。但是正如我在《日本早期的亚洲主义》中所写的，需要记住的是，历史上的确有过认真追求亚洲团结一致对抗西方殖民地主义（帝国主义）的"亚洲主义"。该主义在日本提出，甲午战后在中国也曾有人呼应，但随着东亚同文会、国民同盟会的成立而发生了变化。

李礼 人们总会说，任何历史研究总有当下的问题意识。您对亚洲主义的研究，其现实考量是什么？毕竟中日还处在一个比较复杂的关系中，国与国之间也好，国民与国民之间也好。您发掘了早期"亚洲主义"一段被埋葬的历史，有无对当下的具体关切？

狭间直树 我是研究近代史的，没有研究当代史的打算。要说当时为什么选择了这个问题来研究的话，是因为近代日本给以中韩为中心的周边国家带去了很大灾难，这一点是很明确的。实际上，当时的领导阶层是军人，最该负责任的是天皇，不过在前线做坏事的，却是普通的日本国民，这就是前边提到的那种举国体制。当然，对此有反省的人还是有的，不过很少。

为什么会这样呢？尤其是进入昭和时期的日本，所作所为就更加过分了。现在所做的也很糟糕，也像当时一样对中国韩国采取对立政策。所以，如果说这就是日本的国民性的话，就真的无药可救了，但应该不是这样的吧？日本的普通民众，如果跟大家普通地、日常地接触的话，都是很友好的；可是如果国家要求诉诸战争，那国民还是会选择投入进去。这样的话，日本人的国民性到底是什么呢？

在思考这些问题的时候，我看到了在历史上还有过这么一群提倡在平等的关系上，大家共同发展进步的人们，也就是早期"亚洲主义"的时期。我认为这种想法应该一直都存在，不过却遇到了那样一个糟糕的时代而中止了。现在这种恶劣的影响还留存着。所以我写文章的一个目的，也就是想指出这些。

李礼 那您感觉这样的时期，以后还会出现吗？

狭间直树 希望会有。一般的人民之中，没有矛盾，但是国际关系上有很多问题。现在说不定，但是有可能发生大问题。这个我们要为之忧虑。

第八章

张鸣 |
如何"重写"中国近代史

"凡是帝制的结构到一定时候都会出事,机器都锈死了,官吏本来是民众的管理者,就变成了民众的敌人,或早或晚都会逼出民变,这是一个没办法的事情。"

张鸣

中国人民大学政治学系教授,研究领域包括中国政治制度、近现代政治、思想史以及乡村政治文化等。著有《共和中的帝制》、《重说中国近代史》、《北洋裂变:军阀与五四》、《中国政治制度史导论》、《乡村社会权力和文化结构的变迁》、《辛亥,摇晃的中国》、《直截了当的独白》、《历史的坏脾气》、《历史的底稿》等。

一

中国近代史如同"罗生门"

李礼 记得张老师在很多地方说过,自己研究历史属于半路出家,或者说是个"野路子"。具体来说,您是什么时候开始关注中国近代史的?其中哪些问题或哪段历史让你后来特别有重写的冲动?

张鸣 我的确是野路子,不敢说是历史学家,你要说在政治学上,还算是一个文科教授。我最早当过兽医，大学学的是农业机械专业，跟这个一点都不沾边，但是我们那个时代的人都是这样。我是1957年出生，早上了一年学，读到三年级就开始"文革"了，字都没认全。所以我们这种人，要想学到东西必须自己看。在"文革"时阅读，就是得到什么看什么，我也没像他们有些人看"灰皮书"，当时连"灰皮书"是什么东西都不知道，顶多抓着什么就看什么。中学复课后光看小说不行，就看点别的乱七八糟的东西，那时有一些封存的书开始流出来了，其中一部分都是历史书，比如说范文澜的那套《中国通史》。我记得当初还有一种专门给青年读的《中国近代史》，那时都看过。感觉就是，中国近代史让人很愤怒，中国这么受洋人欺负真是没有道理，就像我这套书"重说中国近代史"系列总序里写的，真的非常愤怒，经常拍桌子的那种感觉。

我正儿八经想研究近代史是读研之后，读研是在人大党史系，但是我不想搞党史，就做思想史去了，这个时候才正经去摸近代史。由于已在北京，所以可以看到一些比较有份量东西，感觉就不太一样了。一直到我硕士论文出版，还是写了不少东西，但是我这个人很随性，就是不太会为谁去写本书。此前，我开了一个选修课，后来他们就把录音整理出来出版了，当然我也同意，当时觉得这书肯定没戏，没想到那本《重说中国近代史》出来后卖这么多，就觉得应该有点责任感，应该好好做一套，不能像以前东一榔头西一棒子，喜欢什么就写什么。我想认认真真系统地做一套专门对大众的书——也不叫对大众，对那些爱好读书的人吧，为他们去写一套。这个心态就不一样了，就会很累，因为以前随性去研究某一个东西，你再累其实不觉得，就像喜欢一个女孩子，你追她，她再怎么拒绝你，你下跪献花啊，在那儿苦等啊，都无所谓，因为你喜欢。现在有一些部分并不是我喜欢的，但是必须写出来，总得给人一个交代，而且还要写成一个大众阅读的作品。

里头肯定有我对于一些历史的看法，因为对我来说，历史，尤其是近代史，你要想还原它是很难的，或者说基本上不可能，我们只能逼近它。你要没有一个说法，没有对它的一个理解，没有把这个理解换成一种有逻辑、有现实的东西写出来，这也不行。

历史实际上都是"罗生门"，所有当事人都是你说一套我说一套，同样一个事情彼此说得完全不一样，就好像不是一个事一样，这是正常的。当时的史料也是如此，不可能说这些史料都指向一个方向，告诉你看清楚就行了，没有一个人老老实实告诉你往哪儿走，没有现成的路标可以找过去。所以说，一定要有自己的逻辑、自己的解说，然后读者看谁说得更有道理，可以接受或不接受，但是一定要有自己的"演说方式"。

有人曾经说历史就是史料学，其实不对，因为真的把史料都端上来的话，没人看。你做饭的时候把食材全给端在桌子上，有几个食客能端着材料就吃了？不可能的，自助餐也得吃烹饪过的。历史不是史料学，必须得有自己的逻辑解释，必须把它串起来。大家都在讲，看哪个讲得更合适一点，哪个更接近于真实。

这是两个东西，一个是事实判断，还有一个就是我们的情理判断。大家都有常识，尽管我们受教科书荼毒已经这么多年，但还是有常识的，你可以依你的常识来判断到底有没有道理，我们做饭的人须有烹饪的功夫，就是做出一道大家觉得好看好吃同时又有营养的东西，这是我们应该做的。当然，能不能做到，那要看功夫了，烹饪也是差距很大的，有的人烧得很好，有人就是不行，有的甚至还掺假有毒。

二
两次鸦片战争如何改变中国

李礼 在您重写近代史的系列里，第一本叫《开国之惑》。您所说的"惑"主要指哪一块？传统说法里，鸦片战争似乎是中国"被欺负"的开始，但两次鸦片战争究竟是怎么回事？尤其是第二次，来龙去脉经常被人忽略。按老一辈史学家陈旭麓先生所说，1860年其实对中国的意义更大。在您看来，两次鸦片战争对中国人究竟意味着什么？

张鸣 我们知道，过去讲历史，都把1840年到1860年这一段认为是中国受欺负的开始，列强欺负、侵略我们，然后我们就反抗列强。但是想想，既然是这样，就好像不应该发生其他变革似的，那为什么会走到今天呢？走到今天，你回头看，我们盖的房子、我们穿的衣服、我们的发式，有几个是清朝的呢？我们都变了。我们现在出去，除了黄皮肤之外，跟外国人有什么区别？那么为什么走到今天变成这样呢？

鸦片战争过后，日本也经历了一次，但日本人比我们乖，美国派人去了以后摆出架式说，你给我开门，不开门拿大炮轰你，日本人商量商量就开门了，他们管这个叫开国。当然在我们看来，一般意义上的开国不是这个意思，比如"开国大典"就不是这个意思，但实际上真正的开国应该是日本人的说法对，国门开了叫"开国"。所以正经的开国就是那个时候，但是日本人年年纪念"黑船来航"，还引以为荣：开国了就一直往进步方向走了。而我们也纪念，是耻辱、丢人的感觉，认为这个是"祸"。

记得一次我和英国学者蓝诗玲见面（蓝诗玲是作鸦片战争研究的），她说这个仗第二次不该打，理由很牵强。我说，我也觉得很牵强，但是不能不打。为什么要打？就是第一次打了，但门没开，貌似开了，但还有"后面的玻璃门"没开。中国人很难开这个门。那为什么要开门？当然英国人不是来做慈善的，他是要把你拉进他的世界，跟他一块做生意，打开中国市场，再把中国推进到他的世界里。我们当时不在这个世界里，我们自己有一个"天下"，就连他们也是我们"天下"里的，但是他们不来也就算了，我们假装不知道他们，他们来了就应该下跪，因为我们是"世界中心"，"天下"只有一个王朝就是我们，只有一个皇帝就是大清皇帝，你来就得拜，不拜你就走。英国之前来过一次，想和平地开门，就是1793年乾隆末年的时候，清朝就是不开。

在这个新的世界，国家是一国一国产生的，这个道理当时没人知道。到陈独秀办《安徽俗话报》时，他写出来跟人讲，这个世界是一国一国的，没有什么高低贵贱，但这时已经进入20世纪了。但是在19世纪40年代的时候，中国人根本不接受这个。为什么我们那时候也跟外国人做生意，却只留广州一口（本来四个口岸，最后都堵上了，就剩一口）？这一口，乾隆的意思是，我可怜你们洋人想喝茶叶又不会种，赏你们点，要我们中国丝绸，赏你们点，我们其实不需要跟你做生意。但其实也需要，清朝也从西洋买来好多自鸣钟等奢侈品，就是故宫钟表馆的那些，但量很小，所以那个时候一个口岸贸易肯定满足不了西方的需求，而你又什么都不要西方的，西方只好到美洲去运白银，有了白银的资本，再来中国买东西。当然这么大的市场人家肯定要开拓，就想打开你这个门，和平地开不了，最后就会用武力，所以说到底是以鸦片为借口。从道理上讲，两次战争实际上都没有道理，发动战争都是一帮混蛋的说法，第一次是给鸦片贸易背书，因为禁烟以前统治阶级禁不了，林则徐当真了就好好禁了，禁了就得有一个说法，扣烟当然是对的了，但是为什么他们要卖中国鸦片，卖鸦片不是英国政府或者东印度公司有组织的贩毒，目的还是想打开你的贸易口子，因为你什么都不要，贸易严重不平衡，找这么一个东西来推门，最终引发了战争。

当然，从道德上讲英国根本是不对的，战争发动时在英国议会辩论非常激烈，勉强才通过了战争决议案。第二次也是，"亚罗号事件"非常牵强。英国人根本没有道理来插手，但一定要打这个门，因为《南京条约》签了以后五口通商,门实际上却没开,等到1850年,中英之间的贸易额反而下降。因为中国人自己会种鸦片了,中国人这方面能力太强了,当时印度和缅甸一直用鸦片,好几百年了,也没听说像我们这样干的。吸鸦片一度成了一种"雅事",后来到清末时鸦片种植已遍及中国。

那怎么办?关键时候,洋人想找人交涉都找不到,两广总督说这事得去找两江总督办,洋人到了南京,中国人说这是两广总督的事,两边踢皮球。英国人好不容易花那么大本钱打了两年,跟你签了个条约,最后等于白干,所以还要打。打第二次鸦片战争的时候,实际上目标就是把整个中国拖入世界贸易体系里来。我要跟你建立外交关系,要求你派使节驻我们国家,我们国家派使节到你这儿驻。今天这是常识,但当时最严重的问题却是公使驻京问题,咸丰皇帝决不能接受这一点。你怎么打我都行,怎么欺负都行,但就一条:不能派人到北京待着。你见我还不磕头,这问题很严重——中国百姓看了有人可以见皇帝不磕头就都不磕头了,那我还当什么皇帝?他哪知道中国人即便看外国人不磕头,但自己还是磕啊,我们跟外国人本来就不一样嘛——他们鼻子那么高,头发黄。所以中国人也没学,咸丰皇帝真过虑了,自古统治者都有一个毛病:喜欢夸大敌情。本来这仗打一半就可以不打了,比如攻下大沽,《天津条约》签完之后就可以不打了,但是皇帝心理上过不去,最后还要打。

第二次鸦片战争之后才真正"开门"了,西方公使驻京了,也成立了一个对应的机构总理衙门。西方说,成立外交部就完了,中国觉得外交部哪行啊，一定要玩点文字花样，叫总理各国事务衙门，中国人听了好听点，但是这个东西建立之后格局就变了，我们从形式上接受世界的规则了，我们的"天下"从此以后从形式上开始瓦解了。整个近代史的过程就是这个过程，就是我们一步一步被拖进世界去了。我们后来想进WTO，奥运会也开了。如果我们活在义和团时代，各位包括我在内全得砍头。义和团别说你们穿洋鬼子服装，哪怕用一根铅笔都不行，我们大概都符合。我们没有办法再闭关自守，再自己关起门来做老大，这是不可能的了，这就是个大趋势。

三
太平天国与新政治格局

李礼 谈第二次鸦片战争，当然绕不开太平天国这一段历史。对太平军的评价，如今早已从过去的正面称赞大幅度转向。这场运动对中国近代史影响巨大，比如人们注意到的地方督抚崛起、满汉权力格局变化等等。您如何看待这段动荡的历史，如何评价太平天国？

张鸣 太平天国研究特别热，因为它有一些东西后来有些人特别喜欢。比如搞了一个《天朝田亩制度》，还搞了一个《资政新篇》，又有点现代化的味道，于是有人感觉这个农民起义好像不太一样，所以捧的人特别多，研究也特别多。

但实际上有一个前提有问题，就是一般都认为农民起义是正面的，被逼的嘛。官逼民反这点不错，但是造反的这些头子们拉起的队伍是不是像他们自己喊的那样杀富济贫，给老百姓造福？其实都不是。杀富是不错的，但是济贫很少，实际上都进到这些造反的自己家去了。你说哪个人能够一尘不染，哪个人是真的很有道德主义？很少，我几乎就没有看见过这样的人。所以说对造反者的评价，实际上就是杀人之多、破坏之烈，一般都超过既有的统治者。每一个王朝，到了一定时候都会出事，这是我最近经常讲的一个问题，凡是帝制的结构到一定时候都会出事，机器都锈死了，官吏本来是民众的管理者，反而变成了民众的敌人，或早或晚都会逼出民变，这是一个没办法的事情。

但是，这不意味着官逼民反，逼的"民变"一定是个好东西。从历史经验看，完全没有道理的胡杀一通，破坏力非常大，所以说我们因为前提的问题（官逼民反、民不聊生）尽量美化它，把它所有负面的材料都说是地主阶级对它的丑化，这就说不清楚了。对太平天国也是如此，过去我们把这些太平天国领袖美化得厉害，从一开始就认为他们就是一个个怀有大志，想为天下打抱不平的英雄好汉。其实从开始时起，这些人基本上不会有什么大志。太平天国的"囯"和当时的国字不一样。国是框里头一个或——一人拿个戈，而它那"囯"里头是个王，跟简化字的国，就是框里头加个玉很近似。清朝受不了，你还想弄个囯，那要收拾你！收拾却收拾不了，由于第一步正好跳到湘南，一下闹大了。如果第一步跳到中原这事就够呛，后来北伐的时候为什么没成功，就是第一步跳到中原去了，折腾半天也没闹大。如果第一步跳到鲁南你看看，马上可能壮大成为一个百万大军，攻下北京也许不成问题。

而清朝也到了末日，根本就摆不平太平军，眼睁睁看着他们越打越大，而统治机器不行了，八旗、绿营兵，军队都不行，打一仗败一仗。所以这时汉人的士大夫们比较了一下清朝和洪秀全，发现清朝皇帝还靠谱一点，因为太平天国借了基督教的壳，走到哪儿就把庙全砸了，连孔夫子都给编个故事，说天下事做得错是孔夫子教人教错了，所以上帝就命令拿鞭子抽，打得孔夫子到处跑。这事让读书人受不了，因为在读书人眼里头孔夫子是圣人，羞辱皇帝行，孔夫子不行，如果孔夫子是错的，读书人就没本钱了。不像现在有专业，那时候所有读书人都读四书五经，否定孔子读书人吃什么去？所以曾国藩出来练湘军，打的旗号就是"卫道"，结果就搞成了。清朝没办法，有人要救你那当然只能让他们救，你得给人家权力，太平天国被打平了，但是从此以后清朝的政治格局也变了。

此前在清朝，别看林则徐被派去禁烟，但是说实在的，汉人的地位非常低，还没查清楚林则徐到底是不是把禁烟之事办砸了，道光就把他撤职了。但是湘军打下天京之后，博弈双方的力量不同了。太平天国被打平之后，清廷的第一个动作是什么呢？就是想把湘淮军裁了。曾国藩还真的听命，把自己的湘军给解散了，但是李鸿章的淮军就不散，而且也不可能散，如果李鸿章的军队也散了还有人要闹，清朝又完了。所以政治格局就变了，满重汉轻就变成了汉重满轻，内重外轻就变成了外重内轻。格局变了以后，汉人就可以按自己的意图干点事,所以就有了什么洋务运动。

四
洋务运动"结构"成本太高

李礼 甲午战争之后,作为一种反思,李鸿章和洋务运动一度被批判得很厉害。您如何评价那一轮自强行动或清王朝的"中兴",怎么看其中的得与失?

张鸣 洋务运动实际上是地方导向的,不是说朝廷领着大家一起干,层层传达文件,都是个人干个人的,这些汉人士大夫干起来也是受太平天国的刺激,因为太平天国最早引用了洋枪洋炮——农民没有士大夫那些观念障碍,好用拿着就用,中国的实用理性在下层特别明显。像李秀成部队里洋枪数量非常高,左宗棠和李鸿章跟他们一打就吃亏。但是士大夫们想明白了以后,改得就比农民彻底,连制度都变了,把淮军的制度按照洋枪武器的格局编制。那时的洋枪洋炮和今天不一样,火药从前面装,然后把药纸放顶上一打,它需要有相应的编制和它配套,淮军改得比较彻底,现代化程度较高,太平军后来打不过他们。

中国从这个契机开始学习西方,尽可能把西洋技术都引进来,开始是买,后来买不合适就开始造,但是造也不合适,像左宗棠开创马尾造船厂,后来沈葆桢把它办成了福州船政局,自己造船真的不如买船，又贵又不好。因为官僚化生产且没有工业基础，西方不像造一艘船造主体和发动机就行了，剩下的部分都可以买配套的，我们什么都没有，造船厂什么都得管，当然成本高，所以很赔钱。后来，人们就说军工产业是挣不了钱的，因为不能出口，就弄一些能够挣钱的产业，比如说开皮革厂、开煤矿。再后来，人们发现按照官办的模式办也不挣钱，就承包给商人。最早的商人都是广东商人，广东先开放了，因为澳门周围珠海一带从明朝中叶就开始有洋人了，习惯了跟洋人做买卖，最早所谓买办商人就是从他们那儿来的。尤其是李鸿章名下的那些洋务企业，比如轮船招商局、开平矿务局，实际上都是民办企业戴个"红顶子"而已，这些企业最后也没有办大，就是因为"红顶子"。

这些洋务企业，并不像我们后来说的一无是处，但说良心话，失败不可避免。当时中国的状况，尤其是官办的工厂，虽有李鸿章这样的明白人，但好多人实际上却是糊里糊涂地去瞎办，这种情况就是"交学费"了。哪怕认认真真办，像沈葆桢这样的，厂子建成之后不回家，自己吃住全在工地上，而且真不贪污、非常节省，也是赔钱。这种经营方式和结构决定了它会有这个下场。不过，当时还是做了一些事，如果没有洋务运动这个阶段的铺垫，后面的事也就不好办了。但这个成本付得实在太高了，因为那时人们的认识只能到那种程度。如果没有甲午，一切还是会这样混下去，朝廷真的不想改。一直到甲午战争的时候，人数最多的兵种还是绿营兵，其次是八旗兵，然后才轮到湘军和淮军。最有战斗力的淮军实际上没有多少人，绿营兵那时连个毛贼都抓不了，但就是不能把它改掉，这样的政府搞洋务，学习西方搞改革，能有什么大成效可想而知。

如果不是甲午战争打痛了，感觉要亡了，真是没有人会正经八百地洞悉它，而此前洋人的有些动作也误导了他们。1860年，英法联军占了北京又退走了，本来咸丰皇帝觉得他们肯定要另立新朝了，所以还托俄国人给说情，让别立新朝。俄国人知道英法两国本来就不是来立新朝的，答应说情，但是得给代价，中国黑龙江以北、乌苏里江以东就这么给骗走了。英法联军签完条约就走了，俄国人说你看这是我给你说和的，把中国给忽悠了一道，但后来中国人明白了俄国人是忽悠自己，人家不想另立新朝，那就想再怎么打惨不过签个条约，亡国又亡不了，所以大家都一直无所谓的。到了甲午战争，来了日本人，逻辑跟英国人、法国人不一样了。日本人原来是我们东亚文化圈子里的人，想的是另一码事，我们战败后，发现事大了才想着要改了。

五
被污名化的"北洋"

李礼 我知道，甲午之后的历史，也就是您的重写近代史系列还没有完成。您原计划打算写什么？大概的思路是什么，或者说想表达什么？

张鸣 计划里，甲午战争和戊戌维新是一本，义和团运动有一本，然后是新政、辛亥革命，之后是袁世凯，还有两本是关于北洋军阀史的。范围上，没有超出教科书说的那些事，教科书的问题是有些史料明明摆在那却被无视，我多少会尊重史料。有的部分教科书讲得比较弱，比如新政，我就花了一本书的工夫来讲它，因为觉得很重要，那是一个十字路口，如果中国在那个十字路口往前走的话可能结果大不一样，会顺利得多，但是我们毕竟没走。辛亥革命呢？我不是太同意这个革命是必然的，以及这个革命的结果一定是非常正面的。后面对于国民党，我就不写了，以后有工夫再写吧。

北洋实际上被污名化了，以至于北洋成了一个很负面的名词。你看天津，明明都是北洋时期的小洋楼，但是就不能说北洋。天津大学原来叫北洋大学，北洋大学曾经是北方最好的大学之一，比北大还老，但想恢复旧称就是恢复不了。其实，这其中的关键是评价尺度有问题，因为我们实际上是延续了国民党政府对北洋政府的评价，国民党政府推翻的就是北洋政府，当然得把北洋政府说得一塌糊涂，不然它有什么合法性？完全不顾当年孙中山和北洋大员之间交往的那么多事了，好像从开始孙中山就和北洋势不两立似的。但孙中山临死时根据地在两广，为什么要到北京来？北京是北洋的天下，是段祺瑞执意要孙中山到北京来开善后会议。北伐战争之后，国民党已经有了造历史的功能。

我觉得北洋在当时是一个金字招牌，虽说国家很弱，没有办法，因为辛亥革命以后突然给两千多年的帝制国家一个共和制，的确是水土不服，这个制度没有办法给中国一个秩序，只能是强人政权。人们对袁世凯还有一点希望，希望他结束武人专权状况，进入文治，只能说有点希望，希望有多大也不好说。袁世凯一死，这点希望都没有了，变为军阀割据。割据状态的国家肯定很弱，但是不意味着这帮武夫都是杀人如麻的混蛋。有没有混蛋？当然有，张宗昌这样的"三不知将军"就是混蛋，但其实这不是主流，主流的还是多少要搞点建设的地方实力派。比如，建个大学，东北大学是奉系军阀建的，河北大学是直系军阀建的，云南大学是滇系军阀建的。他们都会搞点建设，都会对自己家乡有点想法。阎锡山是没有建山西大学，山西大学外国人已帮他建好了，但是他把山西建设得不错，他是留日的士官生。军阀里，一批日本士官生，一批陆大学生，一大批保定军校学生，都是当时中国的精英，都是一腔报国之志，他们不是人们想的赳赳武夫。

中国现代转型的过程中，有一个投笔从戎、弃文从武的风气转移。当年的北洋，无论是李鸿章的北洋，还是袁世凯的北洋，实际上都是金字招牌，尤其是袁世凯的北洋，事事走在前头，他的智囊团全国最牛，自己管的直隶比今天的河北大，发展不错，新政的各项事业都走在前头，而且产出也多。别的省，有的时候办一个旅都很吃力，因为没有钱，庚子赔款之后，此前对日本的赔款，还有之前零星的赔款，都没支付完，这时候又割下四亿五千万两——什么概念？当时全国财政收入不到八千万两。各省没钱办军事、练新军，有的一个省只能办一个旅，大多省份一个旅都办不起来，直隶能办六个镇（师）。钱是袁世凯自己筹来的，不是抢来的。北洋重镇就是天津，天津成为仅次于上海的商务重镇，两个城市的差距一度非常小。天津是中国北方最洋化、港口收入最大的一个大都市，工业、商业非常发达，文化事业也非常发达，一度不让上海。像梅兰芳唱戏，在北京唱红了不算数，到天津码头过一过，天津人说好那就可以站住脚了，天津人说不好，那你回去再练功去吧。

李礼 您之前长期在大学政治学系教历史，政治学研究喜欢动用一些理论框架，您是否有一些自己喜欢的史学理论，写作中有无体现？

张鸣 说到教学，其实我真没做过什么政治学，只是教过课而已，因为原来是做思想史，后来觉得思想史做起来有点玄，才转成这样。这个过程中，看史料什么的其实大家都差不多，但因为是"野路子"，就不太关注史学理论。我就是找东西，找到之后解释清楚就完了，现在的时髦是讲理论，但是我觉得讲理论不看史料，或者史料看得太少，就不足以让人信服。

理论，我不是一点不知道，包括政治学理论、经济学理论，其实有些是有用的。我不像有些传统史学家排斥这些理论，人文绝对不沾社科，但是我的确没什么很高的理论造诣，而且有时有点排斥，因为这东西一旦进去以后，就容易形成一个先入为主的框架，然后为了说明这个框架去找史料，这就会出问题。明明你宣布乌鸦是黑的，最后人家拎出个白乌鸦来，你就傻眼了，所以这种事要尽可能避免。我现在也不会去在乎什么史学理论，以后也不会在乎。

第九章

黄克武 |
历史变化背后的"思想结构"

"晚清文化的复杂性是超过五四的,人们对西方的多元性、复杂性有很深的体认。"

黄克武

1957年出生于台北,著名历史学者,台湾"中央研究院"近代史研究所特聘研究员。牛津大学东方系硕士,斯坦福大学历史系博士。主要著作包括:《一个被放弃的选择:梁启超调适思想之研究》(1994)、《自由的所以然:严复对约翰弥尔自由思想的认识与批判》(1998)、《自由的意义:严复与中国自由主义的起源》(*The Meaning of Freedom: Yan Fu and the Origins of Chinese Liberalism*, 2008)、《惟适之安:严复与近代中国的文化转型》(2010)、《近代中国的思潮与人物》(2013),《言不亵不笑:近代中国男性世界中的谐谑、情欲与身体》(2016)、《顾孟余的清高:中国近代史的另一种可能》(2020)等;并编有《同舟共济:蒋中正与1950年代的台湾》(2014)、《中国近代思想家文库:严复卷》(2014)等十几部著作。

一

清初和清末的"关联"

李礼 甲午之后,投入救亡的知识精英们与19世纪初的"经世思想"之间有什么关系?您早年对《切问斋文钞》《皇朝经世文编》

有一些研究，似乎特别着眼于此。总体上，您如何评价从17到19世纪中国知识人的思想演变？

黄克武　我的主要研究大概就是从明末清初开始的，从明末清初一直到19世纪初叶，然后再研究到19世纪末叶的康有为、梁启超、严复等人。如果从这三块来看的话，近代中国的知识分子是有一个传承的。像从明末清初到清朝中叶，其实传承性很强，像魏源《皇朝经世文编》的经世思想吸收了大量顾炎武、唐甄的东西，他们在19世纪中叶初期要谈经世的时候，就回到明末清初的思想家那里，所依赖的经世思想资源很大一部分是从明末清初这些人的著作中来的。

但是明末清初的时候有一个比较大的特点，他们视野比较宽广，基本上是看到整体的转变，他们对于时代变化的感受性比较强，所以开始思考问题的时候，着重整体的制度性的改造。这就是说，他们着眼于大的中国问题。例如，黄宗羲反省中国专制的根源，然后想怎么样通过士人、书院的力量创造一个更合理的政治体制；顾炎武讨论中央与地方的关系。这些议题都是有大气魄的议题。到了清朝入关之后，特别是19世纪初期，经世思想的视野就变窄了，开始变成在肯定现实政治权威之下所做的一些比较地方性、制度性的改革，不触及中国政治的根本问题。

这种关怀到了康梁的时候，又回到了明末清初的传统。他们又开始在问中国的根本性的问题，康有为的著作去关怀中国最核心的制度改革问题，有一种大的气魄。梁启超说他"以大海潮音，作狮子吼"。

李礼 为何康梁这批人能对接明末清初的那种传统？是因为巨大的国家危机吗？清初伴随着明亡的感受，甲午后很多人无疑也有一种新的灭亡感。

黄克武 梁启超和黄宗羲、王夫之等人思想的联系性非常强，所以，我觉得清末的确有那种强烈的危机感，让他们再去看明末清初的那个时代。明末清初时，士大夫开始讨论的一些制度改革问题，对清末志士有很大的启发。

余英时先生将明末清初的转变称为"新基调"，意指一个基本的转变，包括富民论、对民间社会的强调与对公私、义利的重新思考等。清末的人受到这些观念的启发，这对他们选择性地接受西方思想（如民主共和、地方自治）有所影响。

李礼 您曾使用"政治核心的改革"和"社会行动"一组概念来研究（经世思想），很有解释力。如果以此来看待甲午之后，特别是新政、立宪展开后的清王朝，我们该如何理解"政治核心改革"的失败？

黄克武 这是我在讨论明末清初到清中叶经世思想时所提出的一组概念，搭配转化和调适的思想取向形成了四种思想类型。明末思想家，如顾炎武、黄宗羲等，倾向于政治核心的转化思想，然而只有言论，缺乏行动。到乾隆大一统之后，《切问斋文钞》的经世思想改变为以核心之外的调适性行动来改造世界，至魏源的《皇朝经世文编》，此一倾向仍然很强。

如果用这四个类型来看晚清，清末新政时期的所作所为出自政治核心的调适政策，想在维系政权的前提下从事各种改革，以应新时代的挑战。很可惜，当时的传统政府缺乏"现代国家"的施政能力，无法挽救危亡。诚如有些学者曾指出的：清廷不全是革命宣传中的"颟顸""腐败"与"缺乏改革诚意"之政府，而是努力适应、积极变革，却因"小政府"的格局与心态，在新政期间企图有大作为，结果触发了"结构性"的困境，在缺乏体制变革与理论更新之下，黯然退出历史舞台。

相对来说，革命行动则是核心之外的转化思想，追求全面的体制变革，以推翻专制、建立共和为口号，从而获得人们的支持，最终取得胜利。

李礼 晚清精英对出版、办报产生了这么大的兴趣，热情投入其中。这算您说的政治核心之外的社会行动吧，我们应该怎么看这个现象？在印象里，您更强调清末革命是一场思想动员的结果。当然，辛亥革命是个大话题，人们至今仍不断地给出新解释。

黄克武 张灏先生讲的近代中国的转型时代可以回答这个问题，他觉得转型时代有几个重要的机制，其中最重要的就是出版媒体。因为那个时候，西方的报纸传到中国来，然后像严复开始办《国闻报》，梁启超办《时务报》、《清议报》、《新民丛报》等报纸，这些都是主张向西方学习的报纸。报纸背后的理念就是借此提升民德、民智、民力，这三者是他们从事报刊业的最核心性的使命。对他们而言，中国的问题就国民性的改造，而发行报刊是实现此一理想的最佳手段。

2011年，辛亥百年的时候，我们举办了许多活动讨论辛亥革命。我觉得辛亥革命成功的一个因素是思想上的动员，这就是说，所谓共和的理念，之所以在1911年普遍性地受到大家肯定，必须追溯到至少七八十年前。大概从19世纪初年，魏源、徐继畲、梁廷枏等人开始介绍西方的总统制度、议会制度、地方自治、选举制等。

这七八十年的时间有各种各样的介绍西方地理、历史的书，推荐共和、民主的观念，经过七八十年的思想动员，到了晚清的时候，人们的观念才跟革命行动结合在一起，经过辛亥革命而建立了民主共和。

李礼 对于中国近代以来的现代化、民族国家的构建过程，一些学者认为至今并没有完成，中国仍没有成为一个真正的现代国家，对此您怎么看？

黄克武 我想，第一是要看现代国家的定义是什么。如果做一个很简单的对比的话，改革开放以来中国大陆有很大的进步。我记得第一次来中国大陆是1993年去广州。我一到广州车站，吓一跳，车站前的广场坐的全部是民工。因为我从香港过去，对比很明显，那个时候觉得香港是一个有秩序的、有法治的地方，大陆则现代性不足，这是我在1993年时的感觉。

那次我去了很多地方，我从广州到桂林，从桂林到昆明，到西双版纳，然后再回重庆，从重庆到武汉，从武汉再回广州。那时我还在斯坦福读书，当时经济还没有起来，物价非常低。我觉得从1993年到现在，大陆有了长足的进步，开始建立了一个现代国家，国家对于人民生活上的照顾，是人类历史上很了不起的成就，就这点来说，虽然目前还有城乡差距、贫富差距这些比较严重的问题，但在朝向现代国家迈进的路上已经取得了非常了不起的成就。当然现在，虽然有进步，但是还有很多发展空间，这个也是大家有目共睹的。

二

晚清文化上的复杂性超过五四

李礼 您聚焦过不少近代史上的重量级人物，今后如果愿意继续，还想写谁？

黄克武 我现在还想做的一个事情是，把我对严复的研究，拓展到整个近代思想史的领域里面，就是分析严复《天演论》所造成的中国近代思想界的变化。这个问题我其实已经考虑了很久，而且写了一些东西，我希望能够完成它。

因为严复的《天演论》在近代中国思想史上影响很大，但是具体地说怎样影响，其实还没有一本好的书，我大概想要写这个题目。这个题目牵扯到近代中国从"经学时代"到"科学时代"的大转变，我觉得这是一个很根本的变化，这里面也牵扯到科学的限度和宗教的意义等问题，我觉得这些都可以从《天演论》的思想脉络里面去谈，所以这是我目前想要写的东西。

李礼 很多近代精英借用传统思想来应对"现代"的到来，而传统在近代也发生了很多变化，或者所谓创造性转化。这当中您自己比较关注的、感兴趣的是什么？

黄克武 这当然是一个很核心的议题，其实从晚清以来一直在讨论的议题就是传统文化的现代意义，或者说传统的东西到一个现代社会还将扮演什么样的角色？如果从最主流的儒家思想来说，为什么现在还要读《论语》？读《论语》或者其他儒家经典对我们现代人有何启示？当然一个比较悲观的看法是，这些儒家传统只有个人（修己）的意义，而没有超越个人之上更广的治国平天下的可能，这些观点当然有争议。我知道国内关于新儒家的争议本身就非常大，有人认为他们只看到了传统的好处，而看不到传统的缺点，而且夸大了儒家在治平方面的作用。

对我来说，儒家思想在个人修身方面有永恒的意义。我记得17岁的时候读《论语》的感受，那个时候学校要我们背《论语》。我读到司马牛问君子，子曰："君子不忧不惧。""不忧不惧"这四个字突然触动了我，我觉得感受很强，当然这也是因为我的个性比较内向，常感忧愁,所以"不忧不惧"这四个字对我的启发非常大。后来难过的时候我就常想到这句话,因而得到慰藉。这个例子就是说,儒家的思想内涵其实是一种道德的体悟,那是你自己去感受到的。这一套理论是否能因为"君子务本,本立而道生",变成公羊学那样,在修身齐家之后而能治国平天下,我觉得这倒是另外一回事。

李礼 您会特别考虑到中国人的宗教问题吗?如果把它作为一个"变量"代入近代史,宗教的缺失会产生很多影响吧。

黄克武 这也是我讲的《天演论》之后给中国人带来的最大挑战,就是从传统的经学时代到科学时代,而经学时代就是传统的"天地人"宇宙观,那科学来了以后呢,打断"人"跟"天地"之间的关联,开始传入从实证主义来的无神论,这其实是一个很大的冲击。

这个冲击在当代中国大陆的影响很大,当然一方面我们也可以看到宗教的复兴,可是事实上无神论的色彩还是蛮强的。无神论的问题就牵扯到在一个无神的世界,个人要如何追求道德理想、身心安顿,并解决终极关怀的问题。我觉得儒家学说在这里应该是可以扮演一定的角色。我的老师墨子刻是犹太人,可是他说《圣经》讲的故事多不可信,他有一个朋友得癌症快要过世了,他寄了一本英文的《论语》给这个朋友,他说你读这本书可以获得很多精神的安慰,他觉得《论语》比《圣经》更能够打动人心。儒家当然不能说是一个宗教,但是儒家经典里面讨论的问题,或者说它面对人生境遇的方式,有其价值,这是人文主义的人生观,我觉得至少是在科学世界里安顿身心的一条路。杜维明先生这么多年所宣传的应该也是这个理想。

李礼 说到从经学时代到科学时代,您如何看待晚清、五四两个历史时期的"启蒙"。对于晚清到五四,思想启蒙上的某种"窄化",您考虑过其中的原因吗?

黄克武 王德威讲过一句名言,"没有晚清何来五四"。首先,五四是从晚清来的,这一点没有问题,但是五四不但有继承也有新的发展。不过王德威的想法里面有一个隐含的意义,就是说,其实从晚清到五四,启蒙变得单一化和狭窄化,这一点也蛮有意思的。

我自己研究晚清,可以看到晚清的启蒙更多元、更开拓,这和王德威从小说的角度看到的面向有类似之处。晚清时,人们除了译介经典的科学名著之外,也关注相当多其他的部分,包括所谓灵学、科幻小说等一些科学、民主、现代性之外东西,以及一些批判主流观念的想法。的确,晚清文化的复杂性是超过五四的,人们对西方的多元性、复杂性有很深的体认。到了五四时代,他们开始接纳以科学、民主为中心的西方主流价值,反而排除掉了与科学和自由民主不合的一些东西。从这个角度来看的话,晚清那个世界的丰富性、多元性要超过五四,但是五四对于现代价值的肯定,其强度要超过晚清,就是把个人主义、男女平等、民主与科学的主流价值彰显得更清楚。

我觉得这和五四的命题是有关系的,经过洋务运动、戊戌变法之后,我们可以发现,中国的问题不只在物质,也不只在制度,而是一个最根本的文化精神的问题,所以在这方面我想大家都知道胡适、陈独秀以及鲁迅就开始去思考，中国问题的解决是需要一个新文化运动。新文化运动抓住了西方近代发展的主轴，就是"德先生、赛先生"，这是一种对于文化改造深切的渴望。我觉得，这是造成这种启蒙窄化的主要原因。

李礼 或者是因为一种急切的追求国家富强的社会心理。温和的改良者近代以来一直很难获得主流意义上的成功，而激进者或更加极化的那一端却往往胜出，尽管付出的代价很大。

黄克武 我觉得这和救亡的迫切感是相关的。近代中国的这种激进化，在思想模式上和传统也有关。全盘推翻传统的那种想法，其实在清中叶的今文经学派里面就开始酝酿，所以我觉得传统是有一种推进的力量，在五四思想的底层，有传统的力量支持，这也就是我们常讲的反传统中的传统。革命的反传统精神在20世纪中国思想界是一个主流。余英时将20世纪的中国思想发展描写为"激进化"，这个观点引发了不少的讨论。他讲的激进化和我所谓转化思潮盛行有相同的意思。

近代中国或许出于救亡的危机感，转化思潮成为一种扣人心弦的选择。这种破除旧物另建新天地的想法有其吸引人心之处，国共两党基本的革命理念与此配合。然而这种激进的转化精神也带来了负面影响，在打倒传统的同时也将一些正面的东西一并扫除。海峡两岸学者出于对此之反省，逐渐挖掘出像梁启超那样的"调适"智慧：在建立新国家、塑造新国民之时，"淬砺其所本有"与"采补其所本无",两者应并重。这是我在《一个被放弃的选择:梁启超调适思想之研究》那本书中所提出的主要观点。

三
近代中国的"调适"之路

李礼 "调适"似乎可以用来描述晚清民国的很多人,从严复、梁启超到杜亚泉。如何理解这种现象?在您看来,为何"调适"会成为近代中国思想史上的一个"关键词"?

黄克武 我在《一个被放弃的选择:梁启超调适思想之研究》那本书里面,开始谈到"转化"和"调适"这两种思想路径。转化和调适,其实跟革命与改革非常类似。革命、改革是具体历史人物的派别分析,有时空的性质,转化和调适则是一个抽象的思想分类。我在那本书里面开始谈近代中国思想的两个趋向,就是以梁启超、严复为主的调适趋向,包括后来的杜亚泉;另外一个就是从谭嗣同开始,一直到五四,有志青年追求彻底改变的一种思想。这两条思路在近代中国一直并行发展,以转化思想为主流,但调适思想并未完全消失。

我觉得从严复、梁启超到杜亚泉,办《东方杂志》的这些人的思想,不管叫调适还是调和,里面基本上都带有一种"继往开来"的观念,就是说中国的未来路向不是靠打破现在之后重新建一个新世界，而是在一个继承过去的基础之上，开创出一种新的局面。严复在时代上较早，梁启超、杜亚泉两个人在时代上相近，他们想问题的方式也是比较类似的。

李礼 这种思想脉络，到民国后有什么变化？比如"调和"中西的方法或其中一些具体内容？

黄克武 这一脉从严复、梁启超开始。严复在早年激进，晚年变得比较保守；梁启超也很类似，在清末的时候采取比较激进的转化思考，可访美回来之后，变得比较调适。民国初年，他从欧洲回来以后认为西方文化已经破产，应回归中国。梁启超跟梁漱溟基本上代表了一个类似的趋向，他们开始了中国现代新儒家。这个系统大致上都有一个类似的想法，就是不要瞧不起咱们老祖先，老祖先的经典里面有一定的智慧，当然我们中国有失败的地方，有需要改进之处，但是中国之所以成为中国，历史的命脉有它一定的智慧和生命力。我觉得这是所谓调适那一脉比较重要的一个想法，一直到港台新儒家仍然如此。1949年之后，有些知识分子对于历史大改变有一种反省，而这个反省呢，我觉得是跟着清末严复、梁启超以来的一个思想脉络。

我近些年也在研究蒋介石，一直在读《蒋介石日记》，我发现他的日记很有趣的一点是，蒋介石从1940年开始读梁启超的书，而梁启超1929年就过世了。可以说蒋读得非常晚，过去大家不太注意，但是从日记就看得非常清楚。1929年梁启超过世的时候，蒋介石在南京主持国民党的工作，那个时候他们对于梁启超所代表的进步党（那一派和国民党是敌对的）有反感，所以梁启超死的时候，南京国民政府没有褒扬他。到了40年代，蒋介石思想开始有所改变，因为他开始读传统典籍了，然后就"碰到"梁启超了，他非常系统地读梁启超的书，梁的著作他大概都读了，从《清代学术概论》到《李鸿章传》等几本重要的著作他都仔细地读了。

李礼　把梁启超和蒋介石联系起来很有意思，据您看，梁启超对蒋的影响大吗？

黄克武　蒋介石对梁启超评价很高，所以他的思想对于蒋介石影响蛮大的。蒋介石原先的思想底子是留学日本学军事的底子，也读过一些王阳明的东西。这让他比较容易接受梁启超，因为梁启超也走了一些王阳明的路子，两者有一些脉络上的对接。蒋介石在日本先接触阳明学，然后接触梁启超和新儒家的这些人，所以他比较容易接纳这些人对于传统的看法。

1949年他到台湾之后，重新思索革命跟传统的关系，然后开始强调传统的价值。我们在台湾，中学读的"中国文化基本教材"就是《四书》，这一原则是在教育体系里面定下来的，影响了许多年轻人。后来成立"孔孟学会"、发起"中国文化复兴运动"，这些后面都有蒋介石的支持。总之，蒋介石这一套想法源于40年代他读梁启超而受到的影响。

四
对接受西方的纠结

李礼 严复、梁启超算最早一批中国自由主义者吗？严复研究西方思想相当深入，却有着非常传统的一面。梁启超也被不少人批评，说他"集体主义"思想其实蛮浓重。

黄克武 严复属于近代中国最早一批自由主义者，我过去大概二三十年用力最深的就是严复了，我觉得他的学术路数比较深，其深度超过梁启超。梁启超是兴趣广泛，广而不深，严复的思想则底蕴很深。他介绍的西学大致上有几块：一是政治上的自由主义，二是经济上的资本主义，三是社会演化理论，四就是西方逻辑思想。这四个方面是西方近代的基石，自由主义、资本主义、社会演化论、逻辑这四块，严复都触及了，所以他的涵盖面比较广。其中自由主义这一部分大概也只有他下过最深的功夫，至少在清末的那个时候，能够真正读英文，看懂西方的著作，然后把它们翻译到中国的，大概也只有他了。

当然很多人会批评他，我同意他的思想有矛盾之处，其实每个人都有一些矛盾的地方，尤其在清末民初传统跟现代相冲撞的情况之下，他们内心的拉扯感应该会超过今天的我们。我们现在基本上已经十分西化了，所以那种矛盾性或者拉扯感不像他们这么强。他们是从传统中出来的，梁启超、严复那一代对于中国传统的沉浸远远超过我们，在那样的情况之下去接受西方、认识西方，当然有一些限度。传统的视野、语汇会限制他们对于西方的认识。我研究严复的翻译，可以看到他在那个时候，以有限的语汇去想象西方自由主义、资本主义等现代思潮，特别不容易。他用很多从儒家、道家经典而来的观念来理解西方的这些新概念，包括自由在内，无可避免的会把中国传统的一些想法投射到西方之上。

但我觉得他抓的比较准的是，他看到了中西的对比，其中一个对比就是西方人强调自由、重视个性，中国人强调群体、重视家庭。他觉得这个差异跟中西的强弱对比是有关系的。他虽然对西方自由主义的了解有一些缺陷，但是毫不犹豫地强调个体自由、个性解放，就此而言，我觉得他作为一个自由主义者还是当之无愧的。我想从严复、梁启超到胡适，都是最早一代的自由主义者。

李礼 严复熟悉英文，后来的胡适也没问题，但梁启超呢？梁对西方没有太多直接介入。此外，您会不会感觉他身上的国家主义更突出，然后才是自由主义？早期这批人都大概如此吧。

黄克武 他有自由主义思想，但他对自由主义的理解和德国国家主义的想法是交织在一起的。的确，晚清那个时候谁不想救国？那种救亡的意识、强国强种的希望都很强。所以我觉得梁启超内心有纠结，他希望把英国的个人主义、自由主义跟德国的国家主义结合在一起，这也是他讲"群己平衡"的原因，严复也是如此，强调"群己权界"。

我觉得梁启超、严复都是从中国这种"群己平衡"的角度，来看个人跟国家的关系，因为中国传统（如《大学》中"修齐治平"的想法）其实就是主张从个人推展到国家，个人是在国家之内的。但是国家又是以个人为基础的，只有健全的国民才有强盛的国家，这种群己的观念影响到他们对于自由主义和国家主义的抉择。

李礼 您自己对中国传统文化怎么看？今天它面临很多困境。您在英国、美国读过书，待过比较长的时间，或者感受更加复杂吧。

黄克武 1988年，我第一次去英国读书，对我冲击很大，因为那个时候英国已经不是一个世界最强的国家了，但是那个社会非常安定，有秩序，有法律，人与自然之间的关系处理得非常好，在生态维护、在社会福利等方面都很先进，给我的印象非常深刻，而当时的中国离那个境界很远。我在牛津读书的时候，学术气氛浓厚，到泰晤士河边散步，非常宁静。英国其实也经历过工业革命，但是工业革命之后，他们开始重新去修复人跟自然的关系，我觉得那种成熟稳重的现代感和中国社会的"匆忙"有一段距离。

对现代中国人来说，传统如同乡愁，很少有人能完全抛弃。在六七十年代台湾中小学教育里面，学生要读很多传统的东西，在学校里面是要背《论语》的。我跟大陆同学交往的时候，最明显的一个例子，就是我们常会背一些《论语》里的话或用其他典故，大陆同学常常都没听过。而且这些东西，不只是形式上的意义，而对整个人格的发展或者说整个人生观都起了很大的作用，所以传统是深深植根在我们这一辈的心里面的。我觉得这一部分是无法改变的，你不管到什么地方，觉得最好吃的饭还是中国饭，永远是中国味。

五
历史研究的类型与追求

李礼 墨子刻先生曾经评价说，您特别喜欢研究历史"模式"。他对您影响很大吧？墨先生是我最喜欢的海外汉学家之一。

黄克武 我受墨先生影响很大，一直到今天，我还跟他请教，我觉得在西方汉学界里面，他是少数对于中国文化有一种发自内心的敬意的人。很多洋人研究中国，其实瞧不起中国，墨子刻先生真的不一样。

从二十几岁开始，我看他读《论语》、读《荀子》、读《墨子》，读这些经典，都是一个字一个字读，一个句子一个句子点，我真的非常感动，这和我后来走进历史行业有关系。我觉得像他这样的洋人，能够这样读中国的书，我们中国人当然更要好好研究自己的历史，所以我就开始跟他做相似的研究。

他在我的《一个被放弃的选择：梁启超调适思想之研究》序言里面讲，历史研究有三类：人物的研究、事件的研究、结构的研究。他常常说一个最好的历史学家，应该同时顾及这三个方面。我也觉得，做一个全面历史研究关照的话，应该要有人的面向、事件的脉络，还要有底层的历史模式。

李礼 那么他对您的判断对吗，您在这几个方面特别喜欢研究"历史模式"？

黄克武 因为我有一本写梁启超思想的书，强调探求历史模式，亦即挖掘底层的思想结构。我觉得这是自己一直很努力追寻的一个方向。因为就历史人物来说，每一个人都有他的个性、性格，有他遭遇的事件，这些多半是历史变化里比较表面的东西，在它们下面我觉得有一个底层性的结构，把这个挖掘出来是历史研究中很大的一个挑战。

墨先生一直跟我说，历史研究应该追求自觉、自我反省和自我批评，挖掘到历史底层结构"模式"性的因素，其实就是自觉或反省中很根本的一个部分。

李礼 记得几年前，您撰写了《言不亵不笑：近代中国男性世界中的谐谑、情欲与身体》一书，非常有意思。为什么对"身体与情欲"这个话题忽然有如此大的兴趣？是对近代公、私领域的关注？还是被严复这样的历史人物他们身上复杂的生活方式所激发？

黄克武 那一本书的确和"中研院"近史所长期以来关怀的"公与私"、"礼教与情欲"等新文化史议题有关。在这方面我们已经出版了好几本书。例如：《公与私：近代中国个体与群体的重建》（黄克武、张哲嘉编）、《欲掩弥彰：中国历史文化中的"私"与"情"》（熊秉真主编)、《画中有话：近代中国的视觉表述与文化构图》(黄克武主编)。我们的研究也受西方学界的影响，如西方有关情感史、私人生活史的作品。拙著讨论中国近代以来猥亵、谐谑的文学表达，商业与图像表达等议题，表面上好像比较轻松，实际上有严肃的一面。这和严复所说的"群己权界"有关。情欲是私人生活的核心，群体对个人的私人空间的管制应该到什么程度？何者可以接受，何者则应予规训？这也是在讨论个人自由的范围。

李礼 您感兴趣的主题、研究对象，这些年其实改变了不少。治史多年，这些变化之中会有一个贯穿的东西吗？

黄克武 我觉得自己最重要的一件事，还是从梁启超研究入门，这是我一生的一个机遇。我第一本书决定写梁启超之后，就开始读他的东西，很自然受到他的影响。我觉得梁启超真的是一个宝矿。最近，国内对他的兴趣又热起来，的确里面很多东西值得挖。

其中影响我比较大的一点是，他讲的"趣味的人生观"，就是做学问也好、做人也好，如果把梁启超化成一种"化学元素"，最后就是"趣味"两个字。我自己也觉得，做学问应该去寻找历史的趣味。那个趣味不完全是"休闲性"的，趣味也有严肃的一些意义，所谓趣味不只是好玩的东西。我研究主题的一些变化，多出于对历史的好奇心与趣味感。

研究上的一些变化倒没有特别规划，因为我的底子是做思想史，觉得很多历史题目可以加上思想的面向，这样会让历史研究更为深刻。所以我最近这几年做的，从人物思想开始，一直到我研究蒋介石和知识分子的关系（比如顾孟余的研究），基本上还是环绕着知识分子，即政治人物跟知识分子之间的关系。我觉得这是一个主轴，就是政治人物跟知识分子之间的互动，这一研究取向可以把我的思想史，通过人际的互动，跟社会史、政治史结合在一起，因此后来又从思想史走向新文化史研究。

第十章

高全喜 |
启蒙的挫折——被遮蔽的新文化运动

"我觉得中国现在不是需要启蒙的话语,而是需要启蒙的精神。"

高全喜

上海交通大学教授,中国社会科学院哲学研究所博士(师从贺麟先生)。已出版著作包括《立宪时刻:论〈清帝逊位诏书〉》、《自我意识论》、《理心之间——朱熹与陆九渊的理学》,以及《法律秩序与自由正义——哈耶克的法律与宪政思想》、《休谟的政治哲学》、《何种政治?谁之现代性?——现代性政治叙事的左右版本及中国语境》、《我的轭——在政治与法律之间》、《西方法政哲学演讲录》(主编)等。

一

两种思想启蒙的真正区别

李礼 备受关注、时有争议的新文化运动,迄今已经过去一百多年。您的研究涉及较广,不过开始似乎主要着力于政治法律思想。对近代史,特别是新文化运动,您最初关注的动因何在?

高全喜 我对中国近代史研究的介入可以说是好几年前的事,尤其是对中国近代政法之间的变革作研究，因为我在十几年前转向宪法研究之后，大体上先是研究西方思想史和宪法理论，但是学习西方、研究西方最终是为了解决中国问题，而中国问题最关键的，当然在我看来，不再是所谓"三代之治"、三千年绵长的历史，更攸关的是处在古今中西之变中的近现代。所以多年前我曾经关注"早期现代"（Early Modern）这样一个主题，在西方相对应的是从15、16世纪一直到20世纪这一段，中国近现代以来，相对地也是"早期现代"，所以对这段历史的关注是我一直持续的。

我在《立宪：论〈清帝逊位诏书〉》中抓住的是一个点，认为在古今中西的交汇过程中，从一个传统帝制国家到一个现代的民主共和国家，辛亥革命、清帝逊位和中华民国的构建是非常重要的标志。这些年我想把视野铺开，可以上推到甲午之战甚至鸦片战争，下到晚清立宪，然后到中华民国构建，国共两党成立，以及抗日战争，到后来的重庆谈判，一直到1949年中华人民共和国建立。最近我做了一个MOOC（慕课），大致就是中国立宪史，从晚清立宪一直到1949年的《共同纲领》，以立宪为枢纽来展示中国近百年处在古今中西转折点的一些重要线索。但这个工作还没有完，这还不算完整的近现代中国立宪史。在研究路径和一般规范方面，宪法学最大的特点就在于不只研究宪法条文条款，而偏重于宪法之所以生成的社会、政治、文化的动因，它的历史过程，无论是1928年国民党的中华民国，还是抗战建国这些重大的政治和法律事件，显然都会有文化的、社会的影响，所以从这个角度处理新文化运动，它在政法角度也包含着相当丰富的内容。

李礼 在进入新文化运动的更多话题之前，我想请您聊一下"启蒙"和它绕不开的两个思想资源，就是苏格兰式思想启蒙和法国式思想启蒙，这两种"启蒙"在您看来，主要区别究竟在哪里？

高全喜 启蒙是一个大主题，前几年学界争论启蒙是不是已经过时了。我记得好像是许纪霖有一篇文章，我很赞同，好像是说启蒙死亡了，但是启蒙万岁。启蒙到今天也是大家纠结的问题。好多年前在北大，在杜维明关于启蒙中国的反思的一次学术讨论会中，我提出，现在对于我们来说，问题不是启蒙有没有用，是不是要继续启蒙，而是我们要追溯何种启蒙。因为启蒙是一个大概念，但是对我们今天来说，尤其是经过了三十年的思想和社会的演变之后，如何把握在西方曾经发生过的启蒙的不同形态，然后选择一个正确的启蒙道路，这点更加关键。那么基本上就有两种观点：一种就是法国式的启蒙，大家都知道那种激进式的、理性至上的、反传统的、反王权的、反教权的启蒙；还有一种相对来说学术界研究比较少的英美式启蒙，尤其是苏格兰启蒙思想所代表的渐进的、改良的、和传统有传承但是又不完全守旧的启蒙。

苏格兰启蒙思想实际上是一个大的思想传统，中国学界或者一般的知识界对这一块相对来说比较忽视，也正是如此，我们曾在浙江大学出版社持续地出了一大批关于苏格兰启蒙思想的书，以亚当·斯密为代表的政治经济学，休谟的哲学、历史学，哈奇逊的伦理学，弗格森的文明演变论等。这一类思想实际上在西方思想的近现代的转型中更占据主导地位，从某种意义上来说，当今世界中以英美为代表的国家更主要是受到了这种带有苏格兰气质的启蒙思想的影响和培育，其国家建设、社会哺育以及道德情操的形成受到了非常大的积极影响。

而在法国，包括后来的俄国，这一系列启蒙思想则带来了很多弊端，甚至一些灾难。当然，它对旧制度的否定有它的积极方面，但是更主要的是，把旧制度否定之后如何建立一个新制度，这方面法国式的启蒙思想拿不出建设性方案，而苏格兰启蒙思想恰恰是在政治、法律、社会、道德、历史领域，都有一些建设性提法。所以我觉得，我们现在是需要启蒙的，但是那种法国式的对传统的否定，高高在上的、理性至上的、企图启蒙别人的心态应该要检讨，应该通过大量翻译、普及以及推广研究，逐渐地吸收或者发扬，甚至接纳苏格兰启蒙思想所带来的那一套政治制度、市场经济、道德情操，甚至是渐进式的文明演进。实际上，我们看到，即便不说英美，在东方的一些地方，它的市场经济，以及民情、道德、伦理也体现了这样的宗旨，中国南方也在逐渐培育这样具有苏格兰气质的启蒙。

二
三种势力的较量和演变

李礼 今天我们理解的新文化运动是被后来的话语所塑造的，如果从刚才说的这两种思想脉络看新文化运动,当中有几种启蒙力量的较量。能否请您梳理一下,多种思想势力在其中是如何交错演变的?

高全喜 我们对新文化运动的理解基本上是传统主流意识形态给我们的印象,而国共两党在这一点上大体是相同的,基本认为新文化运动就是胡适、陈独秀他们发起的一场激进的、反传统的运动,从文化、文学、文字,后来到社会、道德、观念、政治方面的思想或者文化运动,这个文化运动沿着它内在的逻辑必然地导致五四运动,而五四运动又和毛泽东所说的"十月革命一声炮响,给我们送来了马克思列宁主义"连在一起。这就是我们大家所理解的新文化运动的单线逻辑,从刚开始的文学运动、文字改革运动,到反传统、批判孔孟,然后吸收法国革命思想,又逐渐开始积蓄俄国革命的思想,而俄国革命思想则开启了共产党和国民党组织社会政治建设的直线的、进步的、革命化的激进运动。

正如此,我们看到无论是北大的校庆还是每年五四运动纪念,都会把它纳入到新文化运动这样的主脉中。人们认为五四运动是新文化的结果,而共产党的成立又是五四运动的结果,似乎是一片褒扬之声中正常的递进逻辑。这是我们在中学和大学无论是教科书还是文学史、社会史中基本上传播的一种观念,大家基本上也习以为常了,变成了一个常识性知识。

但是,我觉得这样遮蔽掉了真正的新文化运动所包含的复杂性,以及新文化运动在演变过程中所具有的——用我的话来说——复调结构中另外一个面向，它是基于政治选择性的。

新文化运动从1915年开始，大致十年，到1924年前后大体上消减。我们对新文化运动的讨论，实际上我觉得是偏颇的。第一，不能够全面真实地再现新文化运动的情况；第二，遮蔽了新文化运动中所包含的，在我们今天看来富有价值、更加值得我们现在吸收的那些东西。所以，我想梳理一下新文化运动的真实情况，把被遮蔽掉的一些问题提出来，使我们能够在一百年后有一个从容的心态和时间来吸收经验和教训。

李礼 新文化运动中有一个所谓"小革命"和一个"大革命"，这也是您曾强调的一种描述，认为这场运动很大程度上是这两种革命的演进。能否具体展开说一下？

高全喜 真实和全面地来理解新文化运动，你可以发现它是一波三折的，有狭义的和广义的新文化运动，又有主线和副线。在我看来，新文化运动在它刚发起的前两三年，甚至到五四运动之前，基本上还是一个具有英美思想或者苏格兰启蒙思想品质和性质的思想启蒙运动，所以在这一点上我不太同意现在一些学人彻底否定新文化运动，认为新文化运动是非常坏的，阻断了中国传统儒家文明。新文化运动确实对传统的旧文学、旧道德具有反对批判的意义，甚至有些言词非常激烈（以胡适和陈独秀为代表），但是就其实质来说，基本上还是苏格兰启蒙思想的精神品质，因为既然是启蒙，对传统的东西就具有批判意义，所以我觉得应该首先肯定新文化运动在它发起时的启蒙气质，对传统有批判，但还有建设性。

如何批判传统，如何建设新的中国传统文化呢？也就是说，随着民国的建立，建设一个不是和传统皇权国家相匹配，而是与民国、共和国相匹配的新的文化和文明，这是启蒙思想的本质。那这样的话，对传统东西采取批判态度很正常。启蒙思想首先是对过去，对传统具有批判态度，不是一味地盲从传统。但是问题又在于如何批判传统，采取什么方式，在批判传统的过程中自己塑造什么，在这点上我又不赞同教科书里说的。那么相对应的就是，辛亥革命或者中华民国的建立也就是一个小革命——政体革命，与政体革命相匹配的新文化运动也是对传统的那种有限否定，而且这种否定又企图在传统中挖掘一些有价值的东西。

另外一个问题在于如何看待新文化运动的具体形态。一般来说，大家把《新青年》作为新文化运动的主要标志，在《新青年》发表文章的这些作者也是新文化运动的干将，也就是胡适、陈独秀、李大钊这些人，但是实际上我觉得从一个大的、较为全面的角度来说，新文化运动实际上是有三波人、三个群体、三种演变。在五四运动之前这三波人虽然内部也有争议，甚至相互批判，但在具有英美启蒙思想的精神品质之下，批判和争议基本上是内部争议，都是建设性的。首先是以《新青年》的陈独秀、胡适为主的一拨，这一拨人在后来的演变中发生了一些歧变。胡适、傅斯年、钱玄同这一拨代表了新文化运动中自由主义的倾向，刚开始可能和陈独秀、李大钊所代表的社会主义这一股没有太大矛盾，但逐渐产生了区别，所以我们看到，即便是《新青年》这样一个大群体中，有着自由主义气质的胡适和有共产主义气质的陈独秀、李大钊等人是有本质不同的，这个到五四运动前后就显示出来了，他们就分道扬镳了。

除此之外，还有很少被纳入当时或后来的学术界的《学衡》杂志这一批人，以及以章士钊为代表的《甲寅》这一批人。章士钊留学于爱丁堡大学，所以他对苏格兰启蒙思想有很多认同，他在五四时提出五四运动是反法治的，学生不能因为所谓"打倒卖国贼"就烧赵家楼。还有，梁漱溟也对当时的五四青年提出质疑。爱国热情是有道理，应该保护，但是不能做违法之事。再一个，就是杜亚泉的《东方杂志》。这三个杂志所体现的所谓保守主义，代表了一批文人学者。他们在我看来应该被纳入到大的新文化运动之中，因为他们大部分留学于西方，可以说对西方文明的理解，尤其对英美文明的理解，是比《新青年》中留学日本那些人的理解更地道。他们在传统文化方面也非常有素养，学问很高，但他们也看到了传统道德中的很多弊病，并不是一味地盲从传统。他们也在新文化论战中强调要革新传统，重塑传统，但他们反对的是《新青年》那种，尤其是早年法国、俄国那一套激进的反传统方式。这批人显然不是传统的守旧派，他们对传统有批判，但他们批判的目的是建设一个新的传统，只是在方式上有些人主张要用文言文，有些人要用白话文。主张文言文、格律诗，这也没啥，不能说只有白话文、新诗是先进的或者一定要比那个好，我觉得不一定。经过一定时间后，往回看，我觉得他们的观点更加具有所谓启蒙性，启蒙思想不止是把传统里糟糕的东西去掉，有价值的东西还是要发扬。

我的一个主要的观点，就是要把新文化运动以一个更大的尺度去理解，把当时多元的社会主张，包括所谓文化保守派，纳入到整个中国1915年那个时代的文化氛围之中来研究，而不是说唯有《新青年》才是新文化运动的"嫡系"，或者说只有他们代表新文化运动，其他都不是，我觉得这太片面了。当时整个社会风潮都处在新文化运动的变迁中。把文化保守主义纳入进来以后，这个东西恰好对应的是辛亥革命之后多元式的新文化的哺育发展。所以我既不同意儒家学者一开始就反对新文化运动，也不同意后来的那种主流说法——只是拔高《新青年》。

李礼 把办《东方杂志》《甲寅》和《学衡》的那些文化保守主义者，以及曾被视为新文化运动对立面的其他思想，放到整个新文化运动中重新考察，确实很有意义。那么为何激进的思想在较量中后来居上？您觉得需要考虑的历史背景或当时的社会心理是什么？

高全喜 这个问题不单是思想文化层面的，在那个时间段里，确实有一些国内外的重要事件对此产生了影响。此外，正常的文化建设需要时间和耐心，我们中国现代化的建设确实有着外部压力的逻辑，新文化运动发生了歧变，激进的、革命式的思想占据了主流，比较温情的、保守的、改良的启蒙思想被放逐了，这是一个现实状况。五四运动之后，新文化运动就变成了一场政治社会运动，所搞的已经不是文化建设了，而是通过文学宣传去发动群众，把文化、文明变成服务于政治目标，服务于动员群众的手段和工具，正常的、独立自主的文化空间也就逐渐没有了。

这里头我们不能就文化说文化，首先民初十年北洋政府有两块都有点弱。一块是制宪过程屡搞屡败，先是"天坛宪草"不成，后来又帝制复辟，再后来又是"曹锟宪法"，也就是说北洋十年虽然做出很多努力，但是一直没有构建出一个稳定的政治秩序。但是新的国家建立之后需要一部宪法来安定这个社会，一个政治上的基本框架使这个社会在古今之变中能够安顿。第二块就是没有政治秩序，使得军阀混战，地方割据，所以一个正常的市民社会的发展培育并不是特别充分，尤其是广大下层群众——工人农民还没有被纳入到现代社会之中，但他们具有潜力，这个是社会原因。

还有一个原因是外部的，20世纪初国际上社会主义运动处在高潮期。不光中国，西方很多先进的知识分子都是亲苏的。一战前后苏俄这套理想征服了当时的很多精英分子，包括罗素、罗曼·罗兰，中国实际上就连胡适这样的学者都对苏维埃唱过赞歌。中国文人只有徐志摩有不同观点。苏俄思想在20世纪初，不光在中国，在世界上确实都处在风头正劲的时候。所以我觉得五四运动前后的一些活动实际上是有背后政治推手的，现在海外档案也挖掘出来了。所以这个转变有内部政治的和社会的原因，也有外部的国际原因，尤其是其他列强对中国还持有一种殖民者的心态，而苏俄又处在上升期，他们想输出革命，所以派人到中国来联络国民党，后来又帮忙组建共产党。

苏格兰或者英美思想的启蒙是需要条件的，不是疾风骤雨一夜完成的，而是要慢慢培育，但是我们在民初十年没有这样从容的环境来培育一种建设性的，能够古今交汇的思想——传统和现代不是相互打仗而是相互继承的建设性关系。实际上中国的境遇从鸦片战争一直到今天，总是处在一个焦虑的急迫的氛围之下，使得民族精神和道德都不能从容地建设，所以我觉得这些原因就导致新文化运动刚开始的时候是以英美式启蒙为主导，后来发生了变化。但当时的学人也不是像我们现在这样分辨得那么清楚，基本上是一个大杂烩，有英美式的、俄国式的，尤其是法国式的，在这个过程中激进主义就逐渐地变成了强势，尤其是和社会运动结合了起来。

特别是中日"二十一条"，大家不了解内幕，实际上中国外交官做出了相当大的努力，弱国外交，做到那个份上已经很不容易了。但是知识界和大学生只是看到了这样一个结果，出于理想的愿望，再加上背后一些政治推手，一步步激进化，所以就使得新文化运动违背了刚开始企图对旧传统、旧文化、旧道德的改造，建设能够接续传统文化的想法。革命、激进、政治化就变成了主流。

三
晚清士绅立宪与中国"保守主义"

李礼 说到文化保守主义，我们可以上溯一下历史。关于清末立宪，您写过不少文章，特别是对地方立宪领袖作用的研究，比如张謇，他在辛亥年所起到的协调、妥协的作用，您认为这显示了一种中国式的"保守主义"。

高全喜 我对张謇的关注大致是在10年前开始的，因为当时我从法理学转移到宪法学，对西方宪法学的基本人物和制度下了很多功夫，也写过很多的书，像卡尔·施密特这些人的东西我也都研究过。但我们这一代人做学问和现代年轻人最大的不同，是做学问有点"经世致用"。我为什么转到宪法学？不是因为这个学问高明在哪个地方，只是觉得自己学的东西要有点用，所以我们这一代人所学的东西不是一个纯知识的趋向，现在年轻人是知识趋向。我们追求知识是出于爱好，更多的是为了实践。

以前教科书告诉我们，历史发展大体上有两个思路、两个潮流，包括国、共两党的关于近代中国历史的叙事，两者虽然有重大区别，但对晚清到民国这个过程，两党表述有一致之处：他们都比较推崇革命激进主义。按照这种对近代史的论述，张謇所代表的立宪派，主张相对保守，这显然是属于不彻底的、投机的评价，是一个主流评价。但是实际上我觉得，第一，这不符合中国近代史的现实，现实过程不是这样的；第二，从价值取向上，革命激进主义的史观也是可以商榷的。

我有一个观点，张謇他们这一拨人也是中国的"国父"，就像美国的立国者不能说只有华盛顿一个人，中华民国的开辟者也是一个复数，光孙中山自己立不了国。清末各个地方分别宣布制宪，当时立宪派在各省和当地的一些军阀、实业人物结合在一起，这使得皇帝得以和平逊位，最后把权力和平交接给一个共和国，晚清最后这一块还是比较光荣的。中华民国是革命制宪的建国过程，而不是革命建国，因为从宪法的角度或者从一个现代国家的角度来说，以宪治国，这是现代国家的一个主要特征，过去的王朝都是马上得天下，那不是现代国家。立宪派，他们并不是革命不彻底，恰恰是他们所主张的以宪立国，有别于革命派的以武力立国。当然，这两者不完全对立，而是既对立又结合，然后加上清帝逊位，这三个因素构成了现代中国。所以从这个意义上来说，像梁启超、张謇，都是现代中国的"立国者"。

中国近代以来有三拨立宪派，第一拨当时是李鸿章、曾国藩、张之洞等封疆大吏下面的一些幕僚，后来他们都变成了立宪派的主要人物。第一拨的观点，主要是变法、变革。当然康梁的变法比较激进，后来湖南变法等于是另外一套比较温和的变法，他们的那些变法没有持续下去，这一批人不少变成了立宪派的真正主力。到了第二拨，就是晚清立宪，一直到中华国民的构建，这就是以张謇等一大批立宪派为代表的。第三拨是民国十年，这时立宪派纷纷变成了各种政党。后来国民党北伐之后，中国立宪派的第三拨人就被历史慢慢淘汰了，但是这三拨人在中国社会的发展过程中，在不同的阶段发挥的作用是非常大的。

张謇他们强调在中国现代社会中进行地方自治，因为中国这么大的国家需要地方自治。我有一篇文章就是从奥地利经济学来看张謇从事实业建国、以实业发展社会的观点。有人说，张謇是一个儒者，而且儒家的信条贯穿他事业的始终，但是张謇又不是纯粹的儒者，从事商业是为利益，他在某种意义上改变了中国传统儒家的义利之变。张謇做的事情就是现代企业家做的事情。奥派经济学特别强调，在一个现代经济社会中，企业家具有的重要作用。现代社会强调企业家的创造力，企业家从事市场经济，强调契约经济、法治经济、市场经济，这些内容是传统的儒家经典中没有的。作为一个富有实践精神的人，他自然知道社会要追求创造的利润，在利润之上再强调新的建设，我想我们不能把他作为一个传统的儒者，他有儒家的情怀，但是他又是一个现代的企业家，又是现代的建国者，我觉得这两块结合起来就很具有象征意义。总的来说，企业家如果不能够建立一个法治国家或者一个完善的市场环境，那么这个财富今天是你的，明天就有可能被拿走了，所以他们不是说纯粹的资助慈善，而是捍卫自己，建立制度是为了你自己，这样自己的经济、财富才能够有一个制度的保障。

李礼 清末十年，地方士绅的政治参与过程很有意思，他们愿意变革，但希望稳定地推进，用今天的眼光来看，有很多保守的地方。国会请愿运动到最后一轮，清廷被迫宣布缩短预备期，敏感的梁启超直接认定清廷要完了，张謇等人却一度很满意这个结果。辛亥革命爆发后，他首先想到的也是镇压。不过南方各省迅速独立，很多是地方咨议局的人在主导，他们很快认识到了历史潮流的改变，张謇也参与到南北调和,因为这是他实业救国梦想的基础。有人说地方士绅在辛亥年赞成共和是一种政治投机。但正如您所言,恰恰由于这种角色的存在,这场革命多了很多妥协的力量,使它最后有可能成为光荣革命的中国版本。保守对激进的革命踩了一脚刹车。事实上,立宪派和革命派都想让这个国家不再实行过去专制意义上的君主制,这一点是共通的,只是想按照自己的方式实现。

高全喜 我想补充几点。第一如何理解保守主义,张謇显然是一个保守主义者,但是如何理解保守主义?因为最近学界经常提出重新认识保守主义,英国的思想基本上就是保守主义,尤其政治思想主流是保守主义,对传统、自由、私人财产这些东西的捍卫,这是保守主义的价值理念。

保守主义在中国面临的最大困惑就在于我们的传统中,似乎没有英国传统文化中要保护的那些价值、制度,所以说有的时候在中国听到保守主义,确实面临现实的吊诡。在英美国家,保守主义和自由主义是兼容的,但在中国谈保守主义,得面对中国政治传统——皇权专制,这确实是一个难点。但放到中国近代历史过程当中来说,我觉得像张謇们的所谓保守,是在一个社会逐渐变化的过程中,不太主张那种剧烈的革命,这批人主张能够从制度上自上而下慢慢变革。要变,但变中不要有大的激进巨变,这是当时他们对时代的理解。具体到那个时代,对他们来说比较能接受的是君主立宪制,经过《马关条约》、太平天国、义和团等内外交困之后,他们想的所谓保守主义，就是能够自上而下实现一种变革，比较好的就是君主立宪制，日本、英国都是君主立宪制，社会没有太大动荡。

立宪派之所以和革命党人有争论，很大程度上是革命党人要"驱除鞑虏"，自下而上通过军事手段，进行暴力革命，革命党人最早鼓吹的就是"重建明朝"，开明士绅、立宪派不太赞同这个，当然他们也不赞同清朝的专制，他们想通过一系列的内外部压力，给清室施压，实现一个宪政，至于这个宪政是共和制还是君主立宪制，以当时中国的情况，他们更愿意接受君主立宪制，所以说咨议局搞的这些请愿活动并不是要彻底地反对皇帝，只是说要有一套制约皇权的法律，这个法律可以赋予皇帝一定的权利，但权利要有限制，这是1909年前后的事。但随着皇族内阁的出现，立宪派也分化了，因为清王朝高层在这一块口是心非，原先支持革命党的人很少，大部分还是支持立宪派的，但立宪派有两批人，一是体制内的大臣，二就是士绅，两批人是相互交流的，但皇族内阁把两方都得罪了。

到辛亥革命起来，这里就涉及了历史发展中的一个特别时期，宪法学中有一个概念叫非常时期，非常时期人的决断很重要。立宪派士绅的决断是正确的，他们能够与时俱进。清王朝实在不堪，立宪派就从君主立宪制转向了共和制。在这个过程中，如果革命党还沿着他们的路径，从理论上来说很可怕，从现实上来说也不可行。因为袁世凯所代表的北方力量也很强大，如果革命派和袁世凯的北洋力量激烈对抗起来，中国社会就会生灵涂炭，就变成了他们不愿意看到的社会动荡。但立宪派在江浙，甚至在南方很多省是有自己力量的，可以促成南北和谈。

中国从一个王朝变成了一个共和国，没有经过多大的灾难，也没有多少人死，居然这么一个现代共和国就守住了。颁布退位诏书之后，整个清王朝和地域没有崩盘，大清帝国基本上没有任何遗失，就变成了共和国。所以我一直说，中国版的光荣革命就在于是妥协的产物，宪法的精髓或者宪政的精髓就是妥协，但是妥协的前提是各方力量在相互博弈的过程中，找到一个"公约数"。当时的情况是，人们找到了"公约数"，袁世凯、清室、革命党人、立宪派多方找到了一个"公约数"。当然，如何能够把握历史的转机，这不是自然科学，不具有必然性。我经常谈到，历史学的演变未必有必然规律，它是概率论，有偶然性，有大概率、小概率，不是自然规律，因为是人参与其中。

四
五四运动最大的"短板"

李礼 您是主张把新文化运动、五四运动分开来看的，是否要切断它们之间的关系？您如何看待五四运动？无论歧出、变异，毕竟五四运动是与新文化运动相衔接的。

高全喜 我并不是说五四运动和新文化运动完全是两回事，但不赞同把五四运动作为新文化运动唯一的伟大成果，新文化运动在内外因的作用下走向五四运动,甚至沿五四运动再变成政治化的工具,它是一条主线,这是一个事实,所以从某种意义上来说,五四运动是新文化运动的一个果实。

这个果实的机理是埋在新文化运动之中的,但是新文化运动之发展可能有几条途径,走向五四运动并不是必然途径,而且我特别不赞同以五四为标准来看待新文化运动。实际上,新文化运动还蕴含着一些其他有意义的内容,这是我的一个基本观点。另外,五四运动在后来的评价中变成了政治行为,对共产党的诞生甚至国民党的改组都有影响,政治行为又变成了一些党派的行为。所以我这里转引胡适的一句话,就是说他原先想的完全落空了,他和这些人也不是同道人。这是我对五四运动的第一点看法。

如果放在一个大的社会转型过程中来看,我觉得五四运动并没有全面代表启蒙运动,它没有达到这么一个高度。大家都知道民主与科学,"德先生、赛先生",民主与科学固然是现代社会中最重要的价值,但是问题在于单是民主和科学不足以建立起一个正常的现代社会,避开法治的问题就是五四运动的一个短板,梁漱溟和章士钊当时就提出了这个问题。我记得夏勇先生曾经说,五四运动提出"德先生、赛先生",还要提出一个"何女士",就是人权,还要提一个"法先生",就是法治。民主有它好的方面,但也隐含着很大问题,尤其是那种直接性民主,还有那种多数决的民主,一定要和法治相结合才可行。萨托利的《民主新论》非常好地辨析了民主这一概念,民主是程序上的事情,但是未必能够得到一个好的结果,因为一群人可以集体干傻事。但是，法治是有一些基本的自由价值的，能制约民主中多数人干坏事或傻事的情况，一个正常的现代社会肯定是法治和民主结合在一起的，单纯的民主是可怕的，而且是不可能存在的，那只能是古典社会，但是五四时期人们并没有意识到这一点。我觉得，当时的知识精英只追求民主，没有追求法治，这就是为什么后来的历史越来越激进化。

我觉得，要是对五四新文化运动反思的话，民主和科学没什么问题，缺的就是法治，这是当时没有被关注的。我们对比一下，西方在启蒙时期，英美就不必说了，就是法国知识界也谈到了法治，只不过法国和英美的走势不太一样。总的来说，缺乏法治这是五四新文化运动最大的短板，从这个角度来说，它的价值有限。

李礼 提到民主与科学，不少人认为，五四新文化运动的一些口号并没有超越晚清阶段，您对此如何评价？如果把历史往前推，我们看见新文化运动的一些启蒙或者说主张在晚清，尤其清末十年，也确实被提到过。您觉得新文化运动和晚清改良派、立宪派之间，有着何种历史关系？

高全喜 这个问题挺好。很多人认为新文化运动是中国现代思想史中启蒙的第一个章节，实际上这个结论值得探讨。从某种意义上来说，在晚清立宪的时候，中国就已经开始有了启蒙思想，而且甚至其高度比新文化运动要高。实际上，晚清康梁的思想也具有启蒙性质，康有为的《大同说》、梁启超的《新民说》都是一种启蒙。比如制度层面，梁治平先生写的《礼教与法律》谈到，清末修改律法时产生了沈家本的法理派和劳乃宣的礼教派的冲突，关系到启蒙思想相关的道德问题、家庭问题、社会责任问题，在一些具体的民法、刑法条例中如何体现。所以无论是政体形态中晚清主张的君主立宪制，还是在社会层面中广泛开启民智、改良传统，启蒙在晚清立宪前后都有体现，把它们纳为中国启蒙思想的第一个章节，我觉得更妥帖。

新文化运动，是中华民国创建时，作为一个新的共同体要产生一种新的文化思想的表现，而且刚开始主要还是在文学领域，后来才逐渐深入到道德伦常这方面，但是新文化运动最大的问题就是刚才我说的没有深入探讨法治，后来就被五四运动扫过去了，它没有把晚清立宪和新文化运动所争议的一些关键点引向如何建立一个政治形态，而是开出了所谓"一声炮响"。用另外一个问题把传统中晚清几十年到中华民国开国十来年这段时间所要探讨的问题都给扫光了，变成了一个新问题。

五
文化是一个逐渐演进的过程

李礼 无论早期启蒙者，还是新文化运动这一批人，今天看来当然有很多问题。站在一百年后再去审视他们和新文化运动，在您看来最重要的反思是什么？哪些经验教训需要后来者加以警惕？

高全喜 一百多年之后来看，首先，文化是一个逐渐培育、演进的过程，所以任何激进行为对文化是有害无益的。所谓涵养、道德、性情，体现着文明的高度，那么企图与传统一刀斩乱麻的做法，都是对文化有害无利的，而且是做不到的。回过头来我们看，现在为什么又有文化保守主义的浮现，就是在于当时斩断的水是斩不掉的，它又流出来了。所以不如慢慢地梳理，把好的东西保留下来，不好的东西去除掉，这样去伪存真的过程比一刀斩断更好。这个水会继续流淌，但它越来越干净。我对儒家学说比较坚持，但对最新一波儒家保守主义的喧嚣是不赞同的，因为他们没有清醒地认识到儒家的东西有浊有清，现在清浊不分就放出来了。这是第一点。

第二点，就是对新文化运动应有一个全面认识，以前我们的宣传教育和认识视野太狭窄，所以对新文化运动进行思考，首先要认清它的来龙去脉。不光对新文化运动，我们对近百年中国的很多历史事件和历史人物，都要进一步研究。

第三点，我觉得回顾新文化运动，要指出它有价值的地方，还有它负面的东西，更主要的是，我们要朝前看而不是朝后看，这点上我不赞同一些人过于朝后看，老是抱着传统的东西不放。我们今天并没有在古今中西的一些问题上达成共识，没有一个基本的"公约数"。如何能够去伪存真？在这点上，更主要的还是要有开放的眼光，去认识世界，融入世界。我们现在和新文化运动那个时期所面对的世界已经不一样了，那个时期给我们呈现的世界，可能是扭曲的世界，或者说是通过棱镜反映出来的世界。我们今天通过回顾，可以知道我们不能再犯新文化运动那一批先进的中国人、文化精英犯的一些错误，我们应该对我们现在的世界有一个更加全面和真实的认识。只有比较真实而全面地理解世界，才能更好地回顾历史，如果只是沉浸在历史之中，那么实际上是非常短浅的，在这点上，我也不赞同一些人缺乏开放的眼光，太自我本位化，文明主体化的前提是要有格局来包容世界。

李礼 当下很多人对"启蒙"和"继续启蒙"的说法很反感，而且围绕着"启蒙"，中国也出现了各种各样的"流派"。您觉得中国是否还需要重申"启蒙"精神？如果需要，那应是一种什么样的启蒙？

高全喜 在今天是不是需要启蒙，我比较赞同许纪霖的意思，要按启蒙的原意来说，似乎就有一个启蒙者和一个启蒙对象，但实际上现在已不存在主客之分了，所以这种狭义的启蒙我觉得可以不必谈了。但是启蒙中所孕育的那种理性的、宽容的精神，这个东西是需要的。我们每个人在自己的交往、言行中是要有建设的，无论是以启蒙的方式、自觉的方式，还是实践的方式。我觉得中国现在不是需要启蒙的话语，而是需要启蒙的精神，不一定谁被谁启蒙，但是启蒙这个历史阶段所塑造出来的每个人的自我和自觉应该被提倡，如自己对其他人的宽容，追求自由和民主的生活方式，以及我们不必通过别人，可以自己把这些东西开辟出来。我觉得只要拥有这样一种想法，或者认同这样的一个观点，那么中国还需要不需要启蒙实际上就不必要再提，当然启蒙精神需要提，但不一定用过去那种方式。

第十一章

施耐德 |
那些中国现代化中的"落伍者"

"从历史研究的历程考虑,或者应该放弃德国文化、中国文化这些提法。我认为从来没有这样的东西。只有当下的一些政治力量或宗教力量要让你相信这个东西。"

施耐德(Axel Schneider)教授

原籍德国,德国波鸿-鲁尔大学(Ruhr-Universität Bochum)博士,曾先后任教于海德堡大学(Universität Heidelberg)与荷兰莱顿大学(Universiteit Leiden),现任哥廷根大学(Georg-August-University Göttingen)东亚系教授兼主任。主要研究领域为中国近代思想史和学术史,学术著作的中译本包括《真理与历史:傅斯年、陈寅恪的史学思想与民族认同》(社会科学文献出版社,2008),《中国史学史研讨会:从比较观点出发论文集》(与他人合编论文集,台北稻乡出版社,1999)。

一

到底什么叫作"保守"?

李礼 您对傅斯年先生研究颇多,也曾经批评说,中国现代思想史长期充斥着五四史观或者现代政治意识形态。那么,您认为这是如何造成的?您如何评价五四?记得您提醒说,应该更多研究其中的学衡派,为什么?

施耐德 我的意思不是说要去多么关注这个学派(学衡派),而是说要多关注一些非主流的、一些后来被称为保守的思想家和他们的立场。因为我们至少从20世纪二三十年代开始,在中国也好,西方也好,五四运动中的那一批人把自己说成是真正的启蒙者,真正吸收西方文化的人,其他的人基本上都是顽固的、落后的,这种说法一定程度上很有问题。

一方面,中国吸收西方思想很早就已开始,在晚清就开始了,比如《新民说》那些内容,很多所谓五四提出的一些观点以前就有;另一方面,在西方,我们一直忽略五四运动中的所谓保守派,其实那些派别也不是一个完整的派系,但我们应该从完整性的观念来看这个问题。西方汉学界,一直到20年前对他们仍缺少注意。不同立场讨论问题,每个人说的话都会考虑其他派系的观点,否则后世的学者自然而然就会误解那些人。所以我们应该先重建一个完整的思考途径,才能把真正的意思说出来。那个时候的历史情况和语境,有一些观点一提出来马上就被否定了。比如说,学衡派也说了很多新的东西。他们算保守派吗?我觉得还待考虑。但是他们所感兴趣的那些东西,跟五四那批主流人士完全不同,而且学衡派对西方的理解和那批人也不一样。其实他们的学术基础不能说更好多少,但是我觉得他们是非主流的,所以他们注意到的、研究的很多东西反而比较全面。

有一些这样的派系被左翼那批人盖一个帽子，说是保守，其实不见得如此。《学衡》杂志上面的一些文章，比较偏重人文的、古代的、古典的哲学。但吴宓是保守派吗？有人说他比较浪漫一点。浪漫跟保守不是完全一样的。梅光迪是保守派吗？看到学衡派的一些立场，我开始怀疑西方的"保守"到底是什么意思。因为吴宓、梅光迪是后期的代表人物，早期是梁漱溟、张君劢，他们的立场都不同，不过他们哪里算保守？这些都要重新考虑。

我开始研究学衡派后，意识到这个"保守"是有问题的。后来，我也开始考虑，到底什么叫作"保守"，比如德国的保守派和法国的保守派以及英国的保守派，有什么不同，他们又有哪些共同点，他们"保守"的核心是什么？研究了几年发现，其实我们所习惯的"保守"的定义，是比较偏政治的，在政治方面，立场各个都不同。我自己现在比较赞同的"保守"的定义是一种对现代性核心特性的怀疑。现代性的核心在于二元论，主体客体的分开。人从宗教超越出来，从宇宙独立出来，然后去观察和研究、分析，再去改造、进步。

李礼 您对现代性的研究、反思似乎也与此有关。我记得您早期还研究过国民党的"新生活运动"？

施耐德 对。我研究的是胡汉民，就是所谓国民党的右派。那只是毕业论文而已，后来发现搞政治研究没有办法做下去，因为很多资料拿不到，感觉会被误导。我那个时候研究胡汉民其实和"新生活运动"没有关系，不算研究"新生活运动"。

因为研究保守派，我看了一些东西，但是我一看就知道，"新生活运动"一点都不保守，"新生活运动"不是要恢复传统，也不是批判传统，国民党从头到尾是一个现代化政党，他们想把西方现代化的东西吸引进来，但是因为民族本位、民族认同问题，挂上了一些看起来像传统，其实是现代的东西。后来国民党还搞了中华民族文化复兴运动，说我们的传统多么伟大。不过具体做的东西其实也是现代化，只是给现代化套了一个"唐装"，看起来是中国的而已。现代化其实不是要反传统，不是要变成西方人。

二
怀疑"现代性"的中国知识人

李礼 您似乎非常关注对现代性持怀疑、批判的中国人，从晚清到民国，比如反对进步史观的一些知识人，这似乎是您比较重要的研究脉络之一。为何对这批人特别关注？您给他们的研究带来了什么发现？

施耐德 我个人的兴趣是对现代性的反省和怀疑。我看了不少德国、法国的保守派对现代性的批判，其中有一些可以考虑的哲学观点。但是我一直觉得这些人，因为来自从内部搞现代化的国家，所以后来还是被其控制。只有极少数的知识分子、哲学家是从一个比较不受这个语境、环境影响的独立观点去看现代化和现代性问题的。

后来法国人也从此发出了"后现代主义"观点，他们是从这个脉络出来的。早期法、德的保守派都是从对原来制度有利的这么一个政治角度来考虑问题的，在此基础上加上了一些深入的哲学考虑。但是整个历史支架，还是要保护原来的制度。

中国开始现代化，那些有批判性态度的知识分子，就算他们要保护传统社会，也无从保护，因为在根本上已经被淘汰了。中国是被迫走向现代化之路的，这也是没有选择的。你要救国非要接受那些东西不可，所以中国现代的保守派，比较少地提到对传统有利的政治社会制度安排。他们比较多地是从根本的宇宙观、伦理观或者史观意义上来看现代性的核心特点和问题。当然他们可能不会用这些词，可能没有完整的现代性分析，但是他们认为自己哲学文化的根还在那，很清楚地意识到这一切带来的根本性变化。这些人认为，这些变化是可怕的，所以他们反对这些来自西方的现代性，这是一种文化认同的表现。

李礼 在这些人里，有哪几位让您印象特别深刻，为什么？

施耐德 章太炎、王国维、钱穆。这样的人其实非常多，我自己研究他们比较少，一方面是因为看的资料不多，一方面是我感兴趣的，是他们怎么靠中国传统的思想资源来反省现代性。我们可以从全球的关怀来学一些新的观点，可以通过研究这些人，更深入地理解现代性的普世特色。

李礼 或者可以这样理解，您是在全球范围内寻找能给自己启发的、对现代性怀疑或批判的"同仁"。不过这些年下来，您对现代性的理解是否发生了一些变化？

施耐德 刚开始我是从人们一般所认同的现代化的观念出发，比如什么理性化、世俗化、民族化、个人化那些现象，这是我们所熟悉的现代化的理论。现代化也确实带来了一些生活方式的变化，带来了一些舒服的东西，但是这些不是现代性真正的最深的核心内容。

我们生病，是在当下生病，不是在 200 年前生病，我在这方面是受了海德格尔的影响，他对这个有比较深入的看法。但是他一直强调的是，我们不可能再走回头路，那是走不通的。我们要往前走，往前走不一定就是进步，是因为我们不可能恢复原来的样子，因为社会、经济通通都变了。思想变迁还是跟社会经济有关。很多知识分子认为想法会改变社会，但我觉得，社会改变我们想法的可能性会多一些，所以我们不能走回头路。

我想，我们可以想办法解决一些现代性所带来的根本的、负面的后果，想办法把这个社会经济的模式，改成一个比较符合人性的样子。因为现在人类在这条路上再这样走下去，社会问题会很多，我们这条路是走不通的，但也无法回到原来的样子。我对现代性的理解，核心在于对人的理解，理解人的角色、人的地位。我觉得恰恰是中国的、印度的哲学、宗教的传统，可以提供不少有意思的想法。

李礼 我注意到您说过，中国知识分子必须寻求一种对中国历史的新理解，以使中国历史成为世界历史的一部分。这方面的努力似乎在陈寅恪那代学者中有比较明显的成绩，但此后中国一度与世界隔绝了几十年。您认为目前中国的历史学、历史学家需要解决什么问题？

施耐德 我觉得中国史学在过去二三十年里发展得非常好，有传统的方法和思维方式，对西方理论的关注又比以前更密切。尽管在理论上面，还有一些需要继续努力的地方，但我觉得中国史学最大的限制和障碍，是要注意过去六七年的一些变化。

民国那一段时期为什么史学这么发达，这么有趣，这么有创造性？因为政治控制不了它，所以它可以有发展的空间。我现在最关心的是"空间"，从思想资源来看，全球没有一个（国家），比中国更有未来史学的理念。我们来看美国，美国一直吸收国外的思想，这是美国战后最突出的一点，他们把全球各个地方的顶级精英都请来，所以他们内部的多样性非常好。他们在 50 年代有麦卡锡主义，但国内还是有不少学者是左派的，美国人对这个也能容忍。学术的创造性要给它很大的空间，要让它吸收各个地方的不同思想资源。为什么德国在"二战"前出了这么多非常有名的科学家和哲学家？因为那个时候德国是一个开放的中欧国家，包括对很多犹太人也是开放的，所以那时德国能吸收各个地方的不同思想，学术氛围非常开放，非常活泼，是非常有创造性的。美国战后也采取了这样的办法。

中国为应对来自西方的挑战，晚清以来一直学国外的东西，但有时候又回到民族本位的立场上，所以创造性地吸收了很多国外的东西，但是1937年之后因为战争的关系，还有国内政治的关系，学习在某种意义上就断了。

三
中国"崛起"对欧洲汉学的影响

李礼 如何看待欧美汉学界最近几十年来的兴趣变化？中国经济高速发展似乎冲击着西方思想界、学术界，您觉得是否会出现一次中国研究"范式"的转移，或对近代中国史的再次重估？

施耐德 这是一个比较复杂的问题。这得看是什么背景和什么角色的人。从媒体来看是这样的。西方媒体是市场化的，需要考虑读者想看什么，所以它研究中国，写的东西必须符合市场的需求。所以，西方媒体一直是一种比较片面的叙述方式。大概到了2000年之后，中国经济上的崛起越来越明显，西方媒体的报道开始有了一些变化。与中国相关的新闻变得没那么纯粹负面或者纯粹正面了。有一些反华的言论，也有一些爱中国的内容，两极化的媒体话语开始多样化了，有关中国的报道越来越多元化了。中国好的和不好的都要提，都要分析。媒体在这方面扮演的角色还是不错的。但是过去五六年又开始变化了，他们又开始把中国简单化，这样的问题又出现了。双方的政治发展是其中一个原因。一般人，因为对中国没有什么研究，站在利益关系的角度考虑问题——中国是非常吸引人的市场，又是一个可怕的大国。

中国模式，其实在经济发展模式方面早就不成问题了。西方对中国各个地方的经济发展模式，其实看得很清楚。历史上，德国、法国、英国的经济发展模式完全不同，不是一个模式，后来的历史经济学有些胡说八道，比如说到自由市场和国家不要太强有关，其实英国在工业革命的时候国家非常强大。后来，经济学家提出来西方的发展模式，那时提出来是有政治的目的，不是基于对过去研究的成果，我们知道西方不是按照这个模式来发展的。

核心问题的区别在于国家对个人的关系，政治理想的区别在于权力互相制衡——要避免一个人可以控制一切。因为自由主义传统对人不信任，认为人性恶的那一面很强，所以给一个人太多的权力，他会乱来乱用。所以在细分的自由主义传统里，其实有一种限制权力的思维模式，用怎样具体的方式来实现这种互相制衡、限制权力的想法，各个地方都不同。

西方汉学界现在研究中国的资源比以前多得多，这看起来是好现象，其实也不见得完全是好的。第一，研究者还远远不够，比如现在德国研究中国的学者有六七十个，而全德国的教授有四万个。按照这个比例，应该有两三千个研究中国的学者才对。但根本的问题不在于够不够，而是现在有很多人做近现代的研究，这不是政府提供经费新增加的人，而是废除了很多传统的汉学，拿这个资源转而做中国现代的研究。我自己从事汉学研究的时候，选择的路很多。

现在刚好倒过来了，真正研究古代中国的没有几个人，非常不好。中国历史这么悠久，研究近现代必须要有对过去的非常浓厚的理解和汉学基础。就算传统对现代的问题没有什么影响，但是如果现在的人认为有影响，就算他认为错了，我们连判断对不对都无从下手。必须理解中国传统是什么东西，才能够说一些观点你赞不赞成。所以我们放弃对古代中国的研究，拿这个资源搞近现代的研究，是非常错误的政策。

李礼 从这个角度看，今天欧洲的汉学在某种意义上反而衰落了？

施耐德 是的，因为把最基础的——古代的那部分大为削减了，大家看到的只是表面繁荣。不仅是传统汉学研究，传统古印度学研究也没有了。比如，古印度学系是非常有名的，但季羡林在那读书的地方被关了，因为学生不够多。现在所有有影响的国家政策都是往"有用"的方向跑，这种"无用之用"他们是不理解的。这个"用"是金钱的用。当然，美国还算好，他们最重要的研究中国的大学是私立的，不受这个影响。他们现在比我们（欧洲）好。以前他们搞比较有用的，比如跟战略有关的研究，比我们（欧洲）多很多。现在他们这个还有，但是增加了古代的部分，我们自己反而衰落了。

其实中国也面临这个问题，现在的学术界都面临的重要问题，一个是量化，一个是肤浅化，就是你要搞时髦的，你要发表很多东西在某些期刊上，都是一些跟学术本身没关系的。所以，这个问题不是德国才有。但在汉学方面，这样一个趋势带来的影响非常负面。

四
传统不是一个我们可以操作的东西

李礼 对中国而言，陈寅恪他们希望的那种吸收、接纳、转变外来因素的局面，并没有完成，今天甚至看起来更困难了。如果说，通过历史研究可以触摸一种文化的内心，作为一名海外中国历史研究者，您如何理解中国文化未来的命运？它被很多人热议。

施耐德 不管什么传统，不管在哪里，根本没有复原的可能性。传统不是一个我们可以操作的东西，是一个有机的、需要慢慢发展的、跟经济社会变化有关的、非常复杂的混合体，所以我们根本控制不了它。现在很多人考虑"中国文化"的未来。一个有活力、有创造力的文化，其复杂的局面之所以有吸引力，之所以让我觉得有意思，不是因为它是一个内在没有矛盾的东西。刚好相反，是它一直在变，吸收外来的因素，可能会有几个特点延续下去。但是这些特点放在不同的语境之下，也是一直在变的。比如，中国人说的"三纲五常"，有人认为代表"中国文化"，但是我们看中国历史上，"三纲五常"在各个朝代都不同，而且一直在变。

从历史研究的历程考虑，或者应该放弃"德国文化"、"中国文化"这些提法。我认为从来没有这样的东西。只有当下的一些政治力量或宗教力量要让你相信这个东西，让你认同这个东西，让你相信它是代表这个东西，因此它就可以有自己的正当性。

我对概念特别感兴趣，不是研究这个词的意思，而是研究这个词的变化与背后经济社会变化的关系如何。这些词能够引起经济社会的模式（变化），有时它们也是互动的关系。这是核心所在，非常难。中国的南京大学和其他几个地方，做了很多概念史研究。可以通过正常的研究，克服中国学术界比较大的问题。学术话语的词很多都是外来词，不代表研究者的政治理解，我曾在人民大学做了一个小型座谈。问学生听到政治，头一两个联想到的词，他们说政治是国家、权力。但在西方问这个问题，一般年轻的学生，他们第一个联想的是讨论、共识。

李礼 说到近代中国的"外来词"，它们很多来自日本。同样作为东亚国家，很多人认为日本的现代化路径相当成功，具体来说，就是传统的东西还在，同时西式政治制度安排也不错。您感觉如何？

施耐德 日本的路径我觉得蛮重要的，而且他们没有把所谓日本文化本质化。但恰是因为没有这样去做，所以保留了很多传统的特点，自然而然这样发展出来的。

"西方"这个概念是造出来的，作为某种对应的或敌对的一个整体，西方内部是非常复杂的。中国已经接受了很多现代的东西，但现代也不一定能够跟西方划等号。中国的很多人认为，新与旧就是西方与东方、现代与传统。我觉得这都不对。新的不一定是西方的，旧的不一定是中国。新的不一定是现代的，旧的不一定是传统的。这些内容都要复杂得多。

所以我觉得中国未来的政治发展,会有很多新的东西,但是不一定会跟西方一样。日本名义上是民主制国家,其实它运作的方式跟我们(欧洲)不一样,这没有什么不好的。我真正关心的,一个社会该做的决定,是让不同的人互相制衡,限制人不要乱来,传统社会也有类似的安排,因为那个时候的社会比较单纯一点,现在复杂多了,但这不是新的东西。近现代社会的一些变化,只是提高到了比较完整的层次,就是制度化。

李礼 作为一个对"现代性"保持警惕的学者,您如何评价自己的"历史观"?

施耐德 我不是一个唯物史观者,但是我还是觉得社会经济基础变了,上面的东西也跟着变。怎么变不是基础决定的,却是基础引起的。到哪个时候基础开始变,知识分子的影响不大,他可以透过自己的研究、自己的理解,来提出一些意见,来改变整个意见,但是这个变化的因不是知识分子,而是他可以趁着改变的机会影响改变。但知识分子不是上帝,没有那么万能,我们不会这么有影响。我不会用构造、构建这些词,因为我不认为这些内核的发展是我们能够影响、改变的。

在我看来,经济的发展带来社会的多样化、人的思维的变化,不同时代的人、不同年代的人,都是有不同想法的。中国的选择比四十年前复杂多了,学界不会只有一种思想,不管是谁的思想。

第十二章

罗新 ｜
边缘人和被驯化的历史

"我们现在读到的历史，是历史驯化的结果。'二十四史'是对历史一再改编的结果，而我们所理解的那个连续的五千年历史实际上上溯到了神话时代。"

罗新

北京大学中国古代史研究中心暨历史学系教授，代表作《中古北族名号研究》《黑毡上的北魏皇帝》等，著有旅行文学作品《从大都到上都——在古道上重新发现中国》，第十七届华语文学传媒大奖年度散文家。

一

历史学家的美德：怀疑、批判、想象力

李礼 不妨从您的一篇文章《历史学家的美德》说起。我想请罗老师聊一下，您对"什么是历史学家""历史学家的三个美德"这些观念的判断和理解，有怎样一个过程？比如谈到历史学家的美德——怀疑、批叛和想象力，我想一些史学家可能未必认可这种观念。很多人或许会觉得，历史学家的职责不是记录吗，为什么这三个东西最重要呢？

我知道，您大学时代学的是中文，后来在北大教了二十多年历史，您对历史和历史学家的理解应该有一个不断改变的过程吧。对于历史学家作为质疑者、反叛者，这样一个角色的认识是如何形成的？有没有被一些特别的个人经历所激发？

罗新　我不是很早就有这样明确的认识，而且我这个人在性格上不是总跟人较劲的，不是那种到处去反抗的，到哪儿都是朋友很多，别人老说我这个人是主流派，意思是总跟别人混在一起，比较随和。所以，突然提出反叛、怀疑、批判，好像跟我的性格不是很合适。

我过去也是比较正统的想法：历史学家嘛，就是应该记往事，认真考证，把老师教的东西学会。我相信现在还有很多年轻的学生跟我当年的情况是一样的。我发生一定的变化也就是十来年的时间，可能过去有一些潜意识，但是没有直接说出来，或者没有形成明确的概念。逐渐把我引导到这个方向来的，我觉得是时代的变化，特别是2008年以后的重大变化。我不知为什么总记得2008年，照说奥运会是让人很骄傲的，可是这一年发生了好多事情——当然不一定都跟奥运会有关——对我来说相当重要，接下来2009年又发生好多事情，很多和我正在教的书有关系。

过去十五六年时间，我每年给本科生上一门民族史的课，我自己的研究也和北方游牧人群有很大关系。在那前前后后发生了好多事情，对我刺激非常大，不是说现实多么让我感到刺激，而是从自己的朋友、身边的人，以及网络上所看到的大众、社会的各种反应、各种讨论，令人非常震惊。在这之后，我逐渐离开主流思想，而且和主流保持距离。

也恰好在这个时候，我接触到耶鲁大学人类学家詹姆斯·斯科特（Jame Scott）的著作，他过去是政治学家、思想家，后来做人类学研究，国内已经翻译了他的很多著作。他的特点是无政府主义立场，研究的很多问题也是我特别有兴趣的，比如他研究东南亚地区一些以稻作农业为主的大型政治体和山地人民、山地社会之间的关系——一些人不愿意接受国家体制而做出各种反抗。反抗的选项之一是脱离国家、逃离国家，不参与稻作农业。

读到这些东西对我震撼非常大。因为我的专业是魏晋南北朝史，从中国东汉中后期开始到唐代中期这个时代，中国南方，也就是长江以南到珠江流域这个广大的区域，逐渐变成华夏本土的一部分。本来这个区域无论在经济上、文化上还是在政治上都不那么要紧，北方黄河流域才是重要的。但是在五六百年的时间里，这种局面得到了根本性的改变，广大的华南变成了汉人的家园。过去不是的，现在是了。过去在经济上不重要，现在超越了北方，从此也成为中国最重要的出产人才的地方。

这个过程很有趣，就是发生在我自己所研究的这个时段里，可是我从来不敢去研究这个话题，因为我觉得理解不了，我不知道发生了什么事情，似乎是顺理成章，但它不应该是顺理成章——历史没有顺理成章，如果是顺理成章，一定是我们没有找到适当的方式去理解它的复杂过程。斯科特的书给了我一条理解这个过程的路径，他最重要的一部书已经翻译成中文，叫作《逃避统治的艺术》(*The Art of Not Being Governed*)，英文原名直译就是"不被统治的艺术"，如何做到不让别人统治自己。副标题公开说，这是无政府主义视角。

无政府主义，我从很小的时候起就接触到这个词，那简直跟资本主义、修正主义一样，是很坏的词。我本科的时候学文学，读文学史知道巴金早年是无政府主义者，他的名字就是巴枯宁、克鲁泡特金两个名字合起来的。我当时不理解，怎么巴金当年会崇尚无政府主义呢？所以我也不接触这种思想。最近有个出版社又把詹姆斯新的论文集翻译出版了，这本书的英文题目是 *Two Cheers for Anarchism: Six Easy Pieces on Autonomy, Dignity, and Meaningful Work and Play*，是六篇杂文，中文译为《六论自发性》，一个不是很刺眼的题目。大家如果没有时间读《逃避统治的艺术》，读这个也很好，这是非常有意思的书。此书开宗明义：他的研究只是要说明国家视角是有问题的。

我受斯科特启发非常大，使得我并没有避谈国家问题，只讨论民间、讨论社会——就像现在很多人所做的研究尽量不涉及政治，只讨论民间文化、民间信仰。我是反过来的，我觉得我们过去是不是没有正确地认识到国家的意义？就像斯科特说的，国家视角是有问题的，但是他的所有问题都是国家视角，他都是从这个视角出发来探讨历史、探讨文化，很有意思。我从此以后也开始注意，国家和我们作为个体的人以及作为小群体的小社会之间，不是那么简单的一种关系。这使得我不得不在理论上开始接触这些研究。过去我和今天绝大多数做历史研究，特别是做中国古代史研究的学者一样，都喜欢做个案，管什么理论不理论，理论有用就提一下，甚至提都不提，悄悄用一下就算了。但从那以后，我开始对理论也有兴趣，觉得理论提供了强大的思想眼光，所以也读一读，读了难免会想一些稍大范围的问题，超越自己研究课题的，在更大的时段、更大的空间里都会有意义的一些话题。这些话题可能不仅限于中国历史，它们内容丰富，范围更大。这一来，涉及的东西越来越多。

在这个过程当中，我逐渐总结自己的这些想法，觉得对所有过去的说法都要保持距离。保持距离的最好办法就是怀疑它、批判它，看哪些自己能接受，哪些不能。不仅要如此对待前辈学者的研究，也要用同样的办法对待自己所使用的材料。过去我们觉得史料就像文物一样，文物本身如果不是假的，还能有什么问题？

其实，一切史料，包括物质性和文字性的史料，不论是一件文物、一本书，还是一封信、一篇日记，都应加以批判、分析。从这个意义上，我逐渐总结自己的想法。在过去大概五六年以来的课上，特别是给本科生的课上，我最后总结说，历史学家的美德就是怀疑、批判。但是光有这两个还不够，研究历史还得有想象力，所以就总结出这几个东西来。

二

国家民族主义为何长盛不衰

李礼 我觉得您对一些历史观念表现出特别的反感，比如国家主义和民族主义。记得您提到德国历史，认为德国人吞咽了巨大的苦果，但纳粹时代的这种结果并非从天而降，而是在过去更长的世纪里很多人参与的结果，包括德国历史学家们所构建的那套民族主义、国家主义观念。这些观念造成的各种神话、迷思，到今天仍然很强大，挥之不去。

您是否曾经也是一个国家主义者？从自己的经历或学术道路看，是什么原因让您对这些观念产生了如此大的怀疑和反感？

罗新 我想年轻人都会有激情澎湃的一面，特别是我们那一代人，小时候受的都是红色教育，20世纪80年代虽然进入思想解放时期，但80年代初在北大这样的学校，思想水平和能力差异是巨大的，有77、78级经历了磨难、思想非常成熟的，也有像我这样从高中毕业进入本科一直在学校里面的。像我这样的也不是狂热分子，反正就是普通的爱国青年。大概国家主义之外的东西在我脑子里几乎不存在，我也不相信还有别的什么，要有也一定觉得是坏东西。所以我的脑子当然是用国家主义武装起来的。当然那时候不叫国家，叫民族，唯一让人没来由激动的词就是"民族"——一想到民族，那多重要啊！为了民族牺牲都是值得的，都是应该的。

为什么后来有变化？细节上一时半会儿也说不清。但如果做个总结，我想最重要的是我逐渐地意识到——不是从理论上，而是从生活中，从自己的阅历当中——用这些旗号用得最热闹、真正用得最好的人，实际上都是为自己、为一小部分人服务。

从这个意义上，一个是自己切身体会，另外一个是通过阅读，我慢慢地知道这些东西，再慢慢地在这个意义上反思，发现历史上都是如此。这样我才理解了小时候读过的鲁迅的东西，读的时候不理解，什么礼教吃人，读来读去就是两个字——"吃人"，那时候不知道他说的是什么。现在明白了，虽然他是以文学的激烈口吻说出来的。其实，现在在理论上清晰地阐述出来的中外思想家很多，只不过因为比较抽象，不太容易被大众接受，但这些都是前人说过的，不需要我们去创造发明这些思想，我们只需要通过自己的经历重新去接受这些思想，真正理解这些思想，把它们变成自己的血肉。这是现代文明的成果，但不是那么容易接受的。

我并不反感民族主义这样的旗号、提法或者各种主张，我只是不喜欢简单地用民族、国家来作为我们思维的基本单位。不要什么都是以国家为单位，因为国家是一个复杂的东西，你不能用简单的"国家"来掩盖丰富的内容。比如，国家是由人组成的，一个个的具体的人，他们享有平等的权利。每个人都是重要的，是同等重要的，值得同等尊重的。我前不久跟一个朋友聊天，他说中国怎么怎么样，美国怎么怎么样。我想，你说的"中国"是指谁，"美国"又是谁？比如说贸易战，这个当然是现实中很多人关心的话题，但是贸易战跟哪些人、哪些集团、那些公司、哪些阶层有关系？跟你个人是什么关系？

其实我们的思维应该有丰富的单元，当然应该有国家这个单元，但是也应该有其他许多的东西，个人的、群体的、地方的、阶层的等等。要学会深入、具体地分析问题，避免笼统，避免模模糊糊地概括。我反对的国家主义主要指的是这个东西，我欣赏无政府主义思想不意味着我想当无政府主义者，连斯科特自己都说在今天这个时代离开国家是不可能的，没有国家我们这个世界是要崩溃的。当然应该有国家，只不过不要用单一的国家视角去看所有问题。

李礼 对民族主义史学的批评是您的着力点之一，也引起了很多关注。那么，如何理解民族主义在中国过去的一百多年里如此长盛不衰，甚至越演越烈？是所谓近代衰败国运的心理刺激？还是在结束帝制之后的国家建构中特别需要这种东西？

罗新 民族主义是近代全球最主要的意识形态之一，尽管在不同地区、不同时期扮演的角色略略不同。在中国近代民族国家的建设历程中，反帝救亡比其他任何旗号都更有普遍吸引力，因而民族主义的重要性几乎超过一切。人民英雄纪念碑碑文，就是经典的民族主义叙事。民国至今的 100 多年间，国家民族主义作为民族主义在中国的主导形式，一直是最重要、最有号召力的意识形态。

我不认为"近代以来的衰败国运"是促成这一历史发展的原因，事实上，"近代以来的衰败国运"这种叙事本身就是这一历史发展的副产品。为什么长盛不衰甚至愈演愈烈？因为只有它在别的思想都不管用的时候仍然管用，或至少让人产生了管用的幻象。

三
边缘人和被驯化的历史

李礼 当"人民"特别抽象的时候比较安全,但具体指出它是谁,好像就成了一件危险的事。在《有所不为的反叛者》一书里,您谈到民众和少数权力垄断者的关系,这是历史研究者都要面临的老问题。您显然特别反对英雄史观或者精英史观,中国这个传统尤其深刻,正如您也提及的那样,"二十四史"一直是被权力垄断的力量来书写,大部分人被排斥在这个历史写作之外。

但这里有一个两难的问题,您花了更多笔触描写小人物的处境,历史的丰富性和细节无疑给人很多冲击,但恐怕始终会有人问,这些有那么重要吗?很多人仍坚持认为,历史一定是少数精英"创造"的,虽然少数人被神化或被各种各样地虚构化,但他们终究还是推动历史最重要的力量。在历史研究中,精英和普通民众究竟应该扮演何种角色?

罗新 这个问题在我内心深处还是一团乱麻。我早已抛弃了英雄史观,但我没有建立起其他说得清楚的史观,我尽量避免面对这个问题,当然终究是避不开的。

我逃避的办法之一,就是我不探讨是不是这些英雄创造了历史。无论是什么样的历史,在过去看来都是英雄创造的,最大的黑暗、最大的痛苦、最大的快乐、最大的成就都来自这个精英群体,都是他们这些人。这一点从历史开始被讲述以来，至少人类上万年来讲述自己历史的时候，都是这种讲法，一直到非常晚近的时代才出现重要的变化。

过去都是这么讲的，当然有它的道理，但我现在不关心这个道理对不对，这个道理有多大。我关心的是为什么要这样讲？这样讲是怎么讲出来的？英雄的故事是怎么给编出来的，为什么创造出一批英雄来？在我看来没有什么英雄，英雄都是被历史创造出来的，都是被所讲的历史创造出来的，不是我们真正经历的历史，而是我们在讲过去的时候特别突出一些人，这些人就变成了英雄。要说我有什么新的历史观，这就是我的历史观。

我们总是把一些发展、变化用几个简单的人物行为、言论来解释，表明他发挥了什么作用。这是人类讲故事的一种模式。在这个模式之下，我们也就这样思考问题，所以我们继续这样讲故事。大概早期人类就是这样讲故事的，口传史学时代即已如此，书写时代也是如此。但是我要说，口述史学也好，"二十四史"也好，是不是符合今天我们对历史的认识？英雄如果真的存在，活着的时候已经享尽了荣华，已经有了人间一切好的东西，早就得到超过他们应该得到的东西，今天我们凭什么还把他们放在历史叙述的中心？为什么说到公元前二三百年到公元前一百年之间历史的时候，花那么大的精力谈秦始皇、刘邦个人的性格、喜乐，把那么多热情投入到他们个人的行为上，且不说这样的研究多半还都是猜测。我不愿意这么做，如果历史叙述不得不涉及这些人，我会把他们看成史料的一部分，然后看看跟他们有关系的某些史料如何形成新的历史叙述，形成我要讲述的一个问题。

我们不得不讲帝王将相，因为他们几乎构成了唯一的史料，特别对于唐宋以前的历史来说，有名字、进列传的人几乎都属于统治集团，几乎没有我们特别渴望看到的那些被侮辱、被压迫、被迫害、被边缘化的人——我们找不到他们，是因为这些人已经被排挤出了历史。如果我想写某一个奴隶个人的历史，找不到材料，找到的都是皇帝的历史、贵族的历史。当然我还是要写到他们，只是我已不再关心他们多么伟大，我关心的是他们的故事里面隐含着哪些我关心的历史，我关心的另外一些人，这些人是如何被笼罩在所谓英雄人物的暗影之下，那暗影下又有哪些故事。我以此对抗英雄主义史观，至少目前阶段我只能这么做。

李礼 对于小人物或边缘人的"兴趣"，很多时候是历史学家自己的一种情怀，它确实已经超越了哪种史观的问题。有一次我和做量化历史研究的陈志武教授聊天，他说你有没有想过，现在如果每个人都把日常的事记下来，一百年、两百年以后的人查阅今天的历史，会发现当时有五十亿人有网络博客或者微信，普通人一天发生的事都是极其海量的，甚至难以穷尽的，尽管它很生动也充满细节，但是当你一下子投入到这里，又会觉得失去了方向。从我个人体会来讲，历史研究、写作一直是在特别微小的个体和更大的历史观之间徘徊，这样不同的关怀就构成了不同的叙述，这样的生态也比较正常。

刚才谈到边缘人群,不仅是个体,在您研究的领域,魏晋南北朝的北朝也好,"内亚"也好,一些空间、人群在整个中国的历史叙述中还是比较边缘的。很长时间,大家认为他们没有那么重要,这些非华夏人群在中国历史各个阶段都出现过,大家会关注到它的片断,但很少有人去关注中国历史上这个非华夏群体、文化的整体性因素,它们并不总是偶尔、零星地在各个时空出现,而是有自己的逻辑。我有点突发奇想:您有没有想过用这样的线索,把古代史或者您所熟悉的好几个朝代串起来?我们很想知道,在中国过去的历史上,这些所谓非华夏文化人群、力量来参与塑造"中国"的时候,如果把他们作为一种延续性力量,那样一个中国会是什么样的中国?

罗新 如果能说出那样一个中国,那将是一个真实的中国。什么意思呢?我们现在所认识到的这个中国是已有历史叙述中的中国,不仅现代历史学家在民族国家历史学建立之后努力做这个工作,其实古人也一代一代做这些事情,不管实际发生过什么,历史叙述通过编制历史、讲述历史来改变过去,把过去变成了自己想要的那个过去。

我这么说可能有一些抽象,其实许许多多的时候都是居于主导地位的人群和它的文化,后来成为了中国新的文化成形、发展的核心力量。不是说这里面再没有传统,中国传统在这里当然也发挥作用,二者占的比重一定是非常接近的。北朝过去以后,唐代开始编北朝的历史，不止是到唐代，北齐已经在编北魏的历史。你在《魏书》里看不到丰富的"内亚"因素，为什么？也许编写者不太熟悉，《魏书》所依赖的，是孝文帝改革之后的那些材料，已经对早期历史进行过大幅度的改写。

再往前的史学家们，像邓渊、崔浩这些人，大部分改写了早期的历史，改成了他们想要的样子。对于历史，皇帝有想要的样子，史学家们也有自己想要的样子。一个事件如果有华夏人参与，也有非华夏人参与，到史书中很可能非华夏人士的名字就不见了，华夏人士的名字留了下来。举个简单的例子，我们大家都知道北魏早期很有名的起源地，是嘎仙洞。这是一个有趣的问题，是有分析价值的。嘎仙洞的铭文，我们知道在《魏书》里也记录过，可是二者有细微的差别。在《魏书》里，皇帝派去的使者是中原人士李敞，而根据嘎仙洞的铭文来看，李敞只是副使，还有一个是主使库六官，很可能是宗室人物，但这个人在《魏书》里被拿掉了，不记。这一定反映了一个写作套路。

这就是对历史进行驯服，先驯服，最后走向驯化，改变历史，把历史改成看起来好像都是一帮这样的人在活动。《魏书》记中原大族特别多，哪怕一生没干什么事，很早死了，也被写进去，好像写家谱一样。这里可以看出史学家关注了哪些人，他把哪些人当作自己记载的对象。在真实的历史上，在各种事件中，重要的人却逐渐从新的历史叙述中消失了。

我们现在读到的历史，是历史驯化的结果。"二十四史"是对历史一再改编的结果，而我们所理解的那个连续五千年的历史实际上上溯到了神话时代。真的历史反倒需要像今天我们所做的，一点一点去寻觅，把它找出来。探索内亚性也好，探索边缘人也好，看起来在过去的历史叙述当中不重要，今天我们把它特意拿出来说，这是对驯服和驯化的反抗，从而形成某种程度的补充、补救。能做到什么程度我们当然不知道，但是很重要，因为这种做法本身能帮助我们观察今天的历史叙述，以及未来的历史叙述。

四
历史想象的尺度

李礼 前面谈了一些历史观念的东西，聊起来有点像史学史理论。接下来稍微轻松一下，和您聊聊写作和历史想象力。

您1981年到北大读本科，1989年夏天又回北大读研究生。我觉得您的很多兴趣点特别能体现80年代大学，尤其是北大里面的氛围，除了知识上的驳杂，还有很多理想主义成分。说到兴趣广泛，据我所知，您应该是历史学家中最厉害的《星球大战》迷，写过很多专业影评，在天涯上也一度非常活跃。另外，据说您爱读金庸小说，能从前期的作品到后期的韦小宝，看出国家主义观念在小说家手里是如何瓦解的，这非常有意思。大概正因为如此，您的写作不像传统印象中历史学家的写作。比如《从大都到上都》那本，北大陆扬老师评价说，是1949年以后写得最好的历史游记。

在历史学家当中，一方面需要想着自己的学术，就是所谓"圈子写作"，还有一些是为公众写作。很多人都有"两只笔"写作的困惑，关于历史写作的文本，您有什么思考？

罗新 这个太难了。我当然也困惑于这些，但是我从来没有想过，今后也不会去反对现代的学术写作。我是现代学术世界培养出来的人，遵循所有的现代学术规范，而且觉得所有伟大的写作就应该是那样的。这一套规范没有问题，而且将来会在很长时间里仍然发挥指导性作用。我们一定要遵守这个技术规范，这个没有问题。只不过你用这套技术干什么，表达什么，你对什么有兴趣，什么是你的问题，什么不是？这才是学者之间、个体之间、群体之间或者代际之间的差异所在。

比如我们老师辈的老师辈，早几辈的学者非常关心资本主义萌芽问题、农民起义问题、阶级斗争问题，今天可能专业研究者对这些问题不再在乎了，但是使用的技术规范是一样的，没有人敢自己编一套史料，或自己悄悄编写一个证据。这不是近代西方传来的规范，而是中西相通的，历史学从诞生那天起，哪怕从还没有进入文字阶段，大概就是如此了。只要是历史，必须有证据，而且证据不能是你自己编的，要经得起检验，无论我们说什么，都可以让别人再检验一番，这些是人类积累的财富和规范，我们不应该有任何的反对。

要说有所不同，不同的在于你关心什么问题，用同样的技术手段来表达什么，这才是我们今天很多领域的学者应该思考的。不是说方法、规范上不同，而是关心的问题不同，关心的到底是什么。

至于写作方式上，我年轻的时候比较喜欢看《万历十五年》，曾经也想过模仿这样的写作——当然也模仿不来。我的意思是说，这本书可能不止对我一个人有这样的影响，对我们那一代人，我们之后的几代人，都有这种影响，大家发现有一种不同的历史写作，这个历史写作也是严肃的，里面没有哪个明显的地方经不起检验，或者主体上一定是经得起检验的，差别只在一些细节上。有的专家认为这么说价值不大，那是从专业意义上另外的判断，不是从历史写作的意义上说的。

当然我也想过现在这种写论文的方式：上来有一个引子（问题的提出），先行研究怎么样，接下来有什么新材料，提出什么新问题，怎么解决，最后搞一个结论。这是今天论文写作的主要格式，是一种套路，大家在主要学术刊物上看到的都是这样的文章。这样的文章好不好？很好，学术就靠这个发展。但是如果你连续写了二十年，写了一百多篇论文之后，可能想换一种表达方式，例如写成专著，专著就和论文的写法不一样。但是可能你写了几本专著之后，又想换一种表达方式，是不是可以写得活泼一些，这样做并不意味着你在技术规范上叛逆，只是说换了一种写法。我们一般的专业论文是写给同行看的，而全世界做同一专题的没有多少人，有百十个同行就不得了了，有时候范围更小。

有时候你会想，如果只有那么几个人看，就像我过去写《中古北族名号研究》一样，没什么人看，总有点可惜。写《黑毡上的北魏皇帝》时，我的目标很清楚，希望同行能看，不是同行的也能看。所以我换了一种写法，写成那个样子。果不其然，让我吃惊的是很多人读到了作品，并且有反馈，让我意识到这种写作有它的优势，能够把你的想法传达给更多的人，特别是年轻的读者，这些读者里有很多未来是我的同事、同行。这是让我作为一个研究感到很高兴的事情，或者说这就是我们追求的目标。我已经不存在评职称的问题，何必为评职称写文章呢？我还是为了让同行看到，希望有反应，而不是写了很多论文没有反应，没有人读，或者对这个题目没有兴趣。所以我觉得到了一定年龄之后，换一种写法，写得让更多人读懂还是必要的。

至于旅行文学，那是我的个人爱好。每个学者都有个人爱好，有的人爱打球，有的人爱游泳。我其实也不是爱旅行，我是爱读旅行文学，我年轻的时候就喜欢，读着读着觉得自己也写一个试试看，所以就写了一个。

李礼 一方面大家不满足历史仅有教科书的声音，想寻求一些其他解读，但其他的解读也会面临很多问题。中国古代史写作原本在很多人看来，似乎可以逃避现实，但是随着研究的深入，你会发现研究古代史可能也要跟现实打交道。所以有所不为和有所为的历史学家，这个问题意识的产生，很多时候是因为时代原因造成的。当然这也是一个很长的故事，不在这里展开。

提到历史想象力,很多人认为历史必须有一分材料说一分话。我想听听您的见解,什么样的想象运用到历史学家手里才是合理的、有意义的?

罗新 想象力其实每个人都有,没有人不具备想象力,我只是把它单独提出来表彰这种想象力、培育这种想象力,如果你意识到自己有时候在胡思乱想,不要害怕,还要培育这种想象力。就像我刚才说的规范,规范非常重要,想象是天马行空地乱想,但是在研究和写作中,要严格遵循规范。规范是什么?有一条材料说一句话,没有材料不要说话。但在一个问题上没有材料,还是要再继续推进,怎么办?我们跟学生一起讨论的时候,也会提到这样的问题。我的回答是这样,没有材料就没有问题,也许你提出的问题不是问题,或者说不是一个学术问题,而只是你个人的问题。都没有材料了,你在那里说什么呢?就别说了。没有任何材料涉及,你还把这个当作一个问题提出来,这不是一个学术问题。

所以,我觉得这里涉及问题,问题也靠想象,哪些是有意义的问题,哪些是没有意义的问题,哪些是有学术潜力的问题,哪些是没有很大潜力的问题,这也考验我们的想象力。我们阅读材料、解析材料的时候,需要很大的想象力,把本来不相干的材料串在一起,使得它们之间有关系。

我的老师田余庆先生也并不完全反对我们去做一些推测,当一个事情和另一个事情之间有一定的、开阔的空白地带的时候,我们要做一定的推测。但有一个明确的规定——这个规定也不是我们老师发明的,而是世界历史学研究中普遍存在的——任何推测只能推测一步,不能推测第二步,不能推测这一步之后根据这步再往前推一步,最后把所有事件放在一块,认为说圆了。

假如我们说推测有十种可能,我只采取其中一种可能,这个可能接下来又有十种,我又采取其中一种。你想想,最后你离真实有多远?那个巨大的世界都被你抛到一边,只跟着这一条线走,这肯定不是历史学,是玄幻。

李礼 对于历史想象,我个人的理解:一是大胆设想、小心求证,这样才有更多的问题意识;第二,其实它也是一种提醒和启发。

现在我们接受的历史都是结果,但是它一定如此吗?恐怕未必,它是由各种各样的原因造成的。所以当我们展开想象力的时候,对历史可能产生的那些不确定性就给予了一种尊重,虽然现在是这样的结果,但是如果其中有所变化,很可能我们看到的就是另外一种面貌。当我们这样想的时候,对既定接受的一些结果,无论是国家、权力还是其他,都会产生那么一点怀疑或者有那么一点距离。

五
不平等议题:历史学不可能置身事外

李礼 对于当下中国历史学家这个群体,以这些年的观察,您会如何评价?

罗新 我和好多人的看法可能不太一样,我对现在的局面特别赞赏,虽然有一些让人不安的问题,但是对于中国学术发展成今天这个样子,我想,三十年前、四十年前,人们想不到,想不到会有今天这样一种状况。

我理解很多人对现实、对学界的状况有一些批评,但我还是想说,我们现在比三十年前的水平,比我受教育的80年代的水平提高得太多太多了,就从我做的这个领域以及我所熟悉的中国古代史来说,发生了巨大的变化,这三十年的学术积累超越了中国过去几百年甚至更长时间的学术积累。

最大的表现就是出现了一个巨大的学术群体,以及更为巨大的学术外围群体——半专业人员或爱好者。而且我们有数千万高水平的、受过高等教育的读者,这是中国历史上甚至是人类历史上都没有过的。在一个国家里有这么大规模的读者,是很特别的现象。这个无论如何高估都不为过。

我这一代人当然没什么出息,但是比我年轻的学者,无论是在我所从事的中古史领域,还是其他断代史研究领域,都非常出色,数量很多,有自己的关怀,受过较好的训练,无论是语言的训练、理论的训练还是基本功的培养,都是极好的。如果较好的学术空气能够再维持一二十年、二三十年,我觉得中国学术完全有可能在一定时间内整体上赶上日本。现在虽然还有一定的距离,但是这个距离已经不像当初我们评估的那么大，而且正在缩小。

中国学术大有前程。近一百年来——这方面李礼兄比我熟悉得多——有很多这样好的时期，比如在20世纪30年代，已经很好了，但是怎么比都比不过这三十年，这三十年是中国历史上罕见的连续和平发展的时期，培育人才的数量之大、质量之高是过去没有的。

我对此是乐观的，虽然我能够理解那些批评和不安的情绪，但是这样一个群体、这样一个基本条件，不是那么容易扭转的。

李礼 公共史学现在更多被人关注，它并非历史学家放下身段那么简单，而是具有更大的意义和价值，哪怕在历史研究和发现意义上，国外一些学者比如和您研究领域相近的杉山正明就是很好的证明。我看您近年来的思考和写作，更加明显地走出书斋，您如何理解公共史学？写给大众的史学杰作在今天的中国并不多见，是否思考过其中的原因？

罗新 近年越来越多地听到大家谈公共史学，不过我没有特意去了解。如果理解为面向专业研究者以外的人群，特别是普通读者，进行历史写作，那么在我至少不是一个自觉的行动。新世纪以来，至少从出版物上看，除纯粹的学院派式的历史写作之外，涌现了很多作品，有些作品影响巨大，我经常被问到对某书怎么看，只可惜我的确没有读过，不敢评价。但是似乎可以说，由专业研究者所写的这类作品还是不多的，这一点和日本好像很不一样。你谈到杉山正明，他当然是很高明的专业学者，可他影响最大的却是几部通俗作品，这也是很不寻常的，即使在日本也不多见。

近年中国人出现的对于公共史学的热情，的确反映了一个历史性的变化，但我觉得主要不是历史学界自身有了什么变化。变化来自外部，来自我们的社会，来自许许多多普通读者对于不那么学院派的历史学作品的期待。真正的变化是读者结构。受过良好高等教育、从事历史科研教学之外的工作、数量巨大的读者人群出现了，他们不满足于基础教材、传统读物，也难以读懂有一定门槛的专业著作，而且可能也不完全满足于翻译作品，因而对中国学者的原创提出了要求。

在看得见的未来，专业历史学工作者直接卷入公共史学的还不会很多，也许这促使公共史学本身变成了一个专业领域。现在向读书市场提供读物的主要是学院派以外的作者，他们读得懂专业著作，对史学研究有了解，能直接处理原始史料，甚至也能做一些研究，甚至相当多的还获得过历史学博士学位，同时他们有很好的写作能力。这样的写作者慢慢多了起来，真的是一个令人鼓舞的现象，这是历史学发展的动力之一。

李礼 我发现包括您在内，越来越多的历史学者开始重新关注"不平等"这个问题。回顾历史，政治制度、文化习俗乃至流行病疫都可能成为不平等的原因，各国不尽相同。在您看来，中国社会不平等的历史原因更多来自哪里？

罗新 不平等是人类社会的基本特征，不同时期对不平等的感受以及随之而来的矫正努力是不一样的。比如，今天国际上说得最多的"性别不平等"、"收入不平等"，在传统社会里根本就不会被当作一个问题。19世纪西方世界全面排斥的奴隶制，在更早的时期却被视为人类正常秩序的一部分。今天社会中一些我们觉得理所当然的制度性安排或文化习俗，未来会被批评为野蛮与落后。因为这种时间意义上的相对性，让传统历史学难以处理不平等话题。但是鉴于不平等议题在当代社会文化、政治与经济生活中的重要性，历史学对此不可能一直置身事外，近年来越来越多的历史学家开始卷入这个议题。

我注意到这一点，是因我意识到古代人群间的不平等不完全是一个社会文化问题，也是国家政治经济秩序中的一个制度性安排，从这里我才开始看史学作品中如何处理一般性的不平等问题。

不平等当然是一个大话题，与历史本身一样古老，一样庞杂，一样充满陷阱。中国学者如何介入这一领域，显然会在很近的时期摆到我们面前。我也热心等待年轻学者中有人写出好的作品。

李礼 历史学家不可能脱离现实。这几年包括2020年上半年，中国发生了很多重大事情，您认为目前的中国，历史学需要关注的"大问题"是什么？对您个人而言，会因此改变什么？比如今后的研究和写作。

罗新 历史学对时代刺激的反应相对而言是不那么迅捷的，这是学科特点，这个特点使得它有时显得滞后、麻木甚至脱离时代，但也使得它沉着、冷静和视野宽阔。近年来中国各方面的变化与发展，研究历史的学者们肯定都或多或少感受到了，但不一定会反映到他们的研究工作中。话虽如此，2020年初的这场冠状病毒疫情，对历史学界的影响仍然是很大的，据我所知，目前已经有很多学者准备开设与"瘟疫史"相关的课程。这算是一种快速反应，因为刺激实在太深了。

你问的"大问题"，也许还在很多人的反思中，正在酝酿，我猜想一定不是一个问题，而是一系列、多方面的，比如国家与社会的关系，权力与权利的关系，举国体制与民间组织的关系，等等。至于我自己，我感受到了震撼，至于这震撼之力把我推向何方，我还不知道，等等看吧。

第十三章

卢汉超 | 理解中国社会的底层视角

"直到20世纪,中国的民间组织都是由士绅(以及商绅)领头,协调和保护本团体的利益,但是中国士绅本身就是统治精英的一部分,他们更愿意和政府合作而非对抗。"

卢汉超

美国洛杉矶加州大学(UCLA)历史学博士,著名历史学家。现任美国乔治亚理工学院艾伦人文学部教授、亚特兰大中国研究中心主任、美国《中国历史评论》主编。曾在纽约州立大学、新加坡国立大学、清华大学、哈佛大学、柏林洪堡大学、台湾"中央研究院"等院校任全职或客座教授,并任中国留美历史学会会长、上海社会科学院特聘研究员等职。他的主要研究领域为中国近代社会经济史、城市史。主要中英文著作有《赫德传》、《霓虹灯外20世纪初日常生活中的上海》、《叫街者:中国乞丐文化史》、《一个共和国的诞生》等,其中《霓虹灯外》获美国城市史学会最佳著作奖,《叫街者》获美国第三世界研究学会塞西尔·柯里最佳著作奖,《一个共和国的诞生》获中国旅美历史学会最佳学术荣誉奖。

一

对"劳苦大众"的同情心

李礼 早年研究过赫德这样的人物之后,不久您把目光转向市民生活和底层民众，比如广受好评的《叫街者：中国乞丐文化史》中的乞丐，以及《霓虹灯外：20世纪初日常生活中的上海》中的小市民和贫困群体。这种学术上的大转变，其原因何在？生活与学术经历是否对您的历史观念之变化产生了很大影响？

卢汉超 我想我们每个人的思想观念都受到生活环境、教育的影响。我是出生在解放后又在"文革"中长大的这一代人，从小受到的教育是"劳苦大众翻身得解放"，"劳动人民最光荣"。到了"文革"时，则更有"为工农兵树碑立传"的口号，因为据说以前的17年，我们的舞台都被"帝王将相"、"才子佳人"霸占了，所以要大写工农兵，把被歪曲的历史纠正过来。所以那时的样板戏以及仅有的几部小说和传记文学，如《艳阳天》、《欧阳海之歌》，主角都是脸谱化了的"被剥削阶级"。我当时对这些意识形态的宣传未必接受，甚至是抵制的，但是潜意识中多少受了影响，对"劳苦大众"有一种同情心。这也许是一个原因。

另外一个原因是，我出国以后，受到西方学术界的影响。我到美国读的是社会经济史，这个领域本身就是所谓"新史学"的重镇，比较在意普通民众和被边缘化的群体研究。但我当时并不知道，连这个名字都是很晚才听到的。当时的情况是，我的这些导师辈学者其实都是左派，大致就是"二战"或战后初期出生的这一代学者。他们进入研究院的时候大概在60年代末到70年代初，正是美国国内反越战、民权运动以及性解放等自由主义思潮如火如荼的时候，他们正好就是这一代人。

这一代学人年轻时都很"左倾",许多人对中国正在进行的"文革"非常向往,都知道"毛的小红书"(*Mao's Little Red Book*,即《毛主席语录》),对毛泽东的一些说法,非常认同。例如,毛泽东鼓励红卫兵造反,他们将此演绎为反对官僚主义和既得利益集团,很赞同,因为西方国家也有这些问题。知识青年上山下乡似乎也是件大好事,从他们旁观的角度来看,城市青年到农村和边远地区去,可以克服城乡差别,而到穷乡僻壤的"广阔天地"去经历和见识一下,正是许多中产阶级家庭出生的青年人所向往的。那么反映在学术上,他们就对普通民众的历史有兴趣。在六七十年代的欧洲,特别是英国,劳工史(labor history)大行其道,就是在这一背景下产生的。

李礼 据您观察,这种状况仅在汉学界,还是当时美国学界在整体上都在往这个方向转?后来又发生了哪些变化?

卢汉超 基本上都是这样,就是到现在还大体如此。可以毫不夸张地说,欧美学界都是自由派的天下。在美国,一般来说共和党是右派,民主党是左派,而大学则是左派的天下,教授们基本上都是民主党或倾向民主党的,我想比例可能超过90%。人文、社会科学领域的教授有不少就是马克思的信徒,只是他们的马克思主义研究和中国国内的马克思主义研究不完全是一回事。

不管意识形态倾向如何,20世纪七八十年代兴起的社会经济史研究还是成绩斐然。当时正好是历史学开始和社会学、人类学、经济学,甚至文学,开始学科交叉之际,有很多社会学方法进入历史研究领域。社会学要做基层的调查研究,因为这些学者当时不能到中国大陆,他们就去台湾或香港作田野调查。

我的导师黄宗智(Philip C.C. Huang)早期研究思想史,是研究梁启超的专家。80年代,他转向社会经济史,适值中国改革开放,他能去大陆农村做田野调查。他研究华北和江南农村的两本专著出版于1985和1990年,分别获美国历史学会颁发的费正清东亚研究书籍奖和美国亚洲研究学会列文森中国研究书籍奖,这是海外中国学研究领域的两个大奖,同一个作者获这两大奖,不是绝无仅有,也是凤毛麟角。黄老师在海峡两岸都很知名,他在加州大学荣退后又在北京的人民大学培养了不少研究生。我一直说,在他这一代学者中,做学问最严谨而且能够把传统史学和社会科学理论、研究方法结合起来的,他应该是做得最好的。

二
警惕"中国中心论"矫枉过正

李礼 围绕上海的研究,似乎特别适合考察"西方冲击/中国反应"和"中国中心论"。这个话题被讨论了多年,今天仍常说常新,为人们关心。您似乎对"中国中心论"颇有批评,认为这可能推动了另一种偏见。对此,能否进一步展开聊一下?另外,这两个学派您熟悉的学者很多,如何评价他们研究中的利弊?

卢汉超 "西方冲击/中国反应"是费正清、赖肖尔等人给大学写的东亚历史教科书时用的一个大致框架,其实不止用于中国,也用于日本。费正清本人在中国待过,有很多朋友,包括胡适和梁思成、林徽因夫妇。"费正清"这个中文名字就是梁思成取的,费正清是马士(Hosea Ballou Morse)的私淑弟子,而马士是赫德在中国海关时的下属,所以费正清对赫德的评价非常高,认为赫德通过海关和他对清廷的影响,推动了中国现代化。

用"冲击/反应"这个模式梳理中国近代史,线索很清楚,虽非尽善尽美,其实也没大错,只是不全面而已。但后来他的一些学生出来批评老师,说从中国的历史来看,外来东西有点影响,但起决定作用的是内在因素,内因决定外因,这也就是后来人们所熟知的"中国中心论"。其中最重要的是柯文的《从中国发现历史》一书,翻译到中国来后,影响很大。

我在《霓虹灯外》那本书中提出,"中国中心论"没有错,但是我们要避免另外一个陷阱,就是在理论上批评"西方冲击/中国反应"论,说要从中国的内在因素看中国的发展,但是讨论具体问题时,又硬套西方的模式来解释一些中国事物,所以这种"中国中心论"其实是虚假的,主导的还是西方的思维。当然,人类社会有共通之处,西方的理论模式,确实有可以借鉴之处,但一定要在中国历史上寻找西方社会的对照物,就不免牵强附会。比如说,公民社会和公共领域概念，从上海当时的居民社区来看，并没有出现和西方相应的或类似西方的公民社会组织。

李礼 好像您不太同意一些学者认为的，近代中国存在哈贝马斯意义上的"公共领域"。这种观点认为，商帮、行会这种市民组织机构的存在，使得公共领域在上海也得以出现。

卢汉超 我主要是从邻里和社区角度研究，中国社会并没有西方意义上的公民社会。哈贝马斯的公共领域和公民社会的基本概念，是社会群体组织起来对抗政府，最大限度地争取该群体的最大利益。在欧洲历史上，就是新兴的城市中产阶级联合起来，希望在政治上更有发言权，慢慢就有了资产阶级革命。

中国的民间组织，如商会、同乡会以及古代的乡约等等，有点公共领域的影子，但和人家西方的基本上不是一回事。因为西方的公共领域和公民社会最基本的一点，就是以自发的社会团体抗衡国家权力，争取自身权益。而直到20世纪，中国的民间组织都是由士绅（以及商绅）领头，协调和保护本团体的利益，但是中国士绅本身就是统治精英的一部分，他们更愿意和政府合作而非对抗。如果仅就抗衡国家权力这一点来说，倒是中国的黑社会组织比商会、同乡会更接近哈贝马斯的公共领域概念。

哈贝马斯那本关于公共领域的原著1962年就出版了，直到1989年才有英文译本。为什么关于公民社会和公共领域的讨论在90年代特别热？当然与这本书在英语世界的出版有关，但最根本的是这本书的出版恰逢其时：东欧剧变、苏联解体等事件引发了人们对这个课题的巨大兴趣。

李礼 中国"崛起"似乎正在影响海外学者的学术旨趣或心理，比如很多人试图从历史根源来解读这种"崛起"，强调中国文化的传承性和调适力等。您对此有何评价？

卢汉超 学者不是生活在真空当中的，西方学者对中国研究的题目本身就受到时局的影响。不仅中国史领域，美国史、欧洲史、中东史等等，都是如此。比如，做美国史研究的学者，他们会受到越战的影响、民权运动的影响，以及苏联解体的影响等等。历史系的同事们，也会互相影响。比如，做欧美史研究的学者做的一些题目，也可能会影响做东亚史研究的同事们。

我曾在《清华大学学报》等国内期刊上发表过几篇文章，主要是介绍和评估近二十年来西方（主要是美国）的"中国历史翻案风"，我把它称之为"唱盛中国"，即为人所熟知的对"中国落后论"的翻案。这与西方政界和新闻界长期以来"唱衰中国"的惯调形成对照。这个学术潮流与几十年来中国的改革开放以及在经济军事等领域的快速发展有直接关系。在不少学者看来，中国的重新崛起，以其广度和强度来看，不可能是偶然的，必定有其长远而深厚的历史原因，"唱盛中国"流派旨在探明这个历史根源，从而证明当代中国强大有其合理性，许多事情是古已有之，所以他们比较强调中国历史的延续性。

三
近代上海崛起的"资产阶层"

李礼 刚才说到公民社会和公共领域,在东西方,它们都与城市里的"中产阶级"密切相关。在近代中国,这一人群的出现首先和上海联系在一起,请问您如何界定和评价近代以来上海崛起的"资产阶层"?

卢汉超 中西方对"资产阶级"这个概念有相当的差别。在欧洲历史上,资产阶级是相对于中世纪贵族阶级而言的城市中产阶级。他们是普通民众,在工业革命后要求在政治上有更大发言权,这就是所谓资产阶级革命,是这么一个概念。那么在中国呢?提到资产阶级,就好像是富有者甚至于有点贵族的意思。现在常用的中产阶级一词是一个比较中性的概念,可以包括普通的资本家、专业人士,乃至工薪阶层。如在美国,一般家庭年收入在五万到十五万美元之间的都是中产阶级,这就包括了雇工经营的工商业者和为人打工的工薪阶层。还有一种计算法〔由纽约大学经济学家爱德华·沃尔夫(Edward Wolff)提出〕,把从零资产、零债务到拥有四十万财产的所有美国家庭都纳入中产阶级范围,所以"中产阶级"是个很广义的概念。

就民国时期的上海而言,我的《霓虹灯外》是从城市空间和社区角度看社会阶层。我认为住在石库门里面,就已经算是社会中层的人了。哪怕他们是在工厂工作，哪怕他们做的工作属于蓝领，但只要他们有经济能力住这样的房子，哪怕住的是"七十二家房客"那类的石库门房子，但他们已经不在社会最底层了，他们已跻身"小市民"阶层了，而小市民往往被等同于"小资产阶级"。真的贫穷劳工阶层住在棚户区里，到1949年解放前夕，上海有近一百万人，也就是全市人口的五分之一左右住在棚户区。我在那本书里对此有详细的阐述。

李礼 人们注意到，即使在1949年以后，上海"资本家"接受公私合营过程中，仍一度保持了他们原来的生活方式。以您的理解，新政权对上海似乎做了一些特殊处理，这是出于何种考虑？

卢汉超 这些总称为"统战"的政策不只是针对上海，只不过因为上海资本家或有钱人比较集中，所以这个现象就突出一点。

大致而言，解放后小业主以上的资本家被分成两大类：一类是官僚资本家或者官僚买办资本家，是革命和专政对象；另一类是民族资本家，是可以团结的对象。但在具体操作上，还是有不少灵活性。

比如，民国时期有名的"企业大王"刘鸿生，曾任英国人垄断的开滦矿务局买办、上海公共租界工部局董事、国民政府火柴专卖公司总经理等职。但解放后他被列为民族资产阶级，是重要的统战对象。连刘鸿生本人对此也十分疑惑，曾当面问过周恩来，周的回答也很坦率，他说这些阶级划分是政府用以表达对资产阶级一部分人士友善而谴责资产阶级中另一部分人的用词，可以灵活运用。（见

《实业家刘鸿生传略》)前几年哈佛大学出版过一部有关刘鸿生家族的专著(*The Lius of Shanghai*),主要作者是著名的中国近代史教授高家龙(Sherman Cochran),其中也提到此事。所以上海确实一直到"文革"前还有很有钱的资本家,他们的物质生活基本上没有变。当然,要做生意是不行了,或者要把子女送出国大概也不行了。他们有定息和高薪,平时的物质生活很好,仍养尊处优,绝对超过一般民众,家里的佣人还可以一直用下去。三年困难时期,照样能上高级饭店。

李礼 围绕上海历史的研究,或者说"上海学",如今相当发达,然而不少人觉得上海似乎又太特殊了,以至于对它的研究无法拓展到中国,您如何看待这个判断?

卢汉超 这要从两面看,一方面上海确实有很大特殊性。许多西方人士认为,一直要到抗战前吧,中国真正意义上的现代城市就上海一个。又有人认为,上海是"另外一个中国"——上海在中国,但不同于中国的其他地方,等等。所以它确实有特殊性,但从另外一个角度看,近代上海百分之九十七以上的居民都是中国人,而且大部分都是从农村和小乡镇过来的,所以很多发生在上海的事情还是在很大程度上可以反映出中国近代史的方方面面。

从大的历史上看,比如辛亥革命、五四运动、共产党成立、中日战争等等,发生在上海的事其实也是全国大事件的一部分。近一些的历史,比如"反右"、"大跃进"、"文革"等等,上海都是和全国相通的。从微观历史来看，上海也和其他城市类似，比如我写的上海石库门内的市民生活，其实在北京的胡同里也有一些类似的事情。上海的街坊邻里场景，在许多江南小镇都可以找到影子。

我一直说上海能够这样发展，和当地的文化大有关系。上海比较习惯向外看，包容外来文化，也比较守规矩和有契约精神。在清末的时候，鸦片战争以前，上海已经是一个非常繁荣的商业中心了，以棉花贸易为主，我称之为"棉花城"。国内史学界在相当长的一段时间内，非常热烈地谈论过封建社会晚期的资本主义萌芽问题，而鸦片战争前上海的棉花贸易，就是所谓资本主义萌芽的一个典型例子。当时在上海经商的大部分不是上海本地人，而是外面来的客商，客商的赢利占棉花（包括棉制品）贸易利益的百分之七八十。所以当时已经有这种文化，就是外来的商人"喧宾夺主"，赚得比当地人多。

一直有一种说法：上海排外，看不起外地人。其实我的看法是，正因为上海很多元，真正的本地籍人士很少，所以才会有这种问题。它是人们来自五湖四海而产生的一个问题，正如美国因文化多元才产生了种族歧视问题。有两个词好像专门跟上海连在一起，很能说明问题。一个叫"大上海"，中国的大城市不少，似乎只有上海习惯上可加"大"这个形容词。北京很大，南京很大，广州很大，但习惯上人们很少称大北京、大南京或大广州，而大上海则耳熟能详，这个"大"就是有容乃大，体现了上海的包容性。另一个习惯用语是"上海滩"。中国不乏沿江沿海城市，但只有上海常用"滩"这个后缀词。

大概不会有人说"天津滩"、"青岛滩"、"厦门滩"或者"香港滩"吧，虽然它们都是沿海城市。滩是延伸的、外向型的，是内陆与外洋的交接处，滩又是接纳性的、包容性的，甚至藏垢纳污。所以一个"滩"字把近代上海的城市文化性质画龙点睛地道出来了，至今还常在人们口中。

李礼 现在您还会每年回一次上海吗？对这些年那里的变化有什么新的感受？

卢汉超 对的，一年一次基本上可以。对国内的城市发展，包括学术界或是稍微有点文化意识的人都有这种想法，就是拆得太多了。文化遗产保护意识无法抗拒商业利益。现在大家比较重视文化保护了，但许多地方为时已晚。例如，上海社科院历史研究所在徐家汇的那栋楼，原来是一幢精致讲究的建筑，以前是天主教堂产业的一部分，解放后一直用作办公楼，20世纪末由港商看中这地段，虽经社科院抗争，最后还是拆掉了，建了那栋卖高档百货的东方商厦。从文化遗产保护的角度而言，在这一带造商业楼是短视的。如果将天主教堂、藏书楼、徐汇中学（其前身即创办于1849年的徐汇公学）、天文台、徐光启墓、土山湾民居、土山湾画馆（建于1862年）等修复重建起来，形成一个徐家汇文化公园，这样的文化遗产保护对提升整个上海形象和国际地位绝对有举足轻重的影响，经济效益不会输给东方商厦和附近的几个酒楼饭店，文化价值则更不可同日而语。

这当然不单是上海现象，北京也是这样的情况，天津也是这样，其他城市大致如此。所以我一直说，20世纪二三十年代老上海的城市建筑和布局，战争没有破坏它，革命没有破坏它，最后是建设把它破坏了。现代化进程是要付一些文化代价的，但是如果文化保护意识能同步跟上，代价就可以小一点。有文化保护的社会意识，有与此相应的政府立法，就不至于在和平时期为了一点眼前的利益，做出对不起子孙后代的事。

一个多世纪以前，19世纪下半叶，上海也有过类似的现代化城市进程。黄浦江畔的三五茅舍、几畦农田的宁静乡村以及县城附近的一些拥挤的老街区也曾被无情地夷为平地。在新的空间里，洋楼崛起，商贾萃集，到了20世纪初，上海早已从小县变成名邦，为民国年代的"东方巴黎"做了铺垫。最近二十年，则又来一次，把"东方巴黎"拆了，造了一个"东方迪拜"。当然，海外也有类似情况，开设于1935年的东京筑地鱼市场，在建筑风格上也许乏善可陈，但其历史可以上溯到江户时代，它没有毁于战火，1945年的东京大轰炸也没有伤动筋骨，最近因为要筹办2020年的东京奥运会，也拆了。

四
中国历史上的精英和群众

李礼 我们知道，一些历史学家倾向于认为精英是真正的决定力量，普通民众看似庞大，实则无关紧要，而一些人的观点则与此相反，他们认为普通人或"群众"更为重要。那么对您来说呢？

卢汉超 我觉得两者缺一不可，虽然大部分历史书籍还是写精英的。我上课和学生讲过，20世纪的中国历史，大约也就是那么四五个人的历史。从孙中山算起，袁世凯、蒋介石、毛泽东、邓小平，20世纪的政治史基本上就被概括了。所以从这个角度，可以说精英创造了历史，但是他们之所以成为大人物，在于他们在历史上发挥的作用，而他们能发挥这样的作用一定要有社会基础。

辛亥革命时孙中山只是一介平民，流亡海外。有一种说法是他收到有关武昌起义的电报时，还在美国科罗拉多州丹佛市的一家中餐馆打工，虽然是野史稗闻（见唐德刚《晚清七十年》），但孙当时在海外奔波流离、居无定所则无疑。尽管被清政府通缉，有家难回，但孙中山的共和革命思想则已使他名满天下，而"天下苦秦久矣"，武昌起义一声炮响，孙中山就被恭迎回国，并被革命党、立宪派共同推选为亚洲第一个共和国的临时大总统，所以这是有民意基础的。邓小平在"文革"中两次被打倒，改革开放以后为什么能一呼百应？就是因为有这样的社会基础。

李礼 我留意到，您的各种著作非常关注精英与底层之间的"关系"，更关心他们之间如何交流。您是否认为这种互动才是真正影响历史的力量，或者说这才是理解历史的关键所在？

卢汉超 精英这个概念本身就有问题。我记得出国的时候，国内基本上没有这个概念，或者说不大有这种提法。精英概念应该是近代西方社会学建立以后形成的。20世纪以前中国的精英比较简单，就是士绅阶级：不论家庭门第，通过科举考试拿到基本功名，即生员（俗称秀才），你就成为士绅阶级一员。县和县以上的官员必须有科举学位。进了20世纪后就复杂了，因为经商成功者、演艺界名人、运动健将等等都可成为社会名流，就不一定"唯有读书高"了。在西方社会，精英这个概念大致上是中性的，但人们使用精英（elite）这个词时，常带有一点揶揄的味道，如果说某某人是精英，往往不是恭维语，反而含有一点此人不食人间烟火、不知民间疾苦的意思。近来国内有一个不大好的流行词，甚至出现在政府文件上，叫作"低端人口"，我想发明这词的必定是中国的"精英"无疑了。

社会当然需要精英，有关名人的故事也总是比下里巴人的生活更引人入胜，这就是现在清宫戏大行其道，民国时代的许多名人遗事至今仍为人津津乐道的缘故。但做学问就不应该只关注精英阶层和上层社会，像胡适之算是精英中的精英了，但他非常强调关注普通人的生活。胡适有一个叫胡祥翰的族叔，曾写过一本叫《上海小志》的书，胡适为他作序，批评传统史学"贤者识其大，不贤者识其小"的偏见，强调"识其小"的重要。再比如，鲁迅在世时也算是精英了，但他最好的文字都是写下层社会人物的，如阿Q、祥林嫂、润土等。沈从文写湘西，通过小人物把当地的风土人情和民国初年的历史写活了，如果他写当地的大人物，绝不会有如此效果。

我写了乞丐这个群体，一个主要的出发点就是往下沉，看下层社会，到了乞丐这一群体基本上不能再写下去了，他们是低到不能再低的"低端人口"了。但中国的下层社会和主流社会（包括精英阶层）

有很多"交流",而中国精英阶层也并不一定以乞丐为耻,这和西方文化非常不一样。西方文化中的精英文化和乞丐这样的草根文化可以说是完全脱节的,而中国的乞丐文化却与主流社会有许多关联。比如说叫花鸡、佛跳墙、竹筒鱼等等现在上了高等餐馆,对不对?西方也有类似的菜肴,叫作 hobo food 或 hobo meal(流浪者餐饮),一般是露营时的混杂烧烤,却进不了高级饭店。又如,中国社会最精英最上层的人物,如孔子、朱元璋,被丐帮奉为始祖,主流社会也并不以为忤。所以中国在文化上这方面比较有特殊性,这也许跟科举制度有关。中世纪的西方社会贵族和平民壁垒森严,不可逾越;德川幕府时代的日本武士阶级是贵族,只能凭出生获此身份;而中国的平民可以通过科举取得功名,进入上层,哪怕只有很少的人能够走通此路,但至少有这么一条路在这里。

李礼 如此关注底层民众,甚至聚焦乞丐以及棚户区居民这样的群体,仅是一种"同情心"使然吗?您是否还想表达自己的其他诉求?比如通过他们去理解中国社会?

卢汉超 我们应该建立这样一个信念,不管人们的社会经济地位如何,不管是精英人物还是下层百姓,在人格上是平等的。一个大官员、大企业家,或者有名的知识分子和马路上的一个乞丐,在人格上是平等的,但是我们往往不这样想。我们从小受的教育就是要建立一个人人平等、没有阶级的共产主义社会,但实际情况有别于课本,衣食住行,都有等级,连吃饭都有大灶、中灶、小灶之分。

工资有八级，干部分成24级之多。

改革开放后鼓励一部分人先富起来，贫富差距迅速拉开，社会就更加势利。美国这样的社会当然有贫富差别，而且差别还在扩大，但整个社会却并不势利，既不笑贫也不笑娼，强调法治（rule of law）社会中的公平竞争以及全社会参与的慈善事业。一般人在平时交往时却并不会因为一个人穷或从事某种职业而看不起他，或者见了富人觉得自己矮了一截，人们很少攀比，各人头上一片天，这已经深入了他们的灵魂。

也许我多少受了这个环境影响，所以觉得关注普通大众的日常生活以及为"被侮辱与被损害的"人们作记录（也可称树碑立传），和研究精英人物一样，是历史学的一部分，同样是顺理成章的事。

李礼 除了关注底层这个视角，您的作品也被认为提供了一个地方史典范（《国际中国评论》评价）。地方史如今在中国方兴未艾，您认为历史研究和写作在地方、区域史方面，应该保持那些"问题意识"？

卢汉超 我在前面提到，精英和普通民众并非割裂的两大块，只是我们以前的历史研究偏重精英人物、社会上层以及大事件，一定程度上忽视了小人物和日常生活在历史上的作用，所以我们要做点纠偏的工作。但不管做哪方面的研究，好的作品要在三个方面下功夫。

第一是要有坚实的史料。板凳要坐十年冷，有多少史料讲多少话，这是基本功。除了出版物，现在有不少档案开放了，为近现代史研究提供了新的资源。如果做20世纪的历史研究，有些老人还在，田野调查和口述历史资料也是一个重要的补充。

第二是提出看法或诠释史实，也就是您所说的"问题意识"。我们在国外指导博士论文、为学术书籍或论文匿名审稿、在研讨会上评论文章等等，常常提出的一个问题是"So what?"（那又怎么样呢？），也就是说，你讲了这么多，写了这么多，意义何在？做历史研究切不可牵强附会地套用某些理论模式，但同时也不能史料堆砌，不知所云，还是要在充分掌握史料的基础上，不仅知其然，而且要知其所以然，至少要提出你所认为的"所以然"，供学界讨论。比如20世纪中国历史从义和团运动开始，经历了各种灾难动乱，几乎亡国。但中国不仅挺过来了，20世纪末又开始复兴，是什么力量能使这个民族有此韧性？这是个大问题，研究20世纪中国史的学者可以从各个方面对此进行解释和讨论。

最后一点就是写作技巧了。写历史与文学作品不同，似乎可以不太注意写作技巧，但好的历史作品，作者一定是很有写作技巧的。作品也许不必文采斐然，但可读性要强，即使所谈论的是一个非常专门的题目，也不可佶屈聱牙。通过文字，把过去的场景栩栩如生地重现出来，这是好的历史作品的共同特点。比如史景迁的著作，特别是他写的传记类作品，就有这个特点。

第十四章

章清 |
从"知识转型"重审近代中国

"晚清士人难以摆脱的仍是援据历史的'想象'。中西渐开沟通,很自然将历史拉回到春秋战国时期,难以穿透时空的格局认知现代世界的构成。"

章清 ————

男,1964年生于四川。1998年于复旦大学获历史学博士学位。现为复旦大学历史学系教授、文史研究院院长、教育部重点研究基地中外现代化进程研究中心主任,任国务院学科评议组中国史组委员等。出版有《会通中西:近代中国知识转型的基调及其变奏》、《清季民国时期的"思想界"》、《学术与社会:近代中国"社会重心"的转移与读书人新的角色》、《"胡适派学人群"与现代中国自由主义》、《殷海光》(台北1996年)、《胡适评传》等多部著作。

一

如何看"中体西用"和废除科举

李礼 晚清世变,中西学对峙是一幕令人印象深刻的历史画面,"中学"的优越感在此消彼长中渐渐不复存在,能否描述一下这一变迁过程中的关键因素?对于众说纷纭的"中体西用",您持怎样的看法?

章清 中学与西学，恰好是我《会通中西：近代中国知识转型的基调及其变奏》一书阐述的主题。任何一种文明，大概都是基于"我族中心主义"想象其他文明的，西学东渐，我们也是立足于"西学源出中国"等论调来看待的，后来又发展出"中体西用"论。实际上，这些口号的流行未必是为了排斥西学，或者放大中学的地位。既如此，这恰好说明这些口号流行的时候，中学实际上已陷入深深的危机中。故此，生活在明末清初的梅文鼎就鲜明表达了会通中西之见解："法有可采，何论东西；理所当明，何分新旧。"到晚清时，则越来越多的人逐步有了这样的见识，"昔之学在贯天人，今之学在贼中西"。

当然，这些看法都只是体现在部分"先时人物"身上，外来的"西学"要为更多人接受，还需要落在制度层面，如新式教育的推行。要说是否有一些关键的因素推动这样的转变，照我的理解，这其实是一个自然的过程。因为败于洋枪洋炮，所以我们也要造船造炮，然而不掌握相关知识，显然无法进行，于是会考虑接受天文、算学等方面的知识。而这些知识又并非孤立的，还与其他知识有关，这样又开启了对更广泛的分科知识的接纳。

当需要针对中学、西学进行选择，更不免陷入"紧张"。"西学中源"说、"中体西用"论的流行，即是中学、西学如何抉择而产生的看法。我们看"中体西用"论，这似乎是一个保守的方案，但究其实，反倒为"采西学"大开方便之门，因为说是"西用"，"西学""西政"实际也包含其中。与此相关的，何为"中体"，反而是越来越不清晰，只是一种"说辞"，一种"姿态"。为此，我也将此作为中国近代学科知识建立过程中的一段插曲，起点是别立"中西"，而归途却是"学无中西"。

李礼 您笔下的近代知识人对"现代性"有一种不安。对现代性的怀疑广泛存在，可以说全球皆然。但对被动卷入"现代"的中国来说，显然有不同感受。中国知识精英理解"现代性"的困难来自何处？比如，记得您曾谈及历史传统所造成的屏障。

章清 对"现代性"的质疑确实广泛存在于整个世界，但各国存在不少差异。差异产生的原因部分是历史因素，部分则是知识传播的方式。这方面晚清对"公法"知识的接纳就明显表现出这一点。"万国公法"知识的传入，算得上是将中国卷入现代世界的最初体现，晚清士人对相关知识的接纳与评估，也呈现出晚清中国审视"现代性"的特质所在。"现代性"所经历的曲折，于此中也得以呈现。

晚清士人认知世界往往受到"纵""横"两个因素制约，前者乃以往应对"夷务"的"历史经验"，后者则来自现实世界所感受的中外交往的点点滴滴。此既构成对"现代性"进行质疑的基础，也制约着对此的认知。对于所生活时代的理解，晚清士人难以摆脱的仍是援据历史的"想象"。中西渐开沟通，他们很自然将历史拉回到春秋战国时期，却难以穿透时空的格局认知现代世界的构成。当进入"横向"的思考时，由于遭逢列强纷争的年代，也难以不把这个时代看作"霸道"超越于"王道"的年代。这也意味着，处于弱势地位者很难相信有什么可以依凭的"公法"。

李礼 科举制度改革和最终废除造成的利弊，近年一再被突出和放大，一些人认为它导致了清王朝 1912 年的终结，一些人则不以为然。我想知道您如何评价？毕竟"废科举"是西学传播和接受过程中的一个重要"变量"。

章清 科举考试制度的废除，确实影响很大，关键是儒家经典的传承遇到了问题。我常常问我的学生，如果有考试不会涉及的书，大家会读吗？废除科举带来的或许就是这样的后果。

科举制度在中国历史上曾经发挥过重要的作用，这谁都不否认，不过，或许也当接受，在中国成长为近代意义上的国家的过程中，废除科举、开办学校，也是难以避免的，关键不是考试制度，而是考试的内容。这也需要纳入近代学科知识，理解学科知识的建立与"现代性"有关，对于催生现代世界的诞生具有重要作用，或许就能理解并接受科举之废除。这是否直接导致了清王朝的覆灭？或许只是间接的原因。因为废除科举后，学堂培养出的学生确实构成了革命的重要力量。当然也可以这样看，近代知识所提供的资源，也难以为皇权进行辩护。

二
近代中国的"知识转型"

李礼 传统中国将道器之术视为等而下之，近代至五四却明显可见"科学"的抬升,甚至科学主义的流行。这是否源于来华的西方人将新兴自然科学提升为"第一"学问,而将修齐治平之学降为次要?自然科学在西学东渐中扮演了什么角色?它会是决定性因素吗?

章清 对近代知识的界定往往基于分科知识展开,此所意味的是教、政、学的分离。科学占据强势位置,也是不可否认的,源于近代知识成长于对外部世界的重新认识,科学在其中扮演着重要角色。不过,就西学东渐来看,就不那么单纯了。毕竟曾经担任"援西入中"主体的,或者是耶稣会士,或者是新教传教士,因此结合"教"与"学"进行知识传播,也是题中应有之义。来华西人之所以强调"格致之学"的重要性,将修齐治平之学降为次要,部分原因是要确保"教"的地位。

大致说来,基于中国背景检讨近代学科知识的形成,需要考虑两类相互联系的问题,其一是西方以分科为标志的近代知识是如何传入的,其二是中国本土是基于怎样的背景接引的。作为知识的"传播者",无论是耶稣会士,还是新教传教士,其身份已决定了所谓"援西"是有高度选择性的,甚至不免迎合中国本土的知识架构;"接引者"呢,则往往将外来知识纳入其所熟悉的架构,尤其致力于从中发现西学所谓之"关键"。来华西人对"格致之学"的介绍,就往往论辩其源出"三代",乃"修齐治平"之基本工夫,这可看作西人传播新知策略性的考虑。这于化解中西之差异,在"普世性"的架构里论辩"学",无疑具有重要意义。从一开始,中国本土针对格致之学的阐释，所考虑的主要是如何"安置"的问题，将格致之学纳入"修齐治平"之学的架构，也因此化解了格致之学带来的冲击。到五四时期情况自然有所不同，那个时代是立足于"普世价值"来看待科学的，由此也表现出"科学主义"的一面，这也意味着我们对于"科学"的信念，实际上超越了西方世界。

李礼 以人类的大历史看，东西方或各国之间的知识交流、互相影响，本是应有之事。如果说一个国家甚至文明在"知识转型"上存在自身的脉络，那么近代中国有何特别之处？

章清 近代学科知识的成长构成了全球性文化迁移的一环，这确实是需要直面的问题。可将此过程描绘为"西学东渐"，但绝非是"知识移植"之事。相反要看到，对于西方世界来说，同样在发生知识转型。可以说，学科是特定历史时空的形式，西方完成"政教分离"的转变，也经历了很多曲折；而学科知识的形成，同样走过了漫长的历程。中国发生的"知识转型"，也有其因袭的负担，从一开始就蕴含着本土的作用，往往将外来知识纳入所熟悉的知识架构进行理解。换言之，从一开始，中国所接纳的"西方知识"，已经加入了"中国"元素。

"西学中源"说、"中体西用"论的流行，也意味着中学、西学的会通纠缠着民族主义的因素。唯有消解知识的"国别性"，才能化解接纳学科知识的种种紧张，才能实现"国无异学"。随后所发生的改变，则是西学转化为新学，中西之争也转化为新旧之争。照我的理解，近代中国的"知识转型",是在陷入全盘性危机的格局下发生的,影响所及,论证现实世界及社会理念合法性的思想资源或知识学基础,都立足于各分科知识的展开,传统不再构成主要的"知识资源"。

李礼 我注意到,您此前主持编写过一套书系,名为"学科、知识与近代中国",旨在关注中国近代以来的知识转型。这个主题显然很大,具体来说,你们会更多关注哪些具体方面?

章清 以分科为标志的学科知识的成长,涉及全球范围的文化迁移,一直引发各国学者浓厚的兴趣,但关注的重点确实存在不少差别,主要是在此过程中各国扮演的角色不同。问题涉及的面非常广,促成我们这些来自不同国家和地区的学者走在一起,从不同的专业背景检讨其中的一些问题。如来自德国的阿梅龙教授,他关注的是科学史,两位来自日本的教授沈国威、陈力卫,则是从事语言学研究的,他们会从语言的层面检讨和近代知识成长相关的一些新名词、新概念是如何产生,又有怎样的影响。我本人主要从近代学术史、思想史的背景切入,更多关注中学、西学如何会通,较为重视"本土"因素的作用。

这个计划酝酿了很多年,我本人从 2000 年开始介入其中,有不少机会参与到不同国家和地区的学者组织的课题中。我本人主持的课题,也有幸邀请众多学者参加。这套书的出版还只是阶段性的成果,将来还会继续推进这方面的研究。

三
社会力量的崛起和限制

李礼 记得丸山真男先生曾提到文学家和学者的差异，这很有意思，也让人想到中国传统士人与学科化之后的知识分子，对于他们的角色或心理切换，您在研究和写作中有什么感受吗？

章清 从"士"到知识分子的转换，也是处理近代中国思想史首先要面对的问题。学界这方面有不少研究，我过去也写过文章加以讨论。余英时提出由"士"向知识分子的转型，实质的意义是中国知识分子从社会中心位置退到了边缘，而一些边缘人物却占据了社会舞台的中心。仅就读书人的社会角色而言，确实呈现出余先生所揭示的从中心向边缘的流动。商人地位上升，以及涌现许多新的社会阶层，也是不争之事实。

不过，变化的不只是读书人的"身份"，社会也在变。立足于社会转型或许就可以注意到，读书人仍在这样的变局中占据了重要位置。以"合群"以及集团力量的形成来看，读书人同样形成了具有某种组织意义上的"共同体"。只是这样的"社会力量"难以构成"社会重心"。

我曾经用"学术社会"来描绘那一代读书人的"创世纪"。将此与近代学科知识的成长相结合，也可以反省读书人建设"学术社会"的成效与意义。所谓"学术社会"，既立足于学术，又并非仅限于学术。从其主旨来说，是要挣脱传统中国"学"与"术"的缠绕、"士"与"仕"的纠葛，为近代中国读书人确立区别于"士大夫"的社会角色与身份，其目标则是让"学术"构成未来社会的重心。应该承认，20 世纪中国读书人确立的大学教育理想，在学术领域的"旧域维新"与"开拓方来"，都结出了丰硕果实，正是那一代人的努力，奠定了中国以分科为标志的近代学科知识体系。只不过读书人在政治上的作为，难以令人满意。

李礼 对于读书人的作为，您如何看待社会力量在近代中国的兴起？包括您研究的"集团"、"业界"等亚文化圈世界的形成，很多正是传统体制之外的力量。这一点，对探讨 20 世纪 20 年代思想界的转向显然也非常重要。

章清 这确实是研究近代思想史所涉及的重大问题。列文森阐述了这样的看法："近代中国思想史的大部分时期，是一个使'天下'成为'国家'的过程。"重要的是，摈弃"天下"观念，无论是对外，还是对内，都具有潜在的意义。对外来说，是基于天下万国之理念承认对等的政治实体的存在，并接受近代世界的构成乃是"以国家对国家"；对内来说，有了近代意义上的国家意识，便确立了国家内部新的政治边界，如何组成国家，如何安排个人与国家、个人与社会等涉及政治生活的问题，才会被重新提到议事日程。

对于现代国家的治理，依靠以前的"皇权"显然是不够的，社会控制与社会动员的目标都难以实现。也因此，需要社会力量来替代政府完成一些工作。我也将社会的成长与"集团力量"的形成，视作近代中国转变的象征。聚集方式明显发生由"省界"到"业界"的转换，就构成了"亚文化圈世界"形成（亦即是各种社会力量成长）的重要征象。不过，基于"省界"、"业界"的动员，所形成的社会力量还是有限的，针对阶级进行动员，无疑更为有效。

1932年胡适撰文检讨中国民族自救运动的失败，集中表达了这样一层意思，中国这六七十年之所以一事无成，一切工作都成虚掷而不能永久，只是因为"我们把六七十年的光阴抛掷在寻求建立一个社会重心而终不可得"。我最近在研究"社会"这一概念，是因为这构成了近代中国社会发生深刻变动的写照，读书人也颇为关注"社会"各种力量的成长，并且追求基于"社会"的变革。我想进一步思考这样的基本问题：国家政权建设是否推动着"社会力量"的成长；抑或是"社会力量"在国家政权建设中发挥着怎样的作用？

李礼 后五四时代，"全能主义"政治日渐彰显，思想界颇受其影响。您如何理解20世纪初中国开启的"全能政治"？它是"普遍王权"全面崩溃后的一种总体回应吗？

章清 "全能主义"是政治学者邹谠所使用的概念。在分析中国20世纪政治发展时，邹谠提出20世纪初期面临的全面危机是中国社会革命与全能主义政治的共同渊源。史华慈也曾强调20世纪中国政治的发展，很大程度上受制于"普遍王权"崩溃后所引发的全盘性危机。全能主义政治的表现，是强调只有先建立一个强有力的政治机构或政党，然后用它的政治力量、组织方法，深入和控制每一个阶层、每一个领域，才能改造或重建社会国家和各领域中的组织与制度，从而克服全面危机。这里所涉及的，也正是我们理解晚清民国时期的读书人值得借鉴的角度。近代以来严重的危机感，加重了阐述中国的"焦虑"，也因此会影响到读书人对很多问题的看法。个人价值让渡于国家利益，国家主义、民族主义成为读书人首要的选择，都与此密切相关。"社会力量"的成长也受制于此。政党力量的强势，意味着超越于此的"社会力量"难以有活动的空间。

四
中国真正融入世界的一场运动

李礼 2019 时值五四运动 100 周年，我想知道您对五四总体上持何种评价，特别是对其中的"反传统"作何评价？

章清 我注意到，不单对五四，对于晚清以来重大的历史事件和相关人物，现在都有各种声音出来，这是当下的一种反映。我是做历史研究的，因此重视按照专业的要求去评价历史人物、历史事件，重点是要在特定的时代、特定的语境中去展开，否则难以做到"返诸旧心"。涉及对五四一代的评价，分歧较大的即是那一代对于传统的态度，五四一代的反传统不乏声音质疑，现在很多人尤其不能接受所谓"打倒孔家店"。

如果把五四时期流行的一些讲法抽离出那个时代，当然觉得非常刺耳，也觉得很难接受。但是如果熟悉那段历史，熟悉中国当时的现实，尤其是政治环境，再了解五四一代的主张，或许就能理解其中所包含的良苦用心，因为现实社会提供了太多的负面启示，才导致五四一代以这样的方式加以回应。有一点是清楚的，今天我们所谓"传统"，对于那一代读书人来说，实际上就是他们的现实。反传统也好，打"孔家店"也好，都是基于现实的一些问题。

当日的"思想市场"，确实展现出五花八门的情形，尤其政治势力往往借助于传统，更增加了问题的复杂性。难怪李大钊要表达这样的感想："我总觉得中国的圣人与皇帝有些关系。洪宪皇帝出现以前，先有尊孔祭天的事；南海圣人与辫子大帅同时来京，就发生皇帝回任的事。"因此，五四一代所批评的"传统"，某种意义上看就是当时的"现实"。而且，近代以来中国所遭遇的种种屈辱，也难以让那个时代的读书人对自己的文化有很强的自信心。读书人把目光聚焦到文化层面，再自然不过，何况之前也曾经在制度、政治等其他层面做出过努力，只是成效不明显。陈独秀在演说中就揭示出其中之逻辑："伦理思想，影响于政治，各国皆然，吾华尤甚"，故"伦理的觉悟，为吾人最后觉悟之最后觉悟"。

李礼 不少人反对从国际环境来解读五四运动，而倾向于从中国内部加以理解。

章清 五四运动之重要，是因为这是中国真正融入世界的一场运动。而新文化运动的开展并且表现出不同于以往文化运动的特色，最鲜明的一环即是新型传播媒介的影响。不只是印刷书刊，那个时代技术层面的推进都影响着信息传播的效力。这也赋予了新文化运动不同于以往文化运动的色彩。

新型信息传播机制对新文化运动发挥的效力，大致可区分为"外部"与"内部"两个方面：前者系指外部世界的信息及时传入到国中，当即引发回响；后者则指国内一地所发生的事件不断发酵，激起全国的响应。巴黎和会召开，所引发的事件即充分显示出电报及报章媒介具有的作用，其所产生的动员效应，无疑是决定此一事件持续发酵的关键。这其中，北大学生捐了几百块钱打电报，即是人们津津乐道的事。胡适在一篇短文中还援引英文报纸介绍的信息，说巴黎中国议和专使团先后收到国内国外团体或个人关于和约的电报，共七千通。

中国真正融入到世界中，最直接的后果是，世界上发生的事情很快会影响到中国。一战的爆发、巴黎和会的召开，以及十月革命的成功，外部世界所发生的这些重大事件，对中国政治的走向产生了深远影响。研究者已经说明，正是这些事件的发生，笼统的西方或者作为美丽新世界的西方发生了"分裂"。中国因此可以面对"分裂"的西方，思考该走英美的道路还是俄国的道路。列宁式组织政党的方式被介绍到中国，就促成了中国共产党的成立、中国国民党的改组。

李礼 说到五四前后的各种思潮，胡适称之为中国的文艺复兴，海外也有不少学者以这种视角理解新文化运动。不少人认为这种表述相当西化，并可能以此失去复杂性。您对此如何评价？

章清 是文艺复兴还是启蒙运动，余英时先生做出过分析。胡适确实讲过关于中国文艺复兴的问题，最初他是用英文讲出来的，希望以西方人容易理解的方式展示中国读书人的努力。胡适对于中国文化的诊断，明显区分出两种不同的言说方式，相应的也区分为用中文表达和用英文表达，这也是值得重视的一面。面对中国读者时，他主要告诫大家要打破"中国本位"无所不在的钳制与根深蒂固的惰性，这种钳制与惰性展现出来的便是骈文、律诗、八股、小脚、太监、鸦片、姨太太、五世同堂的大家庭等等，他认为这些都代表着不足迷恋的"几千年之旧的固有文化"。而当他面对西方读者时，立场迥然有别。上述象征性的符号——或许也是西方对中国的"想象"，不再被提及，反而努力强调"中国哲学里的科学精神与科学方法"，以及充盈着"人本主义与理智主义"光辉的中国传统。两相对照，不能不令人感叹差别何其之大。这也难怪胡适在中国有着"西化"代表的形象，在西方却博得了"现代中国的孔夫子"的称誉。

李礼 这确实是个很有意思的现象，中、英文各自表述的方式和差异，是那一代人的共同特点吗？

章清 不能说是那一代人的共同特点，有这样能力、有这样机会的读书人毕竟不多。当然，胡适这样一种言说的方式，也包含着他对于"普遍价值"的认同，努力将中国历史纳入世界发展的历史系谱中，为中国确立发展的信心。

胡适在海外所发表的演讲，所显示的立场是一以贯之的。其一是反驳西方世界对中国前途令人沮丧的评判；其二则是努力发掘中国传统的某些因素，以与西方接榫。"一个古老民族的复兴"，确实是胡适终生致力的目标。

五
自由主义和社会主义的蜜月期

李礼 新文化运动算得上西潮的一个巅峰，某种意义上却也是衰落的开始，比如"自由主义"开始被认为在中国水土不服。不过很多人或许忽略了，"社会主义"那时也是西潮中的一种，胡适好像提过这一点。

章清 那个时代的读书人在"主义"上的选择，有差异，也有共同的一面。大约在 20 世纪初年，"社会主义""自由主义"等差不多同时得到阐述，但受到的重视远不及"民族主义""国家主义"，未能作为一种优先的选择。而到了五四时期，各种"主义"呈现此起彼伏的景象，而且更加密切地与政治选择结合在一起，"社会主义"确实开始为更多人所接受。

杨端六归国时就注意到"社会主义"迅猛的传播势头，他用"雄鸡一鸣天下晓"加以形容。张东荪也说过，欧战结束前几乎没有人谈"社会主义"，欧战结束后讨论"社会主义"成为潮流。1920年秋罗素在中国讲学，也有这样的感受，"大多数中国最好的知识分子都是社会主义者"。接受"社会主义"，固然有传统的因素，也是因为"经济平等"这一核心价值。这又和那个时候人们看到的资本主义有关。资本主义的负面启示，成为"社会主义"风行的土壤。

肯定个人价值的自由主义，也不能因此就说过时了。五四同样是"自由"张扬的时代。大致说来，五四时期是以"个人主义"或"个人自由"作为"自由主义"的异语同义词，《新青年》杂志连出两期"易卜生专号"，就显示出"个人主义"在五四思想舞台的特殊地位。值得注意的是，比之其他"主义"，自由主义主要与"西方""资本主义"联系在一起，对此的接受也采取了"修正"的办法。以胡适来说，他就努力在"个人"与"社会"之间寻求一种平衡，鼓吹"社会不朽论"。

李礼 "自由主义"和"社会主义"还度过了一段罕见的"蜜月期"。五四前后知识分子对社会主义的看法和后来的转变，很值得回味。

章清 五四那段时间，社会主义确实得到很多读书人的欣赏，大的背景就是西方的分裂。经历"一战"，西方世界之前建立的对理性、科学的信念，都受到很大冲击。中国在巴黎和会上所遭遇的，自然也会影响到对西方的看法。而社会主义之所以引起重视，是人们看到有另外选择的可能，以修正资本主义的弊端。尽管当时对社会主义的认识未必那么清楚，但资本主义变得负面，就足以成为人们转向社会主义的理由。

我们今天往往放大胡适与李大钊围绕"问题与主义"的论辩，以此作为"自由主义与社会主义分裂的象征"，或视作"马克思主义与非马克思主义"的冲突。这场论争作为中国自由主义与社会主义浮出水面的象征，其意义固不可小觑，但要说李大钊与胡适的几篇文字，就解决了近代中国思想史上如此重大的争端，也难以想象。事实上，这场争论所具有的实质性意义，或许只是在寻求解决中国问题的方式上凸显出两种不同主张，而且对中国社会的改造，无论主张改良再生，还是主张从根本上起死回生，在目标上原本是相通的。

胡适后来的苏联之行，对他刺激非常大。胡适是在李大钊的建议下赴莫斯科的，仅停留了三天。短短几天的观察，他就肯定苏俄尝试的意义，甚至认为可以开创一个新的时代。最基本的是，苏俄当时开展的政治新试验打动了胡适，那就是有理想、计划与绝对的信心，可以在很短的时间里使一个古老的民族起死回生。当他看到政治革新具有如此效力时，也就有了"应该出来做政治活动"，甚至组织政党的表态。随后胡适去了美国，又对美国的进步印象深刻，感受到第三种选择的可能。有意思的是，胡适并不是把美国作为资本主义发展的典范。当一位日本学者提出在纯粹的马克思主义和纯粹的资本主义之间，没有第三条路时，胡适就表示可到美国去看看，或许可以看到第三条路。

因此，对于那一代所言说的社会主义、自由主义，都需要重视其特定的语境。胡适、傅斯年等我们通常所说的自由主义者，对于社会主义的价值长期都是肯定的。一直到1945年，傅斯年还深有感触地表示："我平生之理想国，是社会主义与自由并发达的国土，有社会主义而无自由，我住不下去，有自由而无社会主义，我也不要住。所以我极希望英美能作出一个新榜样，即自由与社会主义之融合。"

李礼 以胡适来说，什么时候才算他完全放弃"社会主义"，不再抱有幻想？

章清 胡适晚年自称，到1941年已经对"社会主义"不再向往。准确地说，那段时间胡适应该是结束了对苏俄的梦想，但并不意味着对"社会主义"失去希望。真正"放弃"是到台湾以后，结合殷海光翻译的哈耶克《到奴役之路》一书的出版，胡适1954年做了《从〈到奴役之路〉说起》的演讲，总结了过去岁月里自由知识分子对"社会主义"的认知。尽管胡适对此表示"忏悔"，但他也承认，中国自由主义者多少年来都认为"社会主义"是将来的必经之路。

李礼 不仅对中国，苏联在世界范围内都曾对知识分子有过一种特别的吸引力，尤其在开始阶段，不少人觉得那可能代表了人类未来的一个方向。

章清 对于近代中国思想史上的自由主义、社会主义，确实需要结合世界的潮流加以认识。苏联之所以产生特别的吸引力，主要是政治的效率问题。托克维尔讨论美国民主时也特别说明：在处理对外事务方面，"民主政府绝对不如其他政府"。关键即在于，民主难于调整一项巨大事业的各个细节，往往缺乏"效率"。解放前，中国读书人也曾围绕"独裁"与"民主"展开论辩，所涉及的要害问题，是采取怎样的政治制度更有助于国家渡过危机，结果不少读书人都主张"新式独裁"。丁文江就明确表示，国家正遇着空前的外患，在没有渡过这双重国难之前，要讲"民主政治"是不可能的，相反"独裁政治"倒不可避免。

六
传统—现代学术转换中的关键人物

李礼 您曾经下了很大功夫研究胡适和自由主义，今后还会继续吗？目前中国大陆胡适研究的现状如何？

章清 20世纪80年代胡适在中国大陆学界重新引起重视，我也是在那个时候开始接触胡适的论著，先后参与到《胡适学术文集》《胡适全集》的整理工作中。当然，"全集"不"全"，是难以避免的。最近台湾"中研院"胡适纪念馆在编辑新版的《胡适全集》，可望成为"最完整"的《胡适全集》，已陆续出版。此外，中国社会科学院近代史研究所、胡适纪念馆所藏胡适档案资料，都已经电子化，可以方便使用。这表明胡适研究现在有更好的资料条件，相信也能推动胡适研究的开展。

胡适作为20世纪中国思想界、学术界的中心人物，不仅个人涉猎的学术领域非常广，其广泛的交往更为一般读书人难以企及。我在学生时代的学术训练以研究胡适为起点，确实获益匪浅。对于胡适进一步的系统研究，目前还没有计划。但不管研究什么课题，胡适大概都是难以绕过去的。

最近几年，我对"概念史"有一定兴趣，为此也撰写了《胡适与自由主义：一个概念史的分析》、《"造新因"：胡适对建构"社会重心"的省思》等论文。这样的研究对于重新认识胡适，倒也不无裨益。胡适这个名字是与新文化运动联系在一起的，说他的"自由主义者"身份确定于此时，似乎也不构成什么问题，但其实不然。将新文化运动视作"自由主义"的思想运动，只是有识之士的"后见之明"。从时间上说，胡适大约在1926年才开始比较集中地阐述自由主义，而且明显游离于"社会主义"与"自由主义"之间，故此他试图用"新自由主义"或"自由的社会主义"替代没有太好名声的"自由主义"。

胡适与自由主义的结合另有枢机，与思想界的分化密切相关，主要是国共两党及其他政治派别赋予胡适与自由主义的关联。大约至20世纪30年代，胡适对自由主义以及中国自由主义才算完成正名的工作；胡适作为"中国自由主义者"以及梁启超作为"中国自由主义先驱者"的地位，也得到肯定。

李礼 您如何评价胡适时代的那批知识人，他们最令人印象深刻之处是什么？

章清 在讨论那代人的时候，学界往往很愿意用"旧学邃密"与"新知深沉"加以形容。作为过渡的一代，"旧学"与"新知"兼而有之，确实是那一代展示的特质。或许更重要的是，他们中不少人属于人类学、社会学者所描绘的"边缘知识分子"（marginal intellectual）。经历两种文化冲突的读书人，会受到特别的刺激，更能看清楚自己的文化可能存在的一些问题。

19 世纪以来世界呈现为"中心"与"边缘"格局，催生了很多留学生，也造就了较为典型的边缘人知识分子。因为到异域留学，意味着参与两种文化的冲突。如果说晚清以降的中国历史，可以被理解为由"中心"沦为"边缘"的历史，那么伴随此过程，便出现了大批边缘人知识分子。这些人如何化解同时介入两种文化所产生的紧张，进而再参与本土文化的创造，在胡适身上有充分体现。他对西方世界的了解较之于前辈，已不可相提并论；而对中国传统的反思，也建立在对于传统有真切了解的基础上，同时是在了解西方的背景下展开的。

研究近代中国的读书人，自然会产生对某些人的偏爱。研究者对于所研究的对象往往会投入感情，更容易寄予"了解之同情"，前些年围绕鲁迅与胡适的争论，多少也说明了这一点。胡适自然是我所偏好的读书人，此外，我也很欣赏傅斯年——能做学问，又能成就那么一番事业，这样的人自然值得尊重。

李礼 梁启超呢？他也很能做事。在中国传统学术向现代学科转换的过程中，梁启超和胡适会是两个转折点意义上的人物吗？

章清 梁启超与胡适，分别代表两个时代，可以说是引领不同时代舆论潮流的人。他们所展示出来的才能也好，或者说大局观也好，自然都令人欣赏。学科知识的成长，重要一环是制度的变革，梁启超与胡适都是这个转变中很重要的人物。依拙见，重点还是要从制度层面来思考这些问题，那也意味着个别人物的重要性会降低。换言之，需要结合具体的事例加以分析，如傅斯年之重要，是他创建了史语所。

我们看梁启超，他对于传统学术的检讨，自然是那个时代的代表，同时他也阐述了很多新思想，影响到很多年轻人，胡适就是其中之一。

但是在梁启超那个时代，制度层面的变革才刚刚起步，所以这方面的成绩相对薄弱一些。在《清代学术概论》中，他就表示："启超之在思想界，其破坏力确不小，而建设则未有闻。"当然，影响到对梁启超评价的，还有另一棵大树——康有为。

李礼 说到制度层面，您会把"新式报刊"这类东西理解为一种制度化力量吗？"学术刊物"呢？

章清 当然是的，新型传播媒介在晚清以降发挥了其他媒介难以替代的作用。我在《清季民国时期的"思想界"》这本书中，正是期望能揭示出这一点。晚清"思想界"的形成，最初的动力无疑来自"合群"的诉求，只是如何"合群"，围绕着学校、学会及报章，各有看法。报章的创办更容易实现，并且影响更快捷，因此也成为推动"合群"的重要媒介。报章对于推动晚清以降的社会变革所发挥的影响，值得充分重视。胡适在1923年就曾说过："二十五年来，只有三个杂志可代表三个时代，可以说是创造了三个新时代。一是《时务报》，一是《新民丛报》，一是《新青年》。"一份报章的创办意味着聚集了一些同道，同时也会影响一批人。报章有不同的色彩，有的偏重学术，有的关心政治，因此晚清以来学术与政治的成长，也需要透过这些报章进行分析。再往后，具有明显政党倾向的报纸杂志也出来了，成为某一党派进行政治动员的重要媒介，其影响则更为显著。

从知识生产的角度看，最初还没有严格意义上的"学术刊物"，学术发表机制要到20世纪二三十年代才建立起来。很多学术文章往往发表在时论杂志上，1904年创刊的《东方杂志》发表了不少学术论文。《新青年》群体分裂后，1922年胡适等人创办了批评政治的刊物《努力周报》，第1、2期就连载了陈衡哲的《基督教在欧洲历史上的位置》和胡适的《跋〈红楼梦考证〉》。

七
近代以来的国家主义

李礼 是否把梁启超、严复视为中国第一代自由主义者，一直颇有争议,在您看来,其中的困难之处在哪里?

章清 我在研究中也试图理清中国自由主义的命名问题,即什么时候开始有中国自由主义这样一个提法?并且有很明确的指向。通过历史分析,可以发现中国自由主义的命名,实际上是由国共两党来完成的,当然也意味着从负面看待自由主义。也正是在这一过程中,梁启超作为中国自由主义先驱者的地位得到肯定。

将梁启超和严复视为中国第一代自由主义者,主要是指他们对自由价值的肯定,并且所阐述的一些看法与自由主义思想有相通之处。但必须看到的是,将近代中国思想人物置于"主义"的框架下进行评说,需要特别小心。任何"主义"都有特定的指称与语境,游离于此,则不免对"主义"的了解产生歧义。同样,为近代中国的思想人物贴上这样的标签,或许也只是因为其生平的某一阶段或思想上的某些主张较为接近某一"主义",但很难以此"盖棺论定"。

我想强调的是,不仅是胡适,包括严复、梁启超等人作为"自由主义者"的身份,其命名也有具体的时限问题。确立这样的时间点,自有其意义所在,因为我们习惯以"自由主义"的身份来判定其对某些事情的看法,如能确立"命名"的时间以及具体的来源,多少能减少一些武断,避免基于对"自由主义"笼统的认识贴标签。实际上,西方世界研究自由主义的论著,同样受制于这样的困惑:要断定谁不是自由主义者,什么不是自由主义,已经十分困难。

李礼 如果按照国共两党这种"命名"过程,一开始就隐含了批判意味。

章清 确实是这样。不仅是自由主义,其他的激进主义、保守主义之类,也是如此。简单说来,近代中国对"主义"的选择是充满政治考量的,胡适与"自由主义"发生关联,即来自国共两党及其他政治势力的赋予。南京国民政府建立以后,国民党官方对胡适的批判,就是将他作为"自由主义"或"自由派"的代表。如汪精卫将胡适等"人权论"者,归到"自由主义"这一派。共产党方面,则将"自由主义"与胡适联系在一起,主要是通常被称为后期创造社的社员扮演着主要角色。大致可以说,胡适与"自由主义"的结合,是伴随中国思想界的分裂而发生的,缘于国共两党逐渐占据强势地位。

当然,之所以强调中国缺少典型意义的自由主义者,主要是考虑到其对"个人为不可化约的价值"的捍卫程度。五四时期,读书人对于如何建立一个保障个人价值的社会,甚为关切,但个人价值很快就屈从于群体意识,社会有机体的论调马上也起来了。这也意味着,个人自由之所以引起读书人的强烈反响,主要是因为看到寻求富强、重建民族国家尊严具有的价值,反倒是忽略了一个核心问题:任何国家发展的主要目的,是对个人价值的保护与维持。

李礼 其实晚清知识人对个人主义的理解已经达到一个新高度,比如章太炎的"个体为真,团体为幻"。五四时期,个人主义一度也很有气势,最后却似乎都是昙花一现。一些研究者声称,中国思想传统内在地排斥这种东西，对此您怎么看？

章清 今天但凡提什么"主义"，通常就在放大它负面的东西。中国语境中的个人主义、自由主义，充斥着种种负面的东西，往往和自私自利、自由散漫联系在一起。这表明在一些核心问题上我们没有找到解决办法，如个人价值、个人权利如何体现。这是不是因为中国传统思想就排斥这些东西？也未必如此。

即便传统思想中有一些负面的东西，但通过所谓"创造性的转化"，也可以做出一些尝试。这方面说来话长，不是三言两语可以说清楚的，问题的关键还在是"法律主治"（rule of law）还是"依法而治"（rule by law），这需要长期的努力。

李礼 不过从晚清一直到现在，各种"国家主义"所施加的外在驱动力，对整个知识界似乎一以贯之，其结果也延伸至今。

章清 这一切或许都要归于中国在近代的处境。作为一个老大的帝国，一下子跌落到弱国之林，自会遭遇巨大冲击，也会影响到对很多问题的看法。如前面所说的，胡适、傅斯年等人身上有浓厚的民族主义的一面。甚至可以说，近代中国的读书人，从未放弃使中国作为一个国家和一种文化日益光大的民族主义目标，使这些读书人区别开来的只是他们各自开出了不同药方，以及关注的焦点有所不同。傅斯年之所以要办史语所，根本意图是要扭转乾坤，使科学的东方学正统在中国建立起来。立足民族主义立场来规划中国学术发展，其特点甚为鲜明，那就是力求专精，以提高中国的学术品质。

不仅如此，对其他问题的思考也确立了国家优先的立场。在这方面，学界针对梁启超和严复的研究都有所揭示。梁启超的《新民说》带有明显的个人主义色彩，但在中国处于灭亡危机的压力下，梁又强调讨论脱离"国家"和"集体"的自由没有什么重大意义。史华慈对严复的研究也特别指明，严复主要受"国家主义"的驱策，所揭示的个人价值的本质意义也让渡于对国家富强的追求。

李礼 回头看那几代知识人，对于中国与西方如何相处，胡适的看法可谓平和、理性，他很少强调被侮辱、被伤害的姿态，也没有显示出过度的文化自信，可以说是一种健康的"世界主义"，今天看来仍很动人。当然，我有一点个人感受，和多数留学生比，胡适似乎很早便踏入美国的主流社会，读书时代他从东海岸到西海岸到处演讲，大受欢迎，这种经历和天天躲在一个角落，只和留学生小圈子交流的人显然非常不同。

章清 胡适在留学生中确实很特别，交往颇为广泛，也留心观察美国社会。观察美国的选举以及其他方面的政治生活，对他刺激很大。不过，很难说胡适进入了美国主流社会，民族主义实际上构成了他应付种种危机的主要精神凭借，贯穿于其志业和思想选择的，仍然是典型的民族主义关怀。

这确实涉及今天仍需面对的问题：我们如何和这个世界相处？"充分世界化"是胡适所阐述的重要主张，这是以一种开放的心态面对世界，并希望中国能分享各国所取得的进步；"世界主义"一度在中国也颇有影响，成为不少读书人的选择。如同前面所谈及的，五四以后中国真正融入到世界中，在选择上也体现出多元性。不仅五四时期如此，到20世纪40年代之所以会形成所谓"第三条道路"，也表明读书人追求的，是既能保留资本主义的"政治民主"，又汲取社会主义"经济平等"的主张，这也是立足世界进行的抉择。

八
中国"学术社会"的弊病

李礼 脱离传统的"学术资源"，转而采纳近代学科知识所提供的"知识资源"，除了这个大问题意识，您这一系列研究有无特别的当下关怀？

章清 这是2000年我在《中国社会科学》杂志发表的一篇文章所阐述的主旨。近代中国遭遇"三千年未有之大变局"，最突出的一环，即是中国合法性论证的基础，渐次脱离传统中国的"学术资源"，转而采纳近代学科知识所提供的"知识资源"。从事近代中国历史研究的学者，自会感受到学科知识的成长和近代中国的不少问题都有关联，故此，结合近代学科知识的成长，从新的视野认识近代中国的历史，也是题中应有之意。由于近代知识的成长纠葛着古今中外的诸多因素，对此的检讨也有裨于从更宏大的视野看近代中国的历史。

学科知识的建立仍处于"未完成性"的状况,对此的思考自然会和当下的一些问题联系起来,也需要立足现实进行研讨。比如,今天无论是大学的状况,还是各学科研究的状况,大家都不满意,对此就有必要通过历史的回顾去看具体的成因究竟如何。

李礼 目前国内的学术制度或者说"学术社会",在您看来,主要问题出在何处?大家对此显然有很多不满和批评。

章清 这个话题当然说不尽、道不完。结合历史来思考,大概可以感觉到问题在哪里。我自己最切身的感受是,用一套制度、一种方法来管理这么大一个国家的教育与学术,一定会遇到问题。中国社会内部存在着很大差别,存在着所谓"多个世界",这是分析近代中国历史所形成的"共识"。于今而言,自然消除了一些差别,但又形成了新的差别,用单一的方式进行管理,实在是困难重重。

就像今天已经制度化的很多管理办法,针对985高校如此,针对一般学校也是这样。文科方面的教授,则往往抱怨其所在的大学按照理工科的办法在管理。在我看来,大学如不能按照不同的类型、不同的学科进行管理,不能让各类型的学校都成为一流大学,恐怕难以解决问题。起码我们应该知道,并非学科齐全的大学才称得上好大学,也并非所谓研究型大学就是好大学。这是从大的方面可以看到的问题。至于现在的一些学科制度,可以说也并没有鼓励产生好的研究成果。当我们把所有的专著、论文,都完全变成一个数字的时候，甚至没有办法去衡量一个好的研究成果的时候，又如何能够产生学术精品？

李礼 治思想史这么多年，回过头看，有无一些特别的心得感受，或者说一些"经验教训"？

章清 我们这一代做近代思想史、学术史的研究，基本上是从人物出发的，那个时候确实有很多人物，尤其是卓有影响的人物，可以选择研究。由于这些人物涉及面较为广泛，以此为中心展开研究，可以串联起晚清、民国的历史，相应地也能得到较好的学术训练。从20世纪80年代开始进入近代思想史、学术史的研究者，往往都会走这个路线。对于今天的年轻学人来说，再选择人物进行研究或许就不那么理想了。选择较为重要的人物，由于积累的研究成果较多，消化起来不容易，意味着门槛很高。而如果选择影响不大的人物，则又会影响到学术训练。如果不选择人物，另外一个可能的选择是聚焦于"文本"，但晚清民国时期留下的值得做思想史、学术史层面分析的文本，其实是不多的。如针对中国自由主义的研究就碰到了这样的难题，哪一本书可以作为中国自由主义的"经典"？张佛泉的《自由与人权》，是大家较为肯定的一本书，但那已是1949年以后的出版物了。以此来看，今天的年轻人要进入近代中国思想史、学术史的研究，聚焦于"问题"，以此为导向做思想史、学术史的梳理，或许是可行的。

从事思想史、学术史的学者普遍有这样的担心，年轻的学生越来越不愿意选择思想史、学术史方面的课题。这既是因为这些研究领域需要消化的东西较多，也在于近代史本身有很多可以选择的课题。当下的中国近代史研究正处在一个"史料丛出"的时代，有太多的史料可以利用。我们的学科制度往往又鼓励这种利用"新史料"的"创新"研究，这自然会影响到思想史、学术史研究人才的培养。我对此多少有些担忧，但又不能不体谅年轻人的处境。

当下热议的"碎片化"问题，也与此相关。对此，我是抱持"同情"的。当下的学科制度鼓励年轻人尽早发表成果，这自然推动"碎片化"的研究成果不断生产出来。需要重视的是，史学的训练与史学的研究成果，本不是一回事，"碎片化"的出现也当引发我们对学科制度的检讨。由此所产生的"误导"影响了史学新人的培养，问题则更为突出。进入史学研究，不用提"通人"这一目标，即便是进入某一个领域的研究，也要求对那个时代的基本史料、基本史事有初步的掌握，非三五年可为功。但在当下鼓励"发表"的制度下，这些或都被搁置在一边，进入的是"碎片"，出来的自然也是"碎片"。如果我们让学生一上手就是处理一些"个案"，不免使学生难以得到很好的专业训练。

李礼 或者说"从小见大"的折射能力还比较弱，个案有时仅仅是个案。

章清 即便是个案的研究、微观的研究，同样可以区分为好的与不那么好的研究成果。所谓"碎片化"其实与题目的大小无关，重要的还是如何研究。微观研究中出现的诸如《蒙塔尤》《奶酪与蛆虫》等著作，就完全符合对好的研究的期待。真正值得检讨的是，原本是个案研究，却将问题上升到对近代中国历史的把握。之所以在中国近代史研究领域"碎片化"倾向更为普遍，即是因为近代历史所留存的材料，与此前的历史不可相提并论。

李礼　这些年中国近代史研究、著作一直备受关注，不过也备受诟病。您有没有想过从自己熟悉的角度，重新梳理一下中国近代史？

章清　不久前，华东师范大学举办纪念陈旭麓先生诞辰100年的活动，去的人很多，开了一天会，都是各自在谈和陈先生的关系，追忆所受陈先生的影响。会上潘振平先生透露，陈先生的《近代中国社会的新陈代谢》出了一个新版，结果很短时间就卖了五万册。这是颇值得玩味的事。为什么上个世纪80年代的论述，到今天还让大家感觉很有思想性，具有很高的价值？陈先生是富于思辨性的学者，这自是其产生长久影响的原因，但同时也说明，中国近代史研究在理论上还缺乏真正突破，陈先生那一代所揭示的重大问题，今天仍是学界所关注的。

重新梳理中国近代史，这绝非个人能力所能为。最近这些年，近代史研究中的"碎片化"现象颇遭人诟病，确实也道出当下的近代史研究多集中于个案。对此，我个人觉得需要有"了解之同情"。在当下的学科制度下，研究者要完成发表文章的任务，自然需要聚焦个案，何况近代留下的材料实在太多，也难以做系统的研究。我只是担心如果都是如此，尤其是对博士研究生的训练也"碎片化"，可能就会产生较大弊端。我本人做的同样是个案研究，只是希望通过个案揭示涉及面更广的现象，如以"胡适派学人群"为个案检讨近代中国的自由主义，结合清季民国时期的"思想界"以把握新型传播媒介的影响，都是如此。

第十五章

马勇 |
五四运动与现代中国的展开

"自由主义所主导的社会架构缺乏力量,因为它每每遇到关键时候,不能形成一个整体性的力量。国家主义架构就有力量,因为国家主义可以牺牲一切,一切个人在国家主义那里只是个数字。"

马勇

中国近代史研究所研究员,博士生导师,主要从事中国近代史、中国现代化史等研究。著有《近代中国文化诸问题》《1894—1915:梦想与困惑》《1911中国大革命》《晚清二十年》《重新认识近代中国》等,并为严复、章太炎、蒋梦麟等多人立传。

一

晚清以来的"现代化"节点

李礼 2019 年是五四运动的百年,您出版了《现代中国的展开:以五四运动为基点》,在我印象里,出版方山西人民出版社和五四有很大渊源。1988—1989 年的时候,他们出过一套"五四与现代中国丛书",应该是七本,那里面有比较经典的作品,如舒衡哲的《中国的启蒙运动:知识分子与五四遗产》,还收了张灏的《危机中的中国知识分子：寻求秩序与意义》。那套书在当时影响很大。那时是五四运动70周年，到2019年已经100周年。这充分说明了五四是一个不断被解释的历史。

其实从五四运动发生一两年以后，或说从1920、1921年开始，一些亲历者已经开始在解释了，他们用不同的视角来回忆这件事，重新诠释这场运动。之后，大家都知道，国共两党对五四运动有各自很经典的解释。1949年以后，教科书对五四运动也有一套固定的解释框架。不过最近二三十年，整个历史学的研究从政治史、革命史范式转向社会史、新文化史以及现代化这样一个角度来阐释五四。今天我们更多要聊的肯定是"大五四"，而不是"小五四"。"小五四"即五四运动的很多事情，这么多年下来，虽然对一些客观事实，比如说谁干了什么，不同人的回忆仍有差别，但基本上可以从一些客观史料去了解，也有一些经典著作，比如周策纵先生的《五四运动史》。今天要聊的是广义上的"大五四"，不仅包括之前的新文化运动，也包括清末和五四运动之后的中国历史。说"大五四"概念，很多人会想到王德威先生的那句话："没有晚清，何来五四？"它牵扯到晚清到五四之间的所谓"两次启蒙"，而且不少人认为第二次启蒙并没有超越第一次。比如史华慈很早就提出过，五四一代没有超越章太炎、梁启超、严复那一代人，前一代人似乎更有突破力。海内外一些学者也一再讨论这样一个话题：五四到底是一个新的开始，还是对辛亥革命的文化扫尾？对此马老师如何评价，您如何看晚清到五四这一段历史?

马勇 我们怎么看待从晚清到五四这么一个过程，这几年我主要的精力都用于这方面的研究，即近代中国的主题究竟是什么？其实刚才说的当年那一套关于五四的小书我是精读过的，从那时我也开始了对五四的观察和研究，每十年肯定会有一次介入。30年前我们跟丁先生（丁守和）编了一个近代启蒙思潮的书，三卷本资料集，这个书现在还能够找到电子版，就是《中国近代启蒙思潮》（上中下），我正好编了五四这一段。20年前编了《五四图史》，但当时没有出版，由丁守和先生主编，实际是我写的稿子、选的图片。

2019年是五四运动100周年，我们看，五四的研究到我这儿已经至少经历了三代人，不包括历史介入者本身的表达，像胡适、蒋梦麟、罗家伦等，他们从第二年开始就去回望和定义这件事情。后边的研究者其实也已经有三代人。那么三代人走过，我们可以看到研究的范围不是在收窄，而是在扩大。最早的五四研究主要是研究1919年天安门游行所导致的学生运动与巴黎和会之间的互动，研究基本上都是处理史料，而这个史料到现在为止也没有真正被处理清楚，今天还有讨论空间。但总体来讲，对政治事件的描述，它的原因、影响力现在大概能讲清楚了。这是一个几十年的进步，后来就引发出"大五四"、"小五四"的概念。过去很多年，大家觉得"小五四"是爱国运动，"大五四"是新文化运动，也叫作启蒙运动。那么对刚才讲的两次启蒙，从晚清到五四，其实我们要放在一个更大的中国转型的历史当中来看，五四是一个很重要的节点，它不是去终结晚清以来的启蒙，也不是说单纯地开启了一个现代中国，它实际上是一个逻辑链。逻辑链在哪，也就是说中国为什么要启蒙？因为中国面对着一个完全不一样的西方。

中国和西方打交道很早，不要说推到古罗马，我们就推到明清时期，中国和西方之间的交往、联络、贸易、文化交流都很多。但是中国到了19世纪，面对着一个全新的西方——工业化的西方。工业化的西方给中国带来的冲击，从18世纪晚期开始一直到19世纪晚期。从谭嗣同到20世纪初年的陈独秀、胡适，都没搞清楚西方近代化的意义究竟在哪儿。我们看陈独秀的愤怒，他愤怒传统中国的东西束缚了中国的现代性。中国要走向现代，必须彻底粉碎传统，解除原来旧的枷锁，冲破伦理的观念、道德束缚。这个观察有其狭隘的一面，因为后来新儒家的研究，特别是对"东亚四小龙"成长的研究，发现陈独秀的问题可能是假问题。如果儒家的东西不符合现代生活，怎么到"东亚四小龙"就符合现代生活了？

反过来看，陈独秀当年的判断有点过于愤怒了。这个问题究竟怎么看，要从一个大的中国历史背景当中来看。中国面对西方，有一个转型，第一步要接受西方工业化的冲击和影响，之后有中国工业化的成长、城市化的增长、市民社会的崛起，一个新的社会架构出来，才会导致一系列的政治、社会组织方式以及社会结构、伦理关系全面变化。从这个变化中可以看到，晚清大概有两个重要节点：第一个节点是1860年，外国商品进来了；1895年是第二个节点，外国资本进来了，中国资本家阶层成长起来了。这两次变化使中国社会结构发生了很大的改变，但仍然不足以解决问题。特别是直到发生国体变革，都不能解决中国现代性的问题。国体变更之后，很快又回归了旧的制度，一度回归到一个帝制状态，陈独秀这一拨人就觉得很不能理解，共和怎么又回帝制了呢？

但是我们今天真正去读帝制的一些理论，读劳乃宣、林纾这些我们过去判定所谓旧人的看法，就会感觉到他们讲的其实也有道理。但是这些东西慢慢就激活了一个新的启蒙运动，这一拨人开始建构了一个新的启蒙观，完全按照西方近代启蒙思想在影响中国，那么这一次对中国传统的意识形态、传统的价值观，当然是很大的冲击。1917年、1918年中国思想界受到的冲击很大，紧接着发生了一个大的逆转，1919年一个标志性的事件，就是梁漱溟在北大开始宣讲孔子思想。1919年，新文化运动、五四运动发生的时候，梁漱溟去讲这个东西。经过1919年的五四运动冲击、学潮的持续不断、社会的创新组合、各种因素的调整，以及中间伴随的两次世界大战，中国到了"二战"快结束的时候，才走完一个现代国家重构的过程。

从太平洋战争爆发到"二战"结束，中国实际上已经完成了从原来的一个传统国家向现代国家的转型——"华丽转型"，当然这点在我们过去的历史表达当中，都被忽略了，就是中国成为"二战"的战胜国，成为联合国的构建者，成为世界四强、联合国五常。这个时候，原来说和现代性没有接触的儒家传统的各种因素，到了20世纪40年代都不构成问题，而且世界历史在这个过程当中也充分接纳了东方的伦理价值观念。《联合国宪章》的制定、《世界人权宣言》的签署都有中国本身的变化因素，使中国的一些概念成为了一种世界性的概念。过去我曾说过，一些所谓"普世价值"，其实从"一战"到"二战"很大程度上不是世界强加给中国的，而是中国提示给世界的。

二
五四运动是"一场不幸的政治干扰"吗？

李礼 您刚才提到了梁漱溟。观察五四运动，我觉得三个北大人非常有意思，就是胡适、陈独秀和梁漱溟。这三个人某种意义上代表了三种非常不同立场，来介入这场运动。陈独秀当然反传统更多一些，或者像日后评价的那样，他的思想更加苏俄式一些，当然实际上开始时还没有。梁漱溟的反应和评价非常有意思，比如他从法治角度加以评价，他强调，曹汝霖这帮人也有公民权，学生这么闹是侵犯他的基本权利，他们要去伏法认罪，这才是国家往前正常推进的方式。

胡适，当然更多体现的是自由主义精神，而他面对海外公众，则把五四运动称为中国的文艺复兴。不过很多人不同意他这个看法，因为文艺复兴在欧洲很大程度上是由贵族阶层来承担的，五四运动的主体却是学生，这是另外一个话题，不在此展开。不过胡适本人后来的回忆，对五四运动确实持有一些负面评价，认为五四运动对新文化运动来讲实在是一个挫折。今天,不少人也认为五四运动把新文化运动带到了另外一条道路。您对此如何评价?新文化运动和五四运动之间的承接和变异,究竟应该怎么看?

马勇 胡适的原话叫作"一场不幸的政治干扰",对吧?他觉得本来中国的启蒙运动非常顺畅,1919年5月4日之前,中国非常顺畅地进行着个人启蒙:自由主义的立场,个人大于国家——个人尊严、个人自由大于国家的强大。当时他们从国外回来之后说,不要介入政治,要给中国真正的文艺复兴,给中国现代国家的建构做20年文化基础工作。当时是这样想的,但五四运动毕竟还是发生了,而且今天再去看五四运动,实际上政治家,不论国民党的政治家还是共产党的政治家,在不同时段对五四爱国运动都有不同的观察和思考。最初阶段,从孙中山到蒋介石,也都觉得学生爱国运动很好,但是蒋介石后来执政的时候就觉得学生运动不好,这点非常明显,大家现在读蒋介石的日记很容易能读到这点。这其实这也有一个转化过程,就是蒋介石究竟在什么时候觉得学生爱国运动好,什么时候觉得不好?这是一个政治立场的考量。

其实我个人并不同意政治家的判断。我反而认为当时的五四运动,包括火烧赵家楼等一系列暴力行动,有另外的价值。梁漱溟当时的讲话,那篇文章也是我最早搞出来的,在《梁漱溟全集》第四卷。他讲的是学生运动应该走法治立场,当时我围绕这个观点写过文章,我不认为爱国运动当中这种暴力倾向和学生的抗争有问题,为什么这么讲？其实抗争的队伍中有我的太老师，而且是放火的最重要人物——周予同先生。看五四史料，很多资料都会讲到他。不论当事人的回忆、当事人的观察如何，还是今天怎样去看，我们只要反过来想另外一个问题，假如1919年的五四游行，到了赵家楼什么事都没发生就结束了，就到隔壁去喝酒，然后就回家了，还有这个运动吗？就没有。我们研究历史的时候，会想到历史的发生，它为什么发生？因为当时的中华民国政府也有相关的法律条款，学生游行那就游呗，警察陪着你，还跟着你、护着你。沿途护送，你走到哪都没问题，走到了美国大使馆也没问题，走到日本大使馆过不去也没问题，结果走到赵家楼，里边有几十个警察，外边有几十个警察，好像马上就要散场了。但是政府也没回应这是怎么回事，到美国大使馆递呼吁书递不进去，到了日本大使馆进不去，那你说学生如果没有其他暴力的表达，可能这一点点运动都不存在了。

所以回到那个场景当中去看，你会觉得真的不能去指责政治运动参与者的暴力行为，真不能这么去讲。它之所以发生，一定有它发生的道理，并不是好像一拨"小痞子"在那乱来，因为他们的政治诉求很明白，从当事人的回忆录对这件事的记述来看，他们真的都是怀有一种必死的信念。所以说，我们今天对他们的爱国情怀有任何质疑，都应该算不道德的。我想，可能不能讲这是不幸的政治干扰，是它使启蒙运动中断了。胡适当年在做口述回忆的时候，其实唐德刚并不完全认同他的说法，但是胡适那一代人有一个情结，他们认为这一系列的政治变动当中发生了很多问题，让中国"左倾化"，让中国共产主义化。在回忆录里他讲了什么？他说他和马克思主义第一个回合的较量，就在五四新文化运动当中，是和李大钊的两次争论，关于问题和主义。今天去看问题和主义的争论，不就是非常哲学性的讨论吗？李大钊讲，这个问题应该有主义的介入，没有主义的介入，国家找不到方向。胡适讲，什么主义，就应该研究具体问题，人力车的问题、妓女的问题，研究一个个具体问题。今天去看的话，你会觉得不过了了。但胡适把它看得非常重，认为这就是中国开始往一个左倾路线走了。对当事人此情此景的状态，作为历史研究者，我们就要还原地去看，应该看到，在这样一个过程当中，五四爱国运动本身真的不必去质疑，你可以看到它实际上存在正面和反面，在推动中国一个大的变化——中国人观念的重塑。

中国人在那之前的几十年当中一直是以西方为师，从1860年之后，学习西方的过程，严复讲的是一种丛林状态的竞争，这种竞争并不是先发展带动后发展，先发国家利用自己的优势带领中国这样的后发展国家。当中有很多问题，特别是对中国人的感情是一个伤害，我个人觉得伤害最大的是巴黎和会。巴黎和会的议程本身没问题，但是当时通过媒体所传导出的信息，对相当一部分中国人确实有伤害。本来是我的土地怎么就不给了呢？从今天的研究可以看到，这里有中日之间政府外交的妥协，有他们自己的预案，但毕竟当时在那种匆忙的外交背景下，政府也讲不清楚，人民也不知道，学生也不太清楚，所以有这样一种状态。

至于梁漱溟，他当然是一个比较特殊的人物，在五四和现代中国史、当代中国史上都是比较特殊的人物。梁漱溟一辈子以新异为标的，无论年轻的时候还是到生命的最后，一定不会表达和别人一样的观点，他总要和别人说的不一样，这是他最重要的一个特质。他在五四时的这个表达，其实也可以理解为给中国现代性的建构，提供了一个很重要的参考。后来大家都觉得梁漱溟的提醒非常重要：法治要从我开始。他当时劝学生说，如果你是正义的，你就应该到法庭里边去接受审判，法庭判你有罪你就有罪。这个观点当时和主流的看法完全不一样。我们看蔡元培，他作为北大校长，他当时觉得学生怎么能烧人家房子？但是他上来讲："我是校长，我要救学生，要把学生全部营救出来。"营救出来之后，他训了一顿学生，辞职走掉了。从这你可以看到当时对这种具体事情的讨论，在中国思想的这种转折当中，还会有几个不一样的可能，胡适的自由主义、马克思主义、梁漱溟的新儒家等几个路径。

李礼 问题和主义的争论，很多人首先是从历史教科书里了解的，那里对胡适持批判姿态。当时包括陈独秀、李大钊在内，其实并不很反对胡适的观点，甚至毛泽东1919年在湖南还构想了一个"问题研究会"。回到历史现场，很多事情和我们想的确实有很大差别。刚才您提的，我也很赞成。就是在一场运动当中，很难出现一个完美的运动者或者抗争者。如果大家回到现场，在赵家楼门口恐怕也很难置身"骚乱"事外，也许不知谁喊一嗓子自己也就爬过去了，毕竟人在社会运动中的状态和平时不一样，在此我们不多讨论。

当然，还是一直有人在反思，五四运动带来的一些负面因素，除了周策纵说的对传统不够温情，还有一些声音，比如大家熟知的学衡派知识人，在后来的政治运动喧哗声中给淹没掉了。五四运动对后来中国的历史走向，对民族国家建构的影响，马老师怎么看？

马勇 其实我们从一开始做五四研究，都在反思。任何运动肯定都不是完美的。五四的问题究竟在哪？后来胡适讲，五四的问题主要在于中国没有能够建构一个现代国家。现代国家的标志什么？就是各司其职，不能越位。学生的责任是读书，外交问题就是外交家的事，政治就是政治家的事，五四最大的问题就是大家都在越位。政治家不对政治负责，外交家不对外交负责，所以检讨五四的时候，这一点上我比较认同胡适的看法。

另外在1919年前后的中国，组党可以，游行也可以，但它的政治并不透明。喜欢表达的就把声音造得很大，使政治失真。现在追溯到原点去讨论五四：谁告诉大家中国政府在巴黎和会准备签字了？这个原点就在这，没有人这么去说，但是一个电报从巴黎打过来，再找蔡元培，蔡元培说这事不对了，怎么办？是不是要表达一下？回到原点，你会觉得政治不透明导致了一连串的问题发生。在中国现代国家建构的过程当中，要想到怎么才能够沟通朝野，让各种声音能够在一个比较公开的、平和的状态中有所表达。否则过去的事情会产生误会，未来也会产生误会。

研究晚清以来的几个大事，从1895年之后的公车上书一直到

1898年变法，我们发现其实很多时候都是因为朝野之间缺少一种沟通的渠道，才使每个人几乎都错位了。我们今天也是如此，我现在每天看到大量的微信，其实和我的专业研究毫无关系，看外国的教授，人家只做自己专业的研究，我们现在每个讲座，几乎都是专业之外的"客串"。这个原因是什么？就是一个现代社会还没有真正构建，所以如果讲五四的经验，讲五四的教育，我个人只能提供一点反思，我想从这个角度可能算是一点思考。更多的，我从来的原则是不能遮蔽前贤，不论怎么讲，他们还是给历史的进步带来了很大的推动，而且做出了很大的牺牲。

三
党国体制形成的历史脉络

李礼 如果我们把五四运动和"现代中国"联系在一起考察，很多人会有一个疑问：它从此展开了，但它完成了没有？无论从1912年帝制终结算起也好，从五四算起也好，"现代中国"开始已久，但今天人们仍经常讨论的是，中国到底有没有完成现代国家的建构？在物质上多半是完成了，有一些甚至走在世界前列，比如互联网技术，但在制度等其他方面呢？

从古到今，中国历史上有过几次大的转变，比较经典的看法是，包括周秦之变，近代的帝制到共和，还有您也提到的殷周之变。无论哪一次转变，过程似乎都很长。您刚才提到唐德刚先生，如果用他著名的"历史的三峡"视角看,今天中国到底走到了历史三峡的什么地方?未来我们还要走多远?

马勇 历史上三次大的转型就不展开了,简单说:第一次是王国维讲的殷周之变,中国构建了一个影响至今的宗法社会关系,我们不必走出来,这也并不是一个完全负面的东西;第二次是周秦之变,就是中国构建了一个中央集权国家;第三次变化,其实我讲的是从西方的工业化冲击后引发的变化,导致中国全面的调整。那么这里标志性的东西是什么?工业化和城市化。也就是在中国原来农业文明的基础上,又生长出来一个工业化、工业文明,要从农业文明向工业文明转型。

根据这些年的研究,我个人比较认同的,就是从原来的熟人社会向一个陌生人社会转型。中国古典的伦理关系、司法关系、司法制度的安排都是建构在一个熟人社会,以及高度的伦理自觉上。中国古典价值观所强调的没有其他东西,就是一个伦理,因为它是农业文明、熟人社会。陌生人社会就是工业文明所导致的结果,只有陌生人社会真正构建起来,才能形成一套完整的企业制度和社会价值秩序的安排,当然从这个意义上来讲,我们今天差得很远,因为现在14亿人当中还有数亿人住在农村。这些人住在农村,怎么能够产生陌生人社会这种思维概念?陌生人社会就要遵守制度安排,不论领导者在不在,你都要按照这个制度安排去做。再比如说交通规则,没有绿灯你就不能走。我们还在一个熟人社会的架构当中,中国工业化发展还差得很远，要把农民真正从农村引出来，进入城市生活，进入一个陌生人社会。我想从这个意义上来讲的话，其实五四这个节点之前，大概几十年，有两个大的阶段，一个是1895年，一个是1860年。再往前推，就推到了1793年。

往后看，应该看到20世纪20年代开始了全球化的民族主义崛起，中国发生了国民革命，发生了排外运动。我们现在发现20世纪20年代的反基督教运动，还有民族主义的崛起，还有共产国际的迅猛发展，这一系列事情让中国在原来的宪政架构下走不下去了。到了30年代初，当时中国政治家就判断中日必有一战。在小半个世纪之前，即1895年之后，对中日之间的关系判断，只有友好一条路，但为什么到这儿发生了这么大的变化？今天从全球史背景去看，那是因为全球民族主义的崛起。民族主义，特别是国家至上主义开始发展，并传导给中国，使我们看到中华民国的政体架构不足以维护国家的利益。基于此，我们去理解北伐和北伐所建构的国民政府的党国体制，才能够看到它的这种脉络，所以定都南京之后，国民党就要建构更强大的党国体制。历史就是在这样一种过程当中去发展的。当然，到底是历史的逻辑导致的，还是各种偶然因素导致的？我个人认为可能偶然因素很重要。比如刚才提到"走出帝制"，其实怎么能够认为晚清的变革当中，"走出帝制"才一定是中国制度的最佳架构呢？1909年，中国人普遍的预期是建立一个君主立宪的架构，君主要存在。武昌起义之后一个多月了，严复在《泰晤士报》发表的文章，仍然向全世界呼吁要维护中国的君主架构不能动摇。

他想，如果大家觉得小皇帝不行，可以选举一个成年的、有力量的皇帝，退出机制都不是问题，但没说一定要推翻帝制。推翻帝制只是在1911年12月下旬到1912年1月份开始讨论的问题，之前根本没讨论，那么这时候你就可以看到历史的偶然性。

从1901年开始，从新政开始，梁启超发表"立宪法议"，中国精英普遍的讨论，就是认为共和的架构不适合中国，它会导致威权的流失，民选的总统上来之后怎么能有威权？你和我一样都是人。所以回看当年的讨论，十几年来中国人都认同帝制架构继续存在，但到了1912年帝制退出、构建共和了。可我们看到共和的构建是非常匆忙的，后来的问题就发生了，历史的轨道就变更了。

李礼 辛亥革命爆发后，历史仍有机会在君主立宪和共和之间做出选择，人们甚至一度要成立一个民意机构来决定国家的政治制度。不过各种意外，最后让中国骤然变成了一个共和国。此后关于袁世凯复辟，您曾提出一些看法，比如"二十一条"提出来后，一些人想恢复一个更强有力的统治者来扭转局面。

马勇 杨度他们处理"二十一条"，确实想借助这件事情，来重新调整辛亥之后的一个没有力量的共和架构。民国初期，从孙中山的二次革命开始一直到1921年，10年时间里辛亥革命的参加者都有反省。他们觉得1912年匆匆忙忙建构的共和架构有问题，但是怎么去修补？特别是当宋教仁案、二次革命发生之后，怎么重新建构一个架构，却找不到机会。而袁世凯不断地去修改宪法，修改《临时约法》,来加强大总统的权力,一直加强到了总统可以终身制,时间到了1914年。这时,中国得面对第一次世界大战的压力,也得面对中日之间关系的一个新调整。

我们去看梁启超的反应。梁启超认为总统终身制是可以的,总统终身制让全世界对中国的政治前景有个稳定的预期。他专门发文,认同这个制度。其实我们去分析它,不就是在讨论《临时约法》所建构的共和架构没有力量吗?但是后来问题发生在哪儿?日本人提出"二十一条",袁世凯在某种意义上不是在直接应对"二十一条",他把一个外交谈判转化成了一个内政的交流。这是我这么多年反复提过的,也写过几篇文章。他认为国人之前怎么调整宪法、调整《临时约法》,都不行,但可以趁着这个机会做一个根本性的调整。日本人给"二十一条"时,讲得很明白,大总统觉得哪条不合适,你删掉就好了,咱们直接讨论就行了,中日之间直接讨论,就不要跟其他人讲了。

我们分析"二十一条"的性质,五大文件主要是解决历史悬案,就是中日之间多年来所积累的问题,一揽子方案把它解决掉。中日在1915年初不构成敌对两国,在之前日本出兵胶州打德国的时候,中国政府是专门开出一条路让日军进来的。和十年前的日俄战争一样,清政府让出一条路,让日军进来,那么这一次原袁世凯也是这样做的。但为什么两个月之后,"二十一条"一提交出来,袁世凯就把这个消息向外面透露?因为他想要这样一个外交危机,把一个救亡的问题凸显出来。他想解决什么?他想解决内政问题。这样,民意开始起来了。我就讲,这是近代史上政客利用民意推动外交的第一次尝试。这么一搞,实际上最后民意也没法驾驭了。这样到1915年4月份,中日之间谈判结束,日本只好接受中国政府修改的方案,"二十一条"就不构成问题了。恰恰就在"二十一条"要相互签订文本时,杨度提出一个建议。他的意思是,中国为什么会变成这个样子?中国为什么被人欺负?因为中国不恰当地走进了共和制。那么怎么去解决问题?他提出三个问题:中国怎样才能富,中国怎样才能强,怎么不被别人歧视?最后导向一个结论,中国只有恢复帝制。这就是杨度"君宪救国论"的上中下三篇的一个基调。如果这个东西在报纸上公开发表,大家可能就会有回应,梁启超就可能及时调整计划。结果这是通过"内参"报上去的,马上就开始出现筹安会,接着出现了一系列问题,导致这个事情越走越糟糕。这也是后来引发陈独秀愤怒和思考的根本原因。

陈独秀这时在日本流亡,他越看越不对。奋斗牺牲得来的共和,尽管是假的,毕竟还是共和,怎么你把假的都不要了?陈独秀就困惑在这儿。他在1916年讲新青年、新国家,讲一定要从帝制中走出来。陈独秀是绝对的共和主义者,黄兴也是绝对的共和主义者。黄兴认为走出帝制了,构建共和了,共和有毛病,但我们使用这个共和,也不能重回帝制。黄兴和孙中山后来分开了,也是因为孙中山构建中华革命党,要党徒效忠他个人,黄兴不能接受。

1915年、1916年后边的这些历史发生了这么一个转折。思想史的变动,要从政治上去找原因,因为思想家的任何思考,一定有一个现实的政治上的考量。

四
"自由主义"和儒家的命运

李礼 提到"共和"不够有力量,让人想到后来新文化运动中一些思潮的历史境遇,以及"救亡压倒启蒙"这个老话题。这个话题和"冲击—反应"说一样,并没有因为提出的年代比较早而变得不合时宜,实际上仍有相当强的解释力。据我所知,马老师对于"救亡压倒启蒙"有自己的一些理解,我想听听您现在的看法?新文化运动、五四运动之后,作为启蒙的一支重要力量,自由主义在中国慢慢黯淡下去了,您曾深入研究严复这样的第一代自由主义者,如何解释这种思潮及其政治主张此后的命运?

马勇 20世纪90年代以来,研究近代中国的历史,自由主义是和国家主义、马克思主义、新儒家几个作为对应来研究的。自由主义传到中国来的情况非常简单,就是中国资本主义发展之后,一定有一个个人的、人性的力量崛起,有个人权利的主张,完全是以个人为主导的。资本主义就是以个人为主导的。1895年《马关条约》打开了中国的市场,之后就是自由主义的开始。

严复最早在1895年开始传递西方思想,他有最纯洁的自由主义的因素。所以我们现在讲严复是中国自由主义的第一代大师。他不传递的话，我们根本就不可能衍生出以个人主义为主要特征的自由主义。但是，后来我们可以看到，在五四运动这个节点上，自由主义出了问题。陈独秀说，没有一个强大的国家怎么行？陈独秀早期也是个自由主义者，他更多信仰法兰西文明，相信法国所传导的人权。但为什么在1916年他转型为一个坚定的国家主义者，或者成为一个社会主义者？很大原因是因为自由主义没有力量。

自由主义所主导的社会架构缺乏力量，因为它每每遇到关键时候，不能形成一个整体性的力量。国家主义架构就有力量，因为国家主义可以牺牲一切，一切个人在国家主义那里只是个数字。自由主义、国家主义在20世纪的中国博弈过程当中，每每都是国家主义胜利。胡适认为五四不该这样发展，中国正走在一条正确的道路上，应该充分地发展中国自身的事情，外交问题交给外交官去打理。胡适这一代自由主义者像一个个"国际公民"，陈独秀也相信这一点。但就在巴黎和会上，美国威尔逊一变化态度，陈独秀便认为，美国变卦了。今天去研究巴黎和会，你会发现，美国这其实是外交的技术性调整，要让日本同意欧洲的战后安排。它暂时压制了青岛问题，并不是说接受了日本的方案。但是自由主义没法表达这些东西，所以到20世纪20年代以后，民族问题的发生使国家主义变得更强大了。

外交关系的好与坏和主政者本身的期待有关，外交官本来应负责搞好外交关系，但为什么晚清以来我们的外交走着走着就出问题了？这可能是因为政治家本身出了问题。1915年的时候，很难说这时的外交官没有自己的盘算，因为它涉及国内政治派系的斗争。所以从这里可以看出，自由主义原本是晚清工业化开始以后中国发展的必经之路，但是也必须看到自由主义每每是没有力量的，从严复开始一直都没有力量。但是非自由主义主导下的国家主义，必定使人们的权利受到很大的伤害。所以后来我们可以看到，从五四时期，到中日战争，再到西南联大，20世纪30年代发生的新启蒙，实际上已经不是启蒙了，而是国家主义教育，中国人逐渐走上了国家主义和集体主义道路。因此，只有放在20世纪大的历史脉络中，我们才能看清这种变化的前因后果。

李礼 从严复那代人开始，直到今天，中国的国家主义一直都很强，大家在各种场合，从互联网到线下都能感到这种弥漫的情绪。如果说有两条现代化路径，一条路是国家强带动个人强，另外一条是个人强而带动国家强，那么虽然刚才说的自由主义架构的国家没有力量，但也可以说，那意味着个人更有力量。从严复、梁启超那代人开始，他们相信这两条路是殊途同归的。但是几十年以后，甚至更长时间下来，发现并非如此。先国家还是先个人，对整个社会政治结构的影响非常大，而且非常不同。

回到五四，最后我还想请您谈谈儒家的命运，毕竟五四运动的一个重要命题，就是所谓"打倒孔家店"，五四运动中所谓反传统，很多是反对儒家。对儒家的批判，比如以胡适的角度看，其实也是想结合一些传统，再造一个新文明，但这个理想状态没有实现。另一方面，很多人一直以来认为儒家思想妨碍了中国的现代化，著名的像马克斯·韦伯,但"亚洲四小龙"的成功让很多人觉得儒家思想可能不妨碍现代化。然而,"亚洲四小龙"毕竟体量太小,不足以代表一个巨大国家。那么儒家思想对中国的现代转型到底意味着什么呢?这让很多人困惑,我知道您对儒家思想的研究,从古典的董仲舒一直到现代的梁漱溟,都有相关专著。您对儒家在五四以及之后的遭遇怎么看?

马勇 从开始做研究,我一直研究儒家思想史。近代转型中,儒家思想是很重要的一个考量因素。其实在中国历史上,到底谁是儒家,儒家到底是什么东西,每代人都有每代人的说法。从孔子、孟子、荀子到董仲舒,差别都很大,他们对儒家思想进行了不同的构建。董仲舒在汉代建构了一个适应中国两千年帝制的新儒家。五四时期的反孔,反的不是孔丘,其实反的就是董仲舒。在董仲舒之后的两千多年中,儒家的变化也很大。《利玛窦中国札记》就提出了所谓前儒家和后儒家,儒家本身的变异是很大的。到了晚清,章太炎和康有为所讲的儒家,差别也很大,甚至水火不容。因此,儒家内部的分歧其实很大,但作为一个整体,它既是被批判的对象,也是重构中国思想的一个思想资源。

为什么说它是批判对象呢?因为从谭嗣同开始,冲破三纲五常,冲破一切网罗,其实就是冲破儒家。在谭嗣同以前,晚明思想家李贽就要冲破儒家思想。沿着这条路径下来,一直到陈独秀,陈独秀反对的是儒家与现代生活不相符合的地方。他认为孔孟所传递的仅仅是农业文明当中的东西，这与现代文明所要求的，也就是中国将要走的道路不相符。中国所要求的是来自西方的自由、平等、人权。这几个人对儒家思想的批判，各有自己的道理，但是却无法把儒家思想从中国人的生活中剥离出去。就算我们不读儒家的书，把书全部焚烧殆尽，还是绕不开儒家思想的影响。陈独秀等人对儒家思想的批判，反而导致儒家思想大放光芒。

因此，这就导致了后来梁漱溟等人对儒家思想的新解释。他认为儒家有真儒家和假儒家之分，真儒家是尊重生命的自然流畅，真儒家是不在乎形式的，对人性并非是压抑的。梁漱溟认为儒家思想极具包容性，它可以包容西方的科技以及团体结构。梁漱溟的解释对后来的儒家思想影响非常深远，经过这一代新儒家的解释，又经历了中日战争的冲击。比如，贺麟在九一八事变之前回国，他用西方哲学重新对儒家思想做了解释，认为儒家思想不仅对现代文明没有阻碍，相反，儒家思想对整个人类文明都有非常大的贡献。接着，冯友兰作为美国的哲学博士，在20世纪20年代回国，在民族危机关头，冯友兰提出民族的振兴应该从振兴民族的思想开始，他的六本著作讨论了包括天人关系、中国与世界的关系等一切关系在内的所有问题，构成了一个独立完整的体系。

其实早在"一战"爆发后，严复就认为西方自由资本主义的发展是有问题的，因此他提出了回望孔孟之道，认为孔孟思想可以给人类提供一种新的思想资源。按照这个路径，我们可以看到1918年战争一结束，罗素、杜威、泰戈尔等人纷纷来到中国找答案，斯宾格勒虽然没来，却发表了《西方的没落》，他和严复都认为西方的发展模式走了几百年，已经到了面临毁灭的状态。因此直到"二战"结束后，中国和外界的沟通才不再有障碍。在联合国的构建当中，中国提供了"仁者爱人""四海之内皆兄弟"等思想资源。因此，在1945年，中国其实已经完成了工业革命冲击下自身思想资源的调整。"二战"结束后，我们对儒家思想的解释，是与全球发展这一背景有关的。

第十六章

梁治平 | 我们必须直面"文明"的死亡和再生

"传统在当下如何发挥作用,取决于今人的文明再造能力,换句话说,是我们,而不是古人,要对今天文明的衰败负责。"

梁治平

学者,中国法律文化研究的开创者,毕业于西南政法学院和中国人民大学法学院,现为浙江大学光华法学院兼任教授。著有《寻求自然秩序中的和谐:中国传统法律文化研究》、《法辨:中国法的过去、现在与未来》、《清代习惯法》、《法律史的视界》、《法律何为》等,最新著作有《为政:古代中国的致治理念》、《论法治与德治》等。

一

文化更新与文明再造

李礼 20世纪90年代后,您开始从一个新的也是更具反省意味的立场去理解和把握传统,对传统与现代的看法也不像从前那么简单和武断,比如改变了《法辨:中国法的过去、现在与未来》中对传统法律文化所做的激烈批判,多了一些"同情的理解"。造成这种转变的原因是人生阅历的增加还是阅读、研究视野的改变?如今又过了 20 年，您现在的态度又有什么新变化？

梁治平 你说的这种转变实际上发生在 80 年代，确切地说是在写《寻求自然秩序中的和谐：中国传统法律文化研究》的过程中。这本书前后写了一年多，如果加上之前写的相关部分，比如《法辨》，时间就更长。写作的过程也是阅读和思考的过程，在这个过程中，有些想法、看法甚至表达方式都发生了改变。

造成这种改变的原因，我觉得既有外在的，也有内在的。外在的方面，可以提到几个人的名字，比如张光直、黄仁宇、李约瑟等。我在一些重要的地方引用了他们的观点，不仅如此，我谈论历史的方式也受到他们的影响，特别是黄仁宇的，他把握和呈现历史的方式，和我们当时习惯的历史叙述，不管是传统的马克思主义史学，还是更新潮的历史文化批判，都不一样，对我很有吸引力。当然，更重要的原因还是内在的，就是做研究的一种信念和态度。我觉得做研究和为人处世是一样的，你要诚实，要有公平心，下结论要有根据，不能盲从，也不能自以为是。回过头去看，以我当时的知识、眼界和能力，对古人了解不多，成见不少，把这些东西带入研究，就是简单的结论先行，这也是 80 年代文化热里相当普遍的现象。只不过，上面提到的那种信念和态度有一种自我约束的作用，可以帮助我接近研究对象，努力去理解它，而不是先入为主，居高临下，找些材料把古人批一通了事。当然这是一个过程，我慢慢有所领悟，有所改变。

遗憾的是，当时书写完我就去了美国，而且身体和精神都很疲惫，没能把全书重新整理一遍，所以留下不少问题。后来这本书再版，我做了一些修改，主要是针对书中一些不恰当的说法，特别是情绪化的表达。当然，这种修改还是表面化的，也比较有限。深一层的东西，不容易看清楚，改起来也难，索性就不动了。对同一时期文章的结集（比如《法辨》，这本集子后来两次再版），除了篇目上的调整，也基本保持原貌。当然这并不是说，我后来看这些文章和我当时写这些文章时的认识完全一样，只能说，那就是80年代的我，今天的我是从那里走过来的，有改变，也有不变。改变的，是简单化的思想方式，是缺少反省的历史观；不变的，是自觉从中受益的为学的信念和态度，是在这个过程中探索出来的一些研究方法，比如作为方法的"法律文化"，旨在理解的解释方法。我90年代写的一些东西，比如《法律的文化解释》，是对之前从《法辨》到《寻求自然秩序中的和谐》这一系列研究的理论思考和方法论总结；《清代习惯法》可以看成《寻求自然秩序中的和谐》的续篇，从那里往下延伸，又有了《乡土社会中的法律与秩序》这样的当代问题研究。2000年以后的研究随机性很强，但有很多集中在当代法律发展方面，特别是对当代法治运动的观察和思考。历史的研究也有，比如2013年出版的《礼教与法律：法律移植时代的文化冲突》，还有不久前出版的《为政：古代中国的致治理念》。总之，要说这二三十年的研究有什么改变，除了知识的增长、眼界的扩展、心智的成熟之外，主要是在研究领域、主题和侧重点方面，最重要的转变其实在80年代末就完成了。

这里还有一个问题需要说明一下。你刚才提到从对传统的"激烈的批判"转为"同情的理解",这种描述可能会被理解为从否定、抛弃到肯定、接纳甚至推崇,因为一般人在讲"同情的理解"的时候,心里想到的多半不是方法,而是立场。我的情况不是这样。对我来说,重点是"理解",而不是"同情"。"同情"是立场,也是态度,"理解"却是方法。我的转变不是因为先有了立场和态度,而是先有了方法,这个方法跟另一种态度有关,这种态度恰好不涉及价值,因为它讲求公平,所以要"兼听",要把价值暂时搁置起来。从外部影响看也是这样的,当时我还没有读到钱穆的作品,也没有接触港台新儒家的思想,相反,我看重和引用的那些学者(像上面提到的黄仁宇等),对传统都有很深的认识和理解,大概也不乏同情,但都不属于卫道的一类。我是沿着这条路走过来的,所以对传统可以有"同情",但不大可能成为新儒家的一份子。

李礼 1989 年写的《传统文化的更新与再生》,我摘录了几句,比如:"我们的文化已丧失了将不同文化经验融汇贯通的总和与再造的能力","今天的中国人,全然失去了对于西方文化精神的理解与信任"。今天您如何再次评价其中提及的问题?

梁治平 你如果不提起,我几乎忘了。这篇文章原来是要做《寻求自然秩序中的和谐》那本书的跋,后来没有收进去,加了个标题在《读书》发表了。

李礼 为什么没有收呢？

梁治平 具体原因记不清楚了。回想起来，当时要出国，交稿比较匆忙，跋大概是之后完成的，没有和书稿一起交。而且，你一眼就能看出来，跋的风格和全书完全不同，它直面现实，讨论的可以说是书以外的问题，而且感情色彩很强，放在书里也未必合适。尽管是这样，这篇文章还是反映了《寻求自然秩序中的和谐》写作过程中的思考，包括前面说到的转变，但那里所表达的思想和情绪，还有两个重要来源，一个是对现实的感怀，另一个是翻译伯尔曼《法律与宗教》的感受。应该说，伯尔曼这本小书给我思想造成的冲击，超过了他的那本更有名的大书《法律与革命》。因为它本身就是思想性、预言性的。特别是其中关于法律与信仰、文明的死亡与再生的讨论，给我很大的启示。

尽管历史背景不同，但在我看来，中国当下所面临的根本问题，正是法律与信仰、文明的死亡与再生的问题。同时我也认为，我们，今天的中国人，没有真正认识和把握这一问题，也缺乏实现这一大转变的智慧和勇气。你提到的那两句话，就是因此而发的。你可以把这种表述看成"激烈的批判"，但针对的不是传统，而是当下。当然，我并不是要美化传统，而是想强调，传统在当下如何发挥作用，取决于今人的文明再造能力，换句话说，是我们，而不是古人，要对今天文明的衰败负责。作为一个例证，我提到了日本。我从吉田茂《激荡的百年史》的叙述中，看到了日本是怎样死而后生、转型成功的，同时传统也比较好地保存了下来，成为现代日本文明中不可缺少的精神性因素。后来我在另一个地方还提到"一贯道"。我们这一代人对于"一贯道"没什么个人经验，只知道那是"反动会道门"，在中国大陆早就销声匿迹了。

30年后回头再看这篇文章令人感慨。一方面，你会发现，那就是80年代的文章，反映了那个时代的社会状态、思想状况和作者当时的心理和情感状态，但是另一方面，当时所做的那些观察，恐怕不是被这40年的巨大变化证伪了，而是以另一种方式印证了。

二

如何再造文明：对清末修法的回顾与检讨

李礼 那么如何把死亡转化为新生，腐朽转化为神奇？我想起胡适说的，从来没有全盘西化，他认为所谓全盘西化其实一定带着自己的东西，结果自然会带来折衷，然后出现一个中国文化本位的新文明。所以在方法论上，是否可以用这样的方式获得传统的更新和再造，就像日本那样？

梁治平 虽然我提到日本，但我对日本谈不上有什么研究，只能说，日本的现代化是一个很复杂的过程，尽管在这个过程中确实有人主张要全盘西化，而且当时在国家和社会层面也确实有过一些极端举措，但我们能说日本在明治维新以后走的是一条全盘西化的路吗？恐怕不能。而且，就算日本是这样，并且成功了，放到中国这样一个大而复杂的社会里就合适吗？胡适主张的那种全盘西化没有发生，如果发生了会怎么样？我们不知道。我们知道的是，这是一种激进的主张。

李礼 "再造文明"的呼吁，从五四前后那代人提起来，到现在已过去100多年，今天看起来仍困难重重，至少离这个目标还挺远的，对此您有什么思考？

梁治平 我前几年出版的一个小册子——《礼教与法律》，讨论的是《大清新刑律》制定过程中产生的一场争论。那还是清末，一百年以前的事，但里面涉及的许多重大问题我们今天还没有解决。比如，清末修律的一个重要考量是要获得世界列强的承认，是为获得承认而斗争，这其实是个重新建构自我的问题，就是要重新确立中国的身份，确立一个能被世界所承认和接纳的中国。这个"中国"的含义是什么？这个问题当时很纠结，今天也很突出，对吧？这是第一个问题。

第二个问题是法律与道德的关系。这个问题在现在人看来太稀松平常了，但在当时，它涉及对礼教的性质和功能的认定。中国历史上的礼，有教的成分，也有制的成分，还有法的成分，是一套社会、国家层面的制度，跟西方近代所说的道德不是一回事。但当时引进西方的法律与道德这一对范畴，套在中国的礼教和法律上面，把礼教变成道德，变成一个私领域的问题、一个教育上的问题，排除到政治和法律生活之外，其实是把礼教传统解构了。这一点，当时维护礼教的一派人自己都没想到，现在更没有人考虑这一点，我们直接承受了这一切，思考问题都是在这个架构里面的。

第三个问题是家族主义和国家主义之争。当时有一批精英推崇国家主义。什么是国家主义？用杨度的话说，就是"必使国民直接于国家"，中间不要有任何中介，所以他痛批家族主义，后来的五四新文化运动更进一步，把"家"从文化上批臭，连根拔除。再往后，传统意义上的"家"，甚至一般意义上的"家"，经过一轮又一轮政治、法律、社会、经济和思想上的冲击，已经七零八落，哪里还是中国文化价值的土壤和载体？这时候讲文化复兴就变得非常困难。

第四个问题是理性建构主义。主导变法的人强调自上而下，先有理性设计，然后改造社会。这和中国当时所处的情境有关系，后来的领导者的观念也是从这里来的。这和激进革命也很合拍，对吧？不过当时也有人反对这种理论和做法，他们认为法律的基础是社会、道德和风俗习惯，它要从这些东西里面生长出来，这样它才是本民族的，才有生命力。这些问题涉及社会发展路径、国家与社会关系，还有规则生成方式，等等。这些年国家在讲法治的同时也强调德治，德治都包含什么内容呢？据我对官方话语的分析，它至少包括了信仰主题、道德主题和社会主题，这些主题都与自下而上的视角有关。这说明，现在的人也意识到，讲法治，只有自上而下的一面是不够的，还要有自下而上的一面，法治要建立在社会规范、道德和个人认同协调一致的基础上。这是一个比较多元的视角。不管你事实上怎想、怎么做，这问题是真实的、重要的。

最后一个是普遍主义和特殊主义的问题。清末的论战中，一派开口东西各国、世界大同，闭口科学、公理、进步，完全是一套普遍主义话语；另一派讲各国有各国的礼教，法律不能脱离具体的社会文化条件，最多也只能说这个道理本身是普遍有效的。这套话语我们今天不是很熟悉吗？

现在看那段历史，你会觉得它离我们很近。虽然历史舞台改变了，具体话题也变换了不少，但是当时困扰人们的根本问题，现在还纠缠着我们。而且，前人对这些问题的回答，造成了我们今天的生活样态；我们怎么去回答这些问题，将决定我们现在和未来的生存状态。所以，回顾和检讨这段历史是很有意义的。

李礼 当年从美国访学回来，您出版了一本旅美札记。第一次深入接触如此迥异的文明，尤其是一种所谓高度现代的文明，当时对自己的心理，乃至一些学术判断有无影响？

梁治平 你说的这种情况，有一个说法，叫 cultural shock，文化震撼。80 年代那阵，中国和美国之间，不但社会差别巨大，交通、交流也非常有限。那时候去美国访问的人有这种心理体验应该很正常，但我好像没有那么明显的感觉。部分的原因可能是我性格比较庸常，不是很敏感、很情绪化的那类人。另外，可能还有一个原因，我的一个朋友从美国留学回来，家里满是美国的物件和用品，从音响、唱片、杂志，到厨房和卫生间用品，很多是从美国带回来的。

他还喜欢照相，有很多在美国拍的照片。我们那时候来往很多，无意间增加了不少对美国的了解，尽管都是很表面的。说到这里，我想起一件事，有一次我翻看那个朋友的美国影集，看到他拍的纽约唐人街街景，里面突然闪出一个牌坊，上面大书"天下为公"四个字，当时真有一种直击心灵的感觉。你想，20世纪80年代，在北京，一个"生长在红旗下"，受了一套敌视传统教育，既不知传统为何物，又对传统充满偏见的中国人，突然看到这个场景，视觉上和思想上感觉到的反差会有多大？

在美国期间，我的身份是大学的访问学者，没有教书要求，也没有读书的压力，这很适合我，特别是那个时候，因为那几年过劳，出国前刚写完《寻求自然秩序中的和谐》，身心俱疲，也想放松一下，走走，看看，甚至还想有机会去拜访黄仁宇和张光直两位前辈。后来没见到黄仁宇，但在哈佛见到了张光直先生，聊过几次，他还推荐了一本人类学著作给我读。

回来后应朋友之约写了一本小书，就是你说的旅美札记，书名叫作《观察者》，但不是研究性的那种，不过是一些见闻和随感，主观性很强，倒是很能反映当时的心态，这和你问的第一个问题有关。比如，有一篇是《在美国读丰子恺》，涉及对传统和文化变迁的认识。丰子恺的《缘缘堂随笔》是我旅美时身边带的唯一一本中文书。我读丰子恺很感慨，特别是读到他"文革"之后，劫后余生，70多岁时写的几篇，讲旧时旧事，平淡之极，我却从中读出了极大的悲哀。我觉得我能够进入他的内心世界，我理解他，因为我们这一代人和他一样，失去了自己的文化家园。中国几千年的文明，有很多富有创造力的和精彩的地方，现在却变成了一个鄙俗不堪的社会，一个满大街叫人"师傅"的社会。当然今天都改叫"老师"了，但也没好到哪里去。作为中国人，我们的精神家园没有了，只能是漂泊者、流浪者，在异国这种感受更强烈。

后来在哈佛过春节，法学院举办联欢会，很多东方国家的留学生，新加坡的、日本的、泰国的，上去表演节目，都有民族类的舞蹈什么的。新加坡学生跳红绸舞，很纯的中国民族风，轮到中国大陆学生上台，穿西装，唱了一首当时的主旋律歌曲，给人的感觉就是你没有根。

三
如何看待西方"现代法律"的世界性传播

李礼 刚才提到"文明"，在近世西方法律体系于世界范围内的扩张之前，法律最广阔的边界实际上是由文明来划定的。您早期研究的是外国法制史，我们知道，现代法律的"世界体系"在欧洲诞生，然后扩张到全球……

梁治平 呵呵，有一个很著名的说法：罗马曾三次征服世界，第一次是用武力，第二次是用宗教，第三次靠的就是法律。

李礼 有意思，您用了"征服"这个词。这个体系为何能征服世界？不可能用诸如贸易、武力来解释，是因为这些法律体系或者说其中的原则更符合人性吗？

梁治平 这是个好问题，也是个大问题，涉及文明的兴衰、继替，还有制度和观念的传播，不是几句话能讲清楚的。特别是说到人性，这问题太复杂了，人类社会什么重大问题是和人性无关的呢？恐怕没有吧。所以，讨论这些问题肯定绕不过人性这个主题。但是另一方面，把问题直接追到人性上去，对讨论问题到底有什么帮助？首先，人性是什么？这个问题太有争议了。其次，就算这个问题解决了，什么问题跟人性有关，什么问题无关，人性的解释力有多大，一定也是言人人殊。不过既然提到人性，我们也不妨从这角度考虑一下。

大体上，法律有两方面的内容，一个是制度的方面，包括机构、设施、规则系统、制度安排，另一个是制度所体现和保护的那些价值。在现代法律中，就是我们熟知的自由、平等、财产权、隐私权等等，人们经常讲的法治，就是典型的体现这些价值的制度安排。从这个方面说，你提到的法律和人性的关系，可以转换成价值与人性的关系，因为说人类的价值同人性有关，大家更容易理解，从这个角度去观察西方法的"扩张"或"征服"，问题就变成了，这种"征服"靠的是武力、贸易，还是体现于其中的人类价值？如果相信这些价值植根于人性，我们还要在价值两个字前面加一个形容词——普遍的。因为人性通常被认为是普遍的，所谓人同此心，心同此理。实际上，最早把西方法律体系推广到全世界的那些人就是这么主张的，后来，这套法律和价值的接受者也这么看。当然，作为非西方人，他们还要加上一句，这些价值虽然来源于西方，却是属于全人类。

很遗憾，我几乎没有看到这方面像样的论证。那么人性呢？古今谈人性的很多，但关于这个问题人们还是莫衷一是。通常，人们讲到人性的时候，都假定存在一些人所共有的、不变的东西，但要把这些东西跟法律和法律守护的价值联系在一起，我们看到的会是什么呢？从原始社会的法，到资本主义的法，从伊斯兰法，到儒家社会的法，法律的形态各种各样，法律守护的价值也不尽相同，这些不同的法律和价值同人性是什么关系？我们经常听到类似这样的说法，某种制度是反人性的，这类说法可能是有意义的，但也是有条件的。比如，我们说奴隶制度是反人性的，估计反对这种说法的人不多。但在盛行奴隶制的社会，比如古代希腊和罗马社会，恐怕很少有人会这么想。而且，我们大概也不能说，建立在奴隶制基础上的法律跟人性无关。我们只能说，生活在今天的我们认为这样的制度是反人性的。只是这样一来，我们就必须承认，今人对人性的看法跟古人的不同。这种说法合乎逻辑，但也引出新的问题，比如，人性到底是普遍的、不变的，还是相对的、可变的？进一步说，我们谈论的究竟是客观存在的人性还是不同时代的人对人性的看法？做这样的区分好像能帮助我们把问题说清楚，但仔细想一下也未必。一方面，因为确实存在人性这个东西，所以我们才能谈论人性，但是另一方面，离开活生生的人对人性的认识和表达，人性究竟是怎么回事我们又怎么知道呢？我个人的看法是，人性就是人类走上历史舞台以后所表现出来的样子，包括你、我以及所有人喜欢和不喜欢的一切。所以也可以说，人类过去和现在所有法律制度和体现于其中的价值，都是人性的表现。人性有多少种面貌，人类的制度和价值就有多少种样态。当然这是简单的说法，实际情况要复杂得多。比如，人性可以有制度的表达，反过来，制度也可以限制人性的表达，甚至参与塑造人性。这么说就接近你的问题了。既然人类的法律都与人性有关，而且二者之间有复杂的互动关系，那是不是说有些法律制度更符合人性，更有利于人性的表达？事实上，在解释近代以来西方社会发展所带来的世界范围的现代化，也包括西方法律制度的传播这类现象的时候，很多人就是按照这个思路去考虑的，不仅如此，按这个思路所做的解释似乎也很有说服力。这里，我们就看到了西方文明的"软实力"。不是军事，也不是贸易，而是人心，让人"心悦诚服"，而这本身似乎就证明了它是更符合人性的。不过问题还是没有解决。

首先，说今天的法律体系和法律原则更符合人性，其实包含了若干假设。一是假定存在一种不变的人性，或者至少是存在一种被普遍认可的关于人性的认识；二是假定历史上的其他法律制度，不管出于哪种社会和文明，都不那么符合人性；三是假定符合人性的就是好的；四是假定历史是进步的。这些假定这里没办法去谈，我只能说，它们首先是问题，而不是答案，因此都需要说明、讨论和分析，立论要有根据，结论要有论证。

其次，武力和贸易。历史上，西方法律体系的扩张同武力有关，也同贸易有关。你看中国近代史就一目了然。条约体系是法律，是在中国最早建立的近代法律体系，但这套制度正是靠军事征服建立起来的。还有贸易，对西方人来说，法律服务于商业利益，天经地义，鸦片战争就是这样来的。当然，在后殖民时代，武力、贸易、法律的关系好像不是这样了，但那并不意味着它们之间没有联系了，只不过这种联系的方式更复杂了。

第三，财产权、契约自由，这些近代西方法确立的基本原则最能体现现代社会的价值，也是西方法最被广泛认同的部分，在这个意义上，说它们更符合人性也可以。但这些建立在人性基础上的价值并不是赤裸裸的，而是深深嵌在特定的政治、经济制度和文化里面的。这一点，看法律与资本主义的关系就很清楚。作为一种生产方式和经济形态，资本主义同近代法的关系实在太密切了。如果没有所有权原则、契约自由原则，以及这些原则后面的个人主义、个人自治这些观念，资本主义就无法产生，更不能发展。在全球化的今天，能够把全球供应链的商品生产、大小企业、市场和无数消费者联系在一起，靠的就是这些东西，它的另一面，就是现代社会中无数个人的追求、梦想和自我实现。但所有这些东西都意味着什么呢？这涉及前面提到的关于人性为善的假定。

我们说一种制度更符合人性，隐含的意思当然是肯定的。因为更符合人性，所以被更多人接受，这种解释听上去也很合理。但这件事很复杂，上面已经说了，这里只问一个问题：符合人性是个不证自明的辩护理由吗？问得更通俗一点，符合人性的就是好的吗？

天主教上有所谓"七宗罪",傲慢、嫉妒、暴怒、懒惰、贪婪、暴食和色欲,这些都是宗教上的罪,放在今天属于个人自由,只要没有侵害他人权利,谁也管不了。20世纪90年代,有人拍了一部影片,就叫《七宗罪》,里面讲一个连环杀手连杀六人,死者有妓女、律师、因为贪食而肥胖不堪的人等,他们分别是色欲、贪婪和暴食的代表。从法律的角度看,杀人者有罪,被害者无辜。但在杀人者看来,那些人罪有应得,他所做的,是以上帝之名去阻止人性的堕落。撇开电影的具体情节不谈,这里涉及对人性的认识,对生活意义的理解,对什么是好的社会以及法律在其中应当发挥什么作用的看法,这些都是重大问题,而人们在这些问题上的意见分歧其实是很广泛、很深刻的。很可能,在一些人眼里,实现"更符合人性的制度"是正道,是进步,在另一些人眼里,却是堕落,是不归路。而在这两个极端当中,还会有各种不同意见。对现代法律体系、现代社会、现代性以及它们与人性的关系怎么看,如何评价,说到底取决于人们所取的立场和标准。在现实生活中,需要我们做出这类判断和评价的地方很多。比如,今年的疫情,还有各地频发的"自然灾害",可以也应该被视为一种关于人类存续危机的征兆,而这种危机正是现代工业文明促成的。在这个意义上,这也是现代文明、现代法律的危机。

讲了这么多,恐怕还是没有回答你的问题。不过我觉得,刚才就人性这个话题发的这番议论,对于更好地思考这个问题应该还是有帮助的吧。

四
儒学复兴与"重思中国"

李礼 人们对狄百瑞先生的《儒家社群主义的视角》一书颇有争议,您如何看?

梁治平 你说的是他那本《亚洲价值与人权:儒家社群主义的视角》吧?狄百瑞教授是汉学家,不是法学家,也不是政治学家,但他关心政治和法律问题,他还写过一本书讲中国的自由主义,可见他希望打通中、西文化与社会。当然,他并不是想证明,西方有的东西中国都有,他讲中国的法治思想是在中国的脉络里讲,他认为这个概念可以恰当地用来指称中国历史上的某些现象和过程,那就是政治过程中的权力分配和权力制衡,以及具有这种功能的一套制度安排。所以他先讲汉代儒家意识形态对法家思想的矫正,讲汉以后逐渐确立的社会与国家的关系,伦理与政治的关系,习俗与法律的关系,后面重点讲黄宗羲天下为公论,特别是他关于学校和置相的议论,一直讲到梁启超。从比较的观点看,这些问题跟美国学者麦基文在相关著作中谈过的问题"庶几近之",具有可比性。

李礼 这和现代新儒家寻找的儒家法治,区别究竟有多大?因为它们听起来有一些类似,不过当代新儒家的立场、立意还是不一样的。

梁治平 是的,讲儒家法治绕不开这些东西。不同的是论者的出发点。狄百瑞是汉学家，他的问题意识要在汉学的知识传统中寻找。中国学者不同，新儒家讲儒家法治要放在复兴儒学尤其是政治儒学的背景下才好理解，他们的问题意识更具有内在性。而在他们之前，这些问题是以另一种方式提出来的。比如，侯外庐先生把黄宗羲讲的学校和置相同西方的议会和内阁类比，说黄宗羲已经提出了近代民主思想，他的问题意识来自马克思主义史学。记得李泽厚也有类似说法，这应该与他的西体中用思想有关。

除了上面这几种，还有自由主义的版本。比如北大张千帆教授有篇文章，他要证明中国过去的礼高于普通法律，具有宪法性质。所以，礼治不是人治，它代表了一种中国的法治传统。张千帆是宪法学者，受过系统的西式训练，而且他在提出这个观点的同时仍然坚持自由主义的立场，这很说明问题。

李礼 我觉得您对新儒家也会有理解之同情吧，在此基础上，您会觉得他们哪些地方有问题？

梁治平 你说的是所谓大陆新儒家吧？这里面其实也很复杂，我了解有限，尤其是一些细节的东西，只能大而言之。大陆新儒家（姑且用这个词吧）崛起也就20多年吧，但很快就在思想界占据了显要位置。造成这种情形的原因很复杂，这个过程中的诱惑也多，难免鱼龙混杂，泥沙俱下。跟这有关的一个问题是学术与政治、思想同权力的关系。历史上的儒家学说也好，儒生群体也好，都是在政治意识形态和权力场的中心，今天的儒学复兴虽然条件不同，也离不开这样的背景。在这个微妙的问题上，我们也听到了一些对新儒家人物的非议。

另外，新儒家渊源于儒学，容易有派别意识，这种东西处理不好就可能流于封闭。阐述儒家义理没有问题，推重儒家价值也没有问题，但有些人喜欢自说自话，或者套用儒家旧说来规范世界，或者断言儒家思想能够拯救世界，就显得有些可笑。用一位朋友的说法，这类论述属于先知式的，客气一点，我们可以存而不论。

李礼 您对儒学复兴的前景怎么看？尽管大家普遍感觉这个东西好像离自己很远了，但有很多呼吁，认为这关系到中国的文化重建。

梁治平 儒学复兴有社会的层面、知识的层面、政治的层面，也有思想的层面。思想层面又有广义和狭义之分。狭义的儒学复兴可以上面提到的新儒家代表。新儒家或者说"现代儒生群体"，有一种自我意识，就是要弘道，要接续儒家道统，把它重新树立起来。现代新儒家的出现对思想界是一个冲击，原先的左、右两派都要回应它，同时也想利用它，这样一来，过去的思想生态就改变了。我觉得这是一件好事情，因为它为人们带来了一个新的思考面向，而这个面向本身也很重要。

这些年，学术界对传统思想的关注增加了很多，部分地跟这种变化有关。这就涉及广义的儒学复兴。刚才提到的张千帆的研究也许可以帮助我们理解这种现象。不久前复旦大学孙向晨教授出版了一本书，叫《论家：个体与亲亲》。孙教授不是新儒家，而且他的专业是西方哲学，那他为什么要来讨论"家"和"亲亲"这类主题，他的问题意识是什么？简单地说，他假定中国文明有一套自己的逻辑，中国人的文化认同就建立在这套逻辑的基础上面，中国哲学如果不能正视和回应这种具有文化本体性质的问题，那就变成了无根的哲学。所以，他把"家"看成中国哲学的思考对象，把它当作中国文化的本体来思考，找出它固有的逻辑，看它在今天还有什么样的意义。

这方面更有代表性的例子是赵汀阳。他的"天下体系"论很有影响，这个概念跟传统思想，尤其是儒家思想的关系很密切，这就不用说了。更有意思的是他的一个判断，他说中国思想现在到了一个转折时刻，以前做的都是"检讨中国"，现在是要"重思中国"、"重构中国"。"检讨中国"的意思是自我批评，甚至是自我否定，"重思中国"就是要改变这种局面，要重新确立自我。怎么确立自我？一个很重要的办法就是到历史、文化、传统中去寻找答案。我觉得他这个讲法像是一个宣言，代表了当代中国思想界的一个大转变，这种转变的表现形式很多，从庙堂到民间，从官宣到社交媒体，到处都能看到。从积极方面说，让思想和学术能够扎根于中国自己的历史文化传统，是有意义有价值的。但是这种转变也可能带来消极的甚至是危险的后果。

李礼 消极、危险的后果，主要是指什么？

梁治平 比如狭隘的民族主义，甚至思想上的"义和团"。刚才提到的思想界、学术界的一些现象，像是自说自话、夸张、自大、简单化、先知式的论断，都是很糟糕的，它们很容易变成口号，助长民粹主义，或者为权力所用，加剧思想的两极化。这里说的当然不只是新儒家，而是更大思想转向过程中的问题。这些年，中国所处的国际环境也不好，不管这种局面是怎么造成的，它一旦形成，就会反过来影响思想市场，强化那种二元对立的思想。在这种时候，理性的、反思的、开放的态度和做法就更显得重要了。

五
当代中国法治的"内部批评"和讨论上的困境

李礼 您把20世纪初（也就是清末修改法律）到20世纪40年代，作为中国法律现代化运动的第一个阶段，把80年代之后作为第二阶段，那当下呢？进入一个新阶段了吗？

梁治平 相对于这里提到的两个阶段，我并不认为当下代表了一个新阶段，但这也不等于说其中没有什么值得注意的变化。2014年的十八届四中全会，是中共历届全会里第一个以法治为主题的，这件事本身就值得关注。当时我写了一篇长文，题目是《论法治与德治：对当代中国法治运动的一个内在观察》。这篇文章跟我以前写的很多东西不太一样，它的分析对象是官方话语和文本。文章题目里两个关键词"法治"和"德治"，都出自十八届四中全会通过的《决定》，而我的"论"，就是要探究，出现在这个官方文本里的"法治"和"德治"究竟是什么意思，它们出自哪里，针对什么，后面的问题意识是什么，作为现实问题的解决方案，它们是不是能够奏效，等等。我在讨论这些问题的时候，采用了一种内在视角，或者一种我称之为"内在批评"的立场。它区别于另外两种常见的做法：一种是讲求政治正确、亦步亦趋的注解式"研究"，这种"研究"可以说是"内在的"，但它跟研究对象没有距离，甚至就是研究对象的一部分，这其实是官宣的另一种形式。另一种可以叫作"教条式批评"。这是一种批评，但不是内在的，而是外在的，因为它已经有了一套标准，一套基本不考虑中国历史和现实的、教条的、外在的标准。按照这样的标准来讲中国，同样不能增进我们对中国社会的认识和了解。"内在批评"不一样，这种立场既是"内在的"，同时又是"批评的"。所谓"内在"，就是要循着社会发展的内在逻辑，从社会行动者的角度去看问题，从他们的主张入手展开讨论。而所谓"批评"，不是简单的否定之谓，而是与研究对象保持距离，对它做理性的省视和分析。从这样的立场出发，我就不会像许多法律人那样对"德治"这样的概念嗤之以鼻。相反，我要说明这些说法的实际含义是什么，为什么会这样，这些说法到底有什么意义，在现实中是不是可能，在什么意义上可能，等等。我在这样做的时候，并不是假定这些概念和说法都是不证自明、无可置疑的。相反，它们是我审视和分析的对象，通过这种分析，我希望揭示出这套概念、说法、主张和话语的逻辑，合理的和不合理的，清楚的和不清楚的，一致的和不一致的，进而发现真实的问题和解决问题的途径。这样做的时候你就会有一种现实感，会发现什么东西改变了，哪些改变是有意义的，什么东西是可能的，困境是什么，希望又在哪里。要确定我们处在什么阶段，也需要弄清楚这些问题。

李礼 在西方，人们可以向历史上的"更高法"或者"超验正义"的观念中去求索，在中国呢，如何可能？

梁治平 一个民族的法律要能够持久和有效，必须具有正当性，确切地说，是要生活在这个法律秩序中的人民信其为正当。你提到的"更高法""超验正义"就是这种正当性依据，是西方近代法律形成过程中的文化要素。那中国历史上有没有类似的东西呢？当然有。中国人讲法律的时候，总是"天理、国法、人情"一起讲，因为天理高于国法，是国法的正当性依据。你也可以说，"天理"就是中国历史上的"高级法""超验正义"。

当然，哲学和宗教意义上，"天理"不是超验的，你也可以说它不是一个超验观念，但这只是说明，中国和西方的"高级法"形态不同，中国历史上有自己的"高级法"观念，中国传统的法律有自己的文化和信仰基础。严复当年也说过，西方人讲的"法"，如果翻译成汉语，包括了理、礼、法、制四个字。这里，和制并列的法指狭义的法，而广义的法还包括理和礼。有人认为，相对于狭义的法，礼具有"宪法"性质。如果是这样，我们以往对中国古代法律秩序的认识就太简单太偏颇了。总之，中国和西方各有自己的历史、文化和发展路径，有差异，也有类同。从差异方面讲，我不认为中国会自动发展出西方近代的政治法律制度，就好像中国不会发展出近代资本主义一样。但这不等于说，中国的制度与文化就是西方的反面，价值上完全对立。它只是不同而已，这种不同是相对的。上面讲的"高级法"就是一个很好的事例。而这意味着，在中国与西方已经高度融合的今天，中国社会的发展，它的现代化，包括政治和法律制度的发展，还是会有也应该有自己的特点。

李礼 我个人觉得您对传统的理解，更多的是学理上对传统的深入挖掘和文化上的温存。但"困境"在于，如果围绕中国特殊论的话，很可能造成一些困境，或和其他目的客观上形成"合谋"，最后可能很糟糕。

梁治平 我可以理解你的这种担心。但之所以有你说的这种"困境"，很大程度上是因为泛政治化的存在。不但是政治要影响和支配学术，学界中人也有意无意地用政治眼光来看待和评判许多问题。结果，你说中国的现代化会有自己的特点，就可能被归入具有政治意味的中国特殊论里面了，这是一件很糟糕的事情。

其实，一个国家，尤其是具有深厚历史文化底蕴的国家，无论怎么发展，总不能完全脱离它过去的轨迹，这是一个改变不了的事情。不用说非西方国家，就是西方文明内部，不同国家之间也是这样的。当然，批评者可以说，中国特殊论跟这些都不一样，因为反对具有特定政治含义的中国特殊论，连带着怀疑、否定和拒绝所有对中国特性的探究，既不合理，也不明智，因为这等于放弃了对一些重大问题的思考。所以，问题恐怕不是能不能谈特性，而是怎么谈。

上面讲到的"内在批评"就是一种谈法,因为这个"内在"视角既可以用在当代社会,也可以用到历史、文化中去。

李礼 近代以来,中国人尝试过许多不同的"救国"和"治国"方案,您认为这些方案大多具有某种总体性特征,并且极易于变成意识形态、教条或者标语、口号。

梁治平 法治是一种制度安排,也是一种秩序类型,要实行法治,实现它特有的功能,需要满足的条件很多。

六
现代性与现代中国

李礼 您如何理解现代性?它被质疑,但也被认为必须进入。记得您曾经说过,未来的中国是开放的,但必须我们自己去定义,那么您如何理解"现代中国"?

梁治平 什么是现代性?这个问题言人人殊,有人鼓吹,有人批判,在中国也是这样,只是思想和讨论的水平还不高。鼓吹的一方常常思想简单,目光短浅,看不到其中的复杂性,尤其是被掩盖的黑暗面。批评的一方往往矛头向外,让人不能不质疑他们的批判立场,甚至怀疑他们的动机。但是不管怎么样,这件事都跟"现代中国"的问题有关。因为对现代性的认识和态度,会影响甚至决定现代中国的样态,后者不但历史更短,更局部,而且也更加不确定,更具开放性。

但是反过来,现代中国的构建与实现,也可能改变我们对现代性的理解。毕竟,像中国这样的国家被卷入现代化,是一件具有历史意义的重大事件,它最后提出的现代化方案如何,可能会重新定义现代性。从这个意义上说,现代性不但是一项未完成的事业,也是一个开放的事业。因此,对于现代性也好,现代中国也好,社会实践主体的思想能力、认识能力、反思能力以及批判力和想象力怎么样,肯定是很重要的。

李礼 最后我想提一下您那篇《在边缘处思考》,很多人对它印象深刻。您为何那么早就"退出主流,自居边缘"?您如何评价当下中国的法学圈或学界?

梁治平 说"退出主流,自居边缘",好像这件事是有意为之。其实不是。我当年读书主要靠自学,基本上是随性而为,后来着手作文,也是有感于心,不得不发。直到有一天,因为某个契机,回过头来看看走过的路,发现自己的经历和所处位置,无论思想方法、为学路径、日常活动,还是任职机构,用"边缘"二字形容最恰切,所以就有了那篇文字,那个题目。

当然,一旦这么说了,自我意识里面有些东西也就变得更清晰了。不过,我也没有从此就为边缘而边缘。实际上,后来有很多次"重回主流"的机会,甚至有一次一只脚已经跨进"主流"的门槛了,但在最后一刻我又逃离了。其实也没什么特别的理由,只是刹那间有一种感觉，觉得自己不属于那种地方，一旦这样决定了，就顿感轻松。当然，我这里说的只是机构。现在想来，即使当时重回机构上的"主流"，我那种"在边缘"的立场和姿态也不会有什么改变，因为这是一种精神状态，一种个人的存在方式。但就个人性情而言，一种有着更大自由的更单纯的"边缘"状态显然更适合我，所以，我就这样一直"自居边缘"了。

如何评价中国的法学界甚或学界？这从何说起呢？一位名重学界的朋友连有没有"学""界"都表示怀疑，我没有那么极端，也不认为自己有资格做这样的判断。毕竟我所见所闻都很有限，也没有就这些"界"做系统深入的研究。当然，我也就这类问题发过一些议论，有些是多年之前的。有意思的是，不久前有一位高校青年教师还跟我提到我多年前的一篇旧文，感叹说那里面对法学界的批评现在读来依然切中肯綮。老实讲，听他那么说我都有点意外。一来时间够久了，差不多20年了吧；二来这20年里面发生的变化也有许多值得肯定之处，当然，有些问题，甚至是结构性、制度性的问题也是这段时间里形成的。拙文得到那位教师的呼应，可能这也是原因之一。最后，如果你还是希望知道我的看法，那就推荐一篇10年前的访谈稿供你参考吧。这个访谈稿收在我的自选集、2013年出版的《法律何为》里，题目是《答法学院同学20问》。2020年出版的《观与思：我的学术旨趣与经历》收录了这篇谈话的删节版。那里关于法学界和学界的一些看法，尽管不完整，大体可以反映我今天的依然是不完整的看法。

第十七章

葛兆光 |
未来会如何看待我们这个时代

"我们并不能因为现代西方已经过了现代化，进入了后现代，然后他们自己对现代性进行质疑，我们也时空错位，跟着对'现代'一起质疑，那就错了。"

葛兆光

现为上海复旦大学文史研究院及历史系特聘资深教授，博导。1950年4月生，1982年北京大学本科毕业，1984年北京大学研究生毕业，1992年任清华大学人文学院教授。主要研究领域是中国宗教史、思想史和文化史。主要著作有《禅宗与中国文化》、《道教与中国文化》、《中国思想史》（两卷本，1998，2000）、《中国禅思想史——从6世纪到10世纪》（增订本）、《宅兹中国——重建有关"中国"的历史论述》、《想象异域——读李朝朝鲜汉文燕行文献札记》等。2017年获全国最高人文社会科学奖——吴玉章奖历史考古类一等奖。曾获第一届"中国图书奖"（1988）、第一届"普林斯顿全球学人"（美国，2009）、第三届"坡州图书奖"（韩国，2014）、第26届"亚洲·太平洋"大奖（日本，2014）等。

一

时代剧变与晚清民国学术

李礼 当您回顾晚清民国学术和学人时，多次用"时势"或"形势比人强"这个说法。对这段历史，您提出几大关节点为其要害，也说到"时局刺激"。那么在19世纪末20世纪上半叶，对学术或书斋中的学者而言，最关键的"势"是什么？其中变化何在？

葛兆光 我在回顾晚清民国学术的时候，之所以用"时势"或者"形势比人强"这个说法，这是因为在我看来，学术史的转型也好，或者学术有大成就也好，基本上"时势"——或者改个说法叫"时代背景"——大概是最重要的。"天才总是成群地来"，一定有个时势问题。我记得，两年前在巴黎参观博物馆，印象最深的就是，为什么这些著名的艺术家和艺术品都集中出现在某个时代，比如说路易十四时代？为什么文艺复兴偏偏在这个时代出现？我觉得"时势"很重要，在中国同样也是这样。现代中国的学术转型，或者学术产生重大变化的契机，都跟时代剧变有很大关系。

我们不妨看几个例子。

第一个例子是，中国学术从传统到现代转型的第一波，其实应该是嘉庆、道光年间的西北史地之学，这实际上跟当时整个清帝国出现了新状况有很大关系。乾隆年间，大概在1759年前后实现清王朝版图最大化，这个时候，清王朝在西北方向，把喀什噶尔（新疆喀什）、叶尔羌（新疆莎车）、伊犁，甚至唐努乌梁海（今俄罗斯图瓦）那一带都纳入大清帝国，那么，这个扩大后的版图如何维系？这些族群和宗教如何管理？这是一个很重要的事情。你知道，明代连嘉峪关外都很难实际控制，明代以后，大清帝国把这个庞大帝国建起来，但是，那个地方曾经是瓦剌鞑靼、准噶尔王国，再加上大清帝国一个三者交叉的地方，要了解、维系和控制这些地方，刺激了士大夫对西北历史地理的再认识。在强盛的乾隆时代可能危机感不是太大，但是到了嘉庆、道光年间，其实大清帝国的势力衰落了，俄罗斯不断在这些地方制造麻烦，如何管理这些相对陌生的地方，就刺激了中国学者所谓对西北史地的特殊关心。特别是，清帝国的历史渊源中，除了关外的龙兴之地，还有蒙古，所以，对蒙元史的认知也显得格外重要。如果要回头对蒙元史重新认识的话，必须对中国、中亚到西亚的历史有重新认知，刚好那个时候的欧洲，包括俄罗斯以及波斯，有关蒙古史的新资料被介绍进来，对重新认识这个广大区域的历史和地理有很大刺激。你可以回头看当时欧洲的东方学，在19世纪有一个特征是什么？就是不光关注中国，也关注中国周边，所以，后来有所谓"西域南海之学"。日本的东洋学也是如此，明治时代日本学者和欧洲东方学互相竞争、互相刺激，对中国十八行省之外的西域、西藏、满洲、蒙古、南海都格外有兴趣。所以我说，从学术史上看，从清朝后期的"西北史地之学"，到当时西洋人的东方学，再到日本人的东洋学，实际上是一个大的潮流，才推动学术往这个方向走。当然，中国的问题是，这些所谓"西北史地之学"，在嘉庆、道光以后，一直到咸丰、同治这一段时间，虽然在少数学者中间很兴盛（陈寅恪就说，那个时代，经学喜欢讲公羊，史学喜欢谈论西北），但问题是，"西北史地之学"后来并没有跟当时中国重大的国家、民族、国际关怀连在一起，因此它变成了书斋里的"绝学"。这就有一个学术史的曲折，这跟时代大背景有很大的关系。

第二个例子是在20世纪20年代,五四以后,出现了对白话文学、小说和禅宗史的研究,你把这几个"焦点"连在一起,显然它与"启蒙"和"国语运动"有关。过去传统的文学或语言研究者,转去发掘历史上的白话文,发掘下层民众说话的资料(也就是小说、戏曲、歌谣),发掘白话文的源头——胡适就追究到禅宗语录。这跟胡适、陈独秀在五四时代的大想法有没有关系呢?有关系。放大了说,这是基于对一个现代世界大潮流的理解,他们觉得,现代世界的主流是民族国家的形成。西方人认为,民族国家形成过程中,一个很重要的要素就是国语的形成。胡适从美国回来的路上,非常仔细地读了薛谢尔(Edith Helen Sichel)的《文艺复兴》,胡适的日记里记载得很清楚,还有详细的摘录。他从阅读中感到,一个国家能够成为现代民族国家,一个最要紧的因素就是有国语。他认为,欧洲文艺复兴最重要的成果,就是形成各国的国语,慢慢形成民族国家,所以,他才从白话文入手推动新文化运动。这个大背景就刺激了学术方向的变化。你知道,我们传统学术里,原本对小说、戏曲、语录并不关心。对禅宗,也只不过把它当作精神和信仰,并不认为禅宗语录的语言形式会有多大的意义,可是,胡适花那么大的力气推动小说、语录的研究潮流,包括撰写过去被人忽视的白话文学史,一个很强烈的动因是,白话就是国语,国语就是现代中国成为民族国家的条件。当时跟他的文学研究相互配合的,还有语言学界的"国语运动"。

第三个例子,就是到了抗日战争的时候,你会看到,"边疆研究"成了一个很大的潮流,为什么那个时候那么多人讲"边疆和边政",

然后"边疆"还变成一个敏感词，比如傅斯年就写信给顾颉刚说，不要用"边疆"这个词，因为一用"边疆"这个词，那个地方就变成边缘地区了，这对中国领土的大小与合法性有影响。同样，顾颉刚的学术转向在那个时候也很明显。早期推动古史辨运动的他，是瓦解中国历史传统的激进学者，把"三皇五帝到如今"的脉络给瓦解掉了，可那个时候就转过来提倡"中华民族是一个"，这就是"时势"。另外，你说1949年以后，难道对学术没有巨大影响吗？以我自己的研究来说，我为什么80年代去研究禅宗和道教，这跟当时的"文化热"也有很大的关系。

二
衰落与刺激：西方与中国的思想史研究

李礼 您关于禅宗的一本书，那时非常畅销。当然，那个时候出版体制没有对接市场，作者的收益并不大。

葛兆光 《禅宗与中国文化》是很畅销。其实，最开始我并不做禅宗研究，我在大学读书的时候，主要是在做史学史、文献学，后来1984—1985年才去做道教研究、禅宗研究。显然这也跟当时的大背景有关，也就是与80年代学界对传统文化的研究和批判有关。在追求现代化的大背景里，出现了"文化热"，因为那时很多人都沿着鲁迅"国民性批判"的路数。我们会觉得中国的禅宗也好，道教也好，都是传统里面会造成人的压抑、内向和保守的文化因素。当然,现在看来这有点把罪过太多地归咎于传统文化了,但问题是在那个时代,这是追求富强、追求现代化的时代大潮流。可能恰恰是因为心中有理想和感情,笔下常带感情,写法与当时的大潮流相呼应,所以这本书在当时很畅销。《禅宗与中国文化》估计印了近十万册。《道教与中国文化》的发行数量肯定不如《禅宗与中国文化》,原因之一是写得比较专业,另外一个原因,也许是因为中国读书人对禅宗的兴趣,始终要比对道教的兴趣大得多。

我一直反省说,那时候写这两本书,其实内心是矛盾的。一方面,80年代大的时代潮流,是批判传统文化,追求现代文化,那个时代大家的立场和理想相当单纯,受时势的影响和推动,当然学术研究就往这个方向走。但另一方面,我是中国人,在北京大学学古典文献学,习惯在古典资源里面寻找自己的精神食粮。我有时候觉得禅宗超越世俗的精神、清幽的美感体验也蛮不错,因此,内心充满矛盾,所以你可以看到,"时势"时时在影响你的研究。80年代之后,到了1995年出版《中国禅思想史——从6世纪到9世纪》,稍后又出版《屈服史及其他——六朝隋唐道教的思想史研究》,对于禅宗和道教的理解,对于历史和文献的分析,显然就和以前不一样了,这就是"时势"的影响。后来,我90年代做思想史研究,写了《中国思想史》,其实很明显也有时代的因素。我原来曾经写过一篇《思想史为什么在中国还很重要》的演讲稿,那是去普林斯顿大学担任"全球学者"的时候,校方给的第一个公开演讲主题,就是讨论思想史为什么在现在的中国还很重要,而西方的思想史研究衰落得很快。为什么呢?其实,中国的思想史研究要解决的,要探索的,虽然是古代的东西,但实际上也是一个属于现在时的立场、方向和取径问题。所以,你看现在的中国学界,无论是左、中、右,都对思想史格外有兴趣。

李礼 我想问一下,您认为西方思想史研究已经衰落的判断,现在有无改变?

葛兆光 最近好像有些变化。思想史研究在西方衰落,可能有一个专业变化的背景,经过现代学院制度洗礼和规定,学者的学术研究跟学者的政治关怀之间是需要分开的,特别是历史学领域,你不能"借古讽今",一般来说,你不能在里面掺入太多个人的政治和社会关怀,那是学术纪律。把政治意识形态和学术研究纠缠在一起,或者把各种政治关怀都掺到学术论著里面,在西方这是学术纪律所不允许的。所以,历史学作为一个专业领域,个人的政治、社会与文化关怀,不宜太多表现(当然也并不是没有)。因此思想史研究可能会越来越专业化、技术化、学院化,但与大的关怀连接不起来。然而,学术研究又需要不断花样翻新,需要陌生化。所以,思想史之后,社会史、文化史等研究兴起,这是一波一波的学术潮流,思想史研究在西方就渐渐凋零。

但是,最近西方学术界好像又出现了一些回归,比如说,剑桥的斯金纳(Quentin Skinner)做思想史,影响就很大,哈佛大学的阿米蒂奇(David Armitage),最近和人合作写了一本《历史学宣言》，在学界也很轰动。他是做思想史的，是斯金纳的学生。他们在两个方面推动了思想史研究领域的改变：一方面，他们使思想史不再局限于一个国家之内，而是做国际思想史，这就有了新的视野；另外一方面，他们强调历史学和研究介入现在生活和社会的重要性。这使得思想史不再是一个冷冰冰的、单纯作为技术的研究领域，而是一个有关怀的东西。所以，我感觉最近好像西方的思想史研究又开始活过来了。

我在20世纪90年代开始做思想史，当时肯定是觉得中国必须得重新从思想、观念和信仰的根部，去检讨现代思想是怎么由传统思想转变过来的，它有什么问题，如何影响我们现在的世界观和价值观。你知道，中国有个习惯，不能止于"器"，必须进乎"道"，不能局限于"用"，还得奠定于"体"，光讲社会、政治、制度、经济，不讲到思想、观念和文化是不成的，就像林毓生先生说的，中国总是习惯在思想文化上解决问题，不然好像就没有"一针见血"似的。

三
为何要讨论"现代中国"

李礼 您是否承认，对中国学者来说，研究思想史必须与当下相关，或者说介入现实是理所应当的，研究思想史如果不关心当下的民众生活或国家状态，是没有意义或生命的？这和西方学界似乎并不一样。

葛兆光 我们的研究课题、研究兴趣和研究对象，当然与当下的某种关怀有关，也和时势有关，但是我也一再提醒，作为一个学者，要小心翼翼地区分开学术与政治，是直接去批判、迎合或者讨论，还是说，你是在探寻问题或思想的来源？我在《余音》那本书里讲，学术研究跟政治关切之间，有一些不同；我最近在香港出的那本《历史中国的内与外》里面也强调，我们做历史的人，只是一个诊断病源的医生，但不是动手术、开药方的医生，我们只是把历史、把问题摊给你看，怎么处理是政治家的事情，我们做不到。

我当然觉得，应该有人直接介入社会和政治，大声呼吁，就像古代说的以"木铎"的方式或近代说的以"警世钟"的方式，去唤醒民众、针砭时弊，但是学者采取的策略则不同，他有另外一种表达社会关怀的方式。余英时先生有一句话说，"我对政治只有遥远的兴趣"，但这不是说他没有兴趣，没有关怀。我自己也有一句话，就是我并不去和政治"近身肉搏"。说老实话，投身政治要有很大的勇气，也要有很大的能耐，还要社会所给的较大空间，我们没有这个能力，也没有这个条件，就像周一良先生说的，我们"毕竟是书生"。但是，话说回来，无论如何我总觉得，所有学术变化、学术研究，肯定与这个"时势"是离不开的，我说"形势比人强"，就是说我们学者不大能够改变时势，但是时势在不断刺激我们的问题意识、研究兴趣和研究方法。

李礼 那么您觉得中国当下的"时势"在何处？或者说今天中国

的"真问题"是什么?

葛兆光 这个问题比较敏感。我不敢说中国的现代问题都可以通过学术研究去反映或讨论,但是,从个人关心的问题来讲,我坦率地说,肯定有当下的很多问题在刺激我。比如,我现在讨论"中国",那么为什么要讨论"中国"?我写了三本书来讨论"中国",你不觉得这背后都有一些现实问题吗?这一问题是,现代中国这个国家,跟西方的现代国家形态不太一样。它有类似于西方现代国家的一面,也有传统东方帝国的一面,很多问题纠缠在一起,这跟我们晚清民国以来的这个国家转型有很大关系。孔飞力(Philip A. Kuhn)有一本书讲现代中国的起源,这本书我觉得非常了不起,但我也有一点儿不满足的地方,就是现代中国的形成,并不仅仅是他讲的那几条,其实我更注重的是,现代中国的转型还应当讨论疆域、民族、认同和国家这些问题,现在的中国包括这么大的疆域,包括那么多的族群,它是怎么从帝国转型的,其成效如何?就是说,现代中国的这种国家形态,是一个什么样的特殊形态?是中国现代国家形态是特殊的,还是西方现代国家的形态是特殊的?自从《威斯特伐利亚条约》以来,西方的民族国家或者现代国家的这种形式,已经成为这个国际秩序中所谓正常形态,那么,中国这种特殊的国家形态,就带来了很多问题,这就是我们现在面对的很多内外困境的来源。这是一个历史过程的结果,所以需要历史学家去研究和说明。

这就是我们研究"中国"的问题意识。我想说的是,"时势"或者说"时代背景"对我们做学术有很大影响，这是毫无疑问的。我们也想把作为职业的学术和作为关怀的思想分开，这个分开本来应当是一个现代理性，也是一种职业分工，但是在中国，我们没办法把专业研究和现实关怀分开，这种纠缠，好像一直是中国学者的宿命。

李礼 学术与思想难以分离，是否一直是中国知识分子所要背负的传统？

葛兆光 也许是吧。在中国历史传统中，中国文人往往认为，一个人如果只是成为专业学者或者技术人才，就总是没有做到理想状态。这确实是一个传统，中国传统知识分子觉得，最好是能够"坐而论道"，甚至能够"得君行道"。这个传统有好的一面，也有坏的一面，它一方面促成中国知识分子"心怀天下"，关注现实的精神，但另一方面也可能刺激出某些知识分子进入庙堂，当"帝王师"的企图。中国现在的情势，逼得我们只好在学术研究里面，掺入我们的一些关怀，表达我们的一些思考。当然，学者里面也有另一个表达方式，有的学者有两支笔，你知道，80年代出来的学者里，有很多人是两支笔在写文章的，一支笔写学术论著，很冷峻很专业的论著，一支笔在写随笔，饱含关怀和感情的随笔。

李礼 对，比如杨奎松老师，您自己是否也算如此？

葛兆光 我写得很少，因为我写的基本上都是学术文章，只是在学术史这方面的随笔比较多，你看到《余音》那本书里面就是，但是基本上在我看来，这不算学术论文，虽然也有一些注释，这只是帮助读者继续寻找线索用的。

李礼 那您现在能拿出多少精力来写两支笔中的另外一支笔？

葛兆光 现在越来越少，做学术多一些。

四
学术遗忘："半是无意，半是有意"

李礼 一批前辈学人不少已被学术史遗忘，您认为这种遗忘"半是无意，半是有意"。"有意"之说，能否进一步展开，给予更多解释？

葛兆光 学术遗忘的背后当然是政治因素，这就是政治判断时时在影响学术判断，因为在中国传统里面，总是不完全以学术论学术，往往要知人论事，以德论才。其实，这带来了一个后果，就是以成败论英雄，以顺逆论学问。明清之际的钱谦益就是一个例子，你可以想想，陈寅恪为什么写《柳如是别传》？现代史上的汪精卫也是一个例子，抗战之后，汪精卫是汉奸，但是并不妨碍说他的诗词不错，这可以分开讨论的。作为学术史研究，你能不能把政治、人品和学问分开来判断？如果能分开，也许就好得多；可是，在中国很难完全做到这一点。傅斯年1945年抗战胜利后回到北京，就把凡是在伪北大任职的人员统统开除,当然一方面民族大义是在那儿,没得说,但是另外一方面也有点决绝,似乎不分青红皂白。他到台大当校长,也有这种做法。我的一个学生最近在研究沦陷时期北平的史学界,那里面情况复杂多了,在那个北平沦陷的形势下,就连最有骨气的洪业也说,日本人占领了北平,你不做事你没饭吃,但是,做事并不一定是为侵略者做事,你做研究你还得吃饭,那怎么办呢?所以,我们过去对一些有成就的学者的"无意遗忘",很多是受到政治立场的判断,或者说是受道德立场的判断,从这一点上看就是"有意遗忘"。如果从学术史角度看,本来有些学者是很有成就、很有影响或者说很重要的,但是有时候又被忽略了。

有人觉得,现在有一个"去政治化"的趋向,我倒不觉得,我反而觉得1949年以后,中国一直是一个"过度政治化"的时代。对于学术史的"遗忘",如果是1949年以后,我们可以大体归纳出三种原因来:一种是政治原因,比如说胡适,在解放后,不仅要把他遗忘,而且要批臭;第二种是王朝原因,有些是遗老,好像就被认为学术落后了,其实有的遗老在学术上很先进,像王国维就是这样的;还有一个就是思想原因,导致有些人被边缘化了,比如说柳诒徵、缪凤林他们,其实他们东南大学一系在民国学术里都很有影响,跟北大、清华、燕大和史语所等主流学术机构可以相提并论。到了20世纪80年代重新回过头来讨论学术史的时候,为什么有人一直在讲要"重回民国学术",接续香火,其实就是说有很多有价值的学术被有意无意地遗忘了。

当然,这里要有一个小小的说明,就是发掘过去学术史上的边缘人物,有时候会越发掘越边缘,走偏了也有可能。其实,我个人的看法是,从学术史的角度来讲,从传统学术向现代学术转型,晚清民国学术史里最有影响力的,或者说改变中国学术生态格局和问题意识最大的,还是梁启超、胡适这一脉络,这是所谓"主流学者"。对于这样的学者,当然也有异议,但说老实话,整个晚清民国学术圈的这种巨大变化,从波澜壮阔的大改变来看,梁启超、胡适这一脉还是主流。

李礼 提到胡适,许多人认为在学术史上高估了他,但是您的看法似乎与此相反,认为胡适还是被低估了?

葛兆光 我觉得学术的高低,并不一定以具体的个案研究对错为标准,从个别的学术成果和作为典范的学术研究结果而言,当然王国维、陈寅恪这些学者很了不起。但是,你从掀翻一个时代、改变一代学术气候来讲,那胡适的影响力还是相当大的。其实,对于胡适的很多研究成果,我们都应当重新认识其意义。我做过禅宗史,我对胡适禅宗史研究的评价是,或许每一个具体问题上他都可能有错,但是他给了你一个"典范"。什么是"典范"?就是他开了一条路,你就得沿着那个路子走,中国哲学史研究也是,白话文学史研究也是,小说考证也是。你看现在研究《红楼梦》的,好多后来者,不是都在胡适的延长线上吗?

李礼 他开启了很多新的研究风气。

葛兆光 过去说,"但开风气不为师",可是开了风气,就自然成为引路的导师。所以我觉得,我们判断学术史的意义应该有另外一套标准。第一,是谁或者是谁的研究,给学术史转型做了最大的推动,使得传统学术转型到现代学术;第二,是谁影响了最大批的学者,投入到这一个转型的学术潮流里面;第三,才是谁提供了具体的研究典范让人家去追踪和模仿。所以,我觉得90年代开始虽然出现了"学术史热",但是说老实话,人们还是借着学术史谈思想、谈政治,还不完全是谈学术,因为对学术史的评价,应当另有一套标准。比如说王国维,你就不能总讨论他跳昆明湖这事儿,你得去讨论他的甲骨文研究和早期中国史研究有什么意义,他的蒙元辽金史研究有什么意义,这才是真正值得讨论的,而不是讨论他作为遗老怎么样。如果用那些内容来讨论,那只是在讨论他个人生命史的意义,而不是在学术史上讨论他的意义。

李礼 您有没有打算动笔写胡适,或他的相关研究?

葛兆光 胡适的研究太多了,研究他需要有一个现代史的深厚基础,现在那么多人研究胡适,我掺合什么?我想,如果能够把胡适学术这方面的成就了解清楚,能够提出胡适不仅在思想史上,而且在学术史上也仍然值得肯定,这就够了。我最近写了一篇很长的文章,叫作《仍在胡适的延长线上》,主要讲胡适的禅宗史研究,因为我对这个领域还有点儿研究，所以可以稍加讨论。我觉得，胡适开创的对禅宗的历史学和文献学研究方法，是中国学界这一领域真正的典范，而且至今我们还没有走出胡适的延长线，所以，胡适在学术上已经过时这个说法不完全对。在这篇论文里，我甚至还谈到所谓"后现代"理论对于禅宗史的研究。其实，有的学者搞了那么多新理论，结果历史研究的结论还是跟胡适一样，所以依我看，在学术上胡适也没有过时。

五
无法回到传统

李礼 您的著述，不少关涉中国传统文化和古典文学，笔下也多有温情。请问您是否在某种意义上也是一位文化保守主义者？

葛兆光 我觉得需要声明一点，就是说，我绝不是文化保守主义者，我指的是现在流行意义上说的文化保守主义。

李礼 是否可以多说一点？很多人想了解您在所谓思想谱系上，属于或靠哪边更近一些？毕竟您研究范围比较广，既有很多现实关怀，又对禅宗、道教多有涉及，看得出对传统文化有所依恋。

葛兆光 我讲到过"分化"，"分化"是一个很重要的词。我觉得，政治立场跟文化偏好不应该齐步走一二一，政治立场或者政治关怀，和文化兴趣或者学术领域，不应该简单地绑在一起，应当可以理性地分开。同情地了解和研究传统文化，就一定要文化保守吗？如果仅仅对传统文化持有温情，就一定要变成"主义"吗？而文化保守主义，就一定要变成政治保守主义吗？什么都绑在一起？这就麻烦了。我一直说，五四以来的启蒙某种程度上尚未完成，所以现在远不是回到传统的时候。现在的"文化保守主义"这个词，有时候范围很宽，比如说有些大陆所谓"新儒家"的人，也就是基本上接近于"原教旨"的那种做法，我绝对不能接受，可他们认为自己就是"文化保守主义"。

我觉得，这里有一个问题要注意。就是看你要不要承认，晚清、民国，尤其是五四以来的启蒙价值，走出中世纪的那种启蒙是不是正面的？还要不要继续？我觉得，肯定启蒙，这并不妨碍把古典作为一种教养，作为一种知识，作为能够培养你的理性的一种资源，这并不矛盾。有人批评胡适，但是，胡适是一个把传统丢了的人吗？也不是。胡适一再强调说他不是主张"全盘西化"，而是"充分现代化"，但是胡适也提倡"整理国故"呀，他研究禅宗，研究古代小说，研究古代文学史、思想史，考证《水经注》，拿他早年关于崔述、戴震、章学诚的研究论著来看，难道现在自称"文化保守主义"的那些人，就能比得上他的旧学修养吗？

李礼 说到这，能否聊聊新文化运动？您的研究似乎可以延长到此，关于新文化运动和其中的各种思想资源，您肯定有所思考。

葛兆光 我一般不太愿意去谈自己的知识不太够的领域，五四运动、新文化、启蒙主义，这些都是我用功不够的地方。只能简单说说我的感觉，当然可能都是一些老生常谈。我觉得，晚清民初的中国处在一个特别背景下，也就是中国面临危机，所以就像史华慈写严复那本书用的标题"追求富强"一样，这个"富强"成为"共识"或者"国是"，大家都在想中国怎么样才能富强？很多研究近现代史的学者都指出，从晚清到五四，中国知识人在各个方面摸索，从器物到制度，从政治到文化，不断推进，中国知识人总觉得应该从根本上来解决这个问题，什么是根本呢？就像林毓生先生说的，是"思想文化"，按照中国的传统观念，这才是"道"，才是"本"。所以，五四确实是一个要挣脱传统、拥抱现代的运动，而且本身还包含着要在新时代新世界建立现代国民国家的理想。在这里，对传统的批判有很多道理，显然，这里确实有余先生所说的"激进化"问题，但总的来说，这是一个走向现代的必然过程，我们并不能因为现代西方已经过于现代化，进入了后现代，然后他们自己对"现代性"进行质疑，我们也时空错位，跟着一起对"现代性"质疑，那就错了。

我觉得，历史很难有是或非，它往往是一个"时势"。五四运动本身的起因是反对巴黎和会的签字，说起来应当是一个爱国主义或者民族主义运动，但是，后来它和新文化、启蒙思潮结合在一起，所以它既包含"救亡"，也包含"启蒙"，这个方向本身并没有错。只不过后来局势大变，确实是"救亡压倒了启蒙"，而后来的"救亡"又和"革命"挂上钩，越来越激进化，和"启蒙"越走越远。结果是"救亡"的爱国主义变成了一个被弘扬的主旋律，反而"启蒙"的这一面，要一直到20世纪80年代以后，才重新被发掘出来，当时大家呼吁说，仍然要"继续启蒙"，我觉得这个说法还是对的。

什么时候人类都需要启蒙，都得脱昧，现代中国亦然。所以，我想你刚才提到"文化保守"这个话题，我再回过头来讲一讲"分化"。我想强调，政治和文化可以分开，专业和关怀可以分开，个人和社会可以分开，所以，在个人的兴趣、修养、爱好上，对传统文化或者古典知识有兴趣，并不妨碍在政治或社会上持启蒙主义或者自由主义的立场。所以，我始终不喜欢"文化保守主义"这个称号，也不知道这个称号还会落在我的头上。有些人也许特别喜欢这个称号，我记得，以前庞朴先生就把自己定位为"文化保守主义者"，其实，庞先生在20世纪80年代难道不也是启蒙思潮的一个代表人物吗？他有关"一分为三"之类的哲学论述，不也是让我们走出旧意识形态的理论吗？但是后来有一批人，把传统文化与启蒙思潮对立起来，特别标榜自己是"文化保守主义者"，好像这样一来，就一定要批判启蒙思想，这就把"文化保守主义"固化和狭隘化了。研究传统文化，对古典知识有温情，就一定是"文化保守主义"？我想，这是过于把政治和文化、专业和关怀、个人和社会绑在一起了。

李礼 人们注意到，晚清民国一批学人当中，很多人政治上虽然激进，但中晚年仍转向文化上的"保守"。

葛兆光 这也许是源于文化习惯和自身修养，因为在传统时代，一般来说人们都受过古典知识的熏陶。但是我仍然要说，不应该把古典知识、修养和文化，看成一种立场，特别是政治立场。我一直在讲，中国的古典知识、传统文化就像一个仓库，现在很多人说回到古代，也就是想回到"仓库"里。这个仓库太大了，仓库里的东西要经过挑选，而挑选什么，则要有现实因素的刺激，然后有目的地去挑挑选选，还要对这些东西进行"创造性地诠释"，旧传统才可能变成新东西。所以，旧传统变成新文化，要经过这样一个脱胎换骨的过程，而不是像现在某些自称传统派或者保守主义者说的，说回到孔子时代就回到孔子时代！别说那个时代的乡村社会、宗族结构、君主制度已经崩溃到让你没法回去了，就连你的日常生活也没法回到那个所谓礼乐时代，你叫他们走走给大家看，他们能不能像孔子时代的士大夫那样走步？古人说，"佩玉有冲牙"，走路的时候，佩玉得有节奏地撞击出声音来，他会吗？光是留下两撮胡子，穿上对襟衣服，朝着至圣先师牌位跪拜，就算是回到孔子时代了吗？

李礼 看来您对现在大陆"新儒家"的理念相当不认可。

葛兆光 是的。我实在不认可大陆现在的所谓"新儒家"，特别是对那些荒唐的政治诉求，尤其不感兴趣，所以我最近也花了一点儿时间，写了一篇长文进行批评。今年3月，我到哈佛大学去讲过一次，也许最近演讲稿会发表出来。我觉得，他们的政治诉求实在是异想天开，但我猜想，他们也很精明，基本上就是在揣摩和迎合某种政治趋势，其实看上去很理想的语言下面，是非常现实的诉求。

过去，我写过一篇关于"天下"的文章，我觉得他们说的什么"天下"或者"天下体系"这些玩意儿，完全没有历史根据，说得好一点儿是一个乌托邦式的想象。

李礼 您平时跟他们有所交往吗？

葛兆光 没有什么交往。我觉得他们很奇怪，他们脑袋里总是想象自己是圣贤，胸脯上好像总是挂着徽章，难道把"为往圣继绝学，为万世开太平"那几句大话挂在嘴边，就可以证明他们回到孔子那儿了吗？

六
学术史回顾：中国与海外中国学

李礼 对晚清民国时期国际汉学界的状况，您的一些著作多有涉及。对今天的海外汉学家和他们的中国研究，特别是这几十年来的研究范式、题材，您如何评价？这种变化与中国学术自身的发展是否存在一种隐约的关照与互补？

葛兆光 现在学术也全球化了，中国学界与海外学界的关系更密了。从学术史的角度来讲，中国学界跟海外中国学之间的关系，我觉得有三点很重要。

第一点，我觉得应该像陈寅恪说的，学问要"预流"，就是说，你要参与国际学术对话，了解国际学术界的兴趣、问题和关怀在哪里，而且也要成为国际学术界多声部合唱里面的一个声部，而不仅仅是基于国族立场或意识形态，"别求新声"或"故作反调"，有意搞出一些所谓"不和谐音"，我不认为这是正常的态度。其实，清代后期的"西北史地之学"、晚清民初的"四裔之学"，既是国族危机时代的反映，也是跟当时的欧洲东方学、日本东洋学对话的学问，这里面包括沈曾植、罗振玉、王国维，他们涉及的一些新学问，就是"预流"的学问。你知道，"预流"这个词是陈寅恪在给陈垣《敦煌劫余录》写的序里面提出来的，"敦煌学"在20世纪头二三十年就是一个国际学界特别关注的学问。敦煌发现的资料，刺激了国际东方学界对中外交通、宗教交流、各种语言的新知识，所以它是当时的"预流"学问，西洋学者、东洋学者、中国学者，都在里面合作和竞争，大家都奋力在击楫中流，大家都争着立在潮头。我一直认为，有关中国的学问是国际共享的，不是哪一个国家独有的，所以，我一直不喜欢"国学"这个词。比如我们现在提倡的"从周边看中国"，也引起很多国际学界同行的关心，这就很好。那么，我们和国际学界就能够在这个问题上，有共同的兴趣，有相近的话题，有共享的资料，这样就能够进行对话。

但是，我也要说第二点，刚才我说了，有合作当然也有竞争。我们也得承认。这个竞争只要是理性的、正常的学术比赛，没什么关系。我们还是以陈寅恪为例吧。当年，陈寅恪写信给傅斯年谈内亚、蒙古的研究，就说史语所一定要买齐那些欧洲出版的有关中亚、蒙古的论著和资料，你不买这些论著和资料，我们怎么和欧洲学者、日本学者比赛？他又说，史语所一定要把大内档案买下来，这些明清档案不能由外国人掌握和研究，因为"国史之责托于洋人，以旧式感情言之，国之耻也"。中国学术要跟西洋、东洋站在同一个起跑线上，加上自己的努力，才能把"解释中国"这一解释权掌握在自己手上。应该说，学术没有国界，但学者有自尊和立场。陈寅恪大概是一个很典型的例子。

我在《余音》里面举过一个例子，1936年有一次学术评奖，有人提名德国的福兰阁（Otto Franke），他是柏林普鲁士科学院院士，著有《中国通史》五卷，在常人眼中几乎已是大师。可是，陈寅恪却写信给傅斯年表示反对，说此公"在今日德国情形之下，固是正统学人"，但是"仅据其研究中国史之成绩言，则疑将以此影响外界，误会吾辈学术趋向及标准"，这话的背后，显然有一种中国学者的学术自尊意识。所以，他1929年给北大历史系毕业生题诗中就说，"群趋东邻受国史，神州士夫羞欲死"，什么意思？就是说年轻人如果学中国史，还要跑到外国去学，中国历史学家不是会羞死吗？为了捍卫中国学术的自尊，难免就要进行学术竞争了。

七
中国学界面临的困难

李礼 您心里是不是觉得，现在可能很多地方还需要进一步改进？

葛兆光 也许是吧。其实，那个时候学者谈论学术竞争的口气，还是很理性很平等的，它是充满君子风度的比赛，也是很有自尊的比赛。比如，傅斯年说，要让"科学的东方学之正统在中国"，还说我们要把汉学中心，从西京和东京拿回来，西京是法国巴黎，东京就是日本京都。但这并不是说，傅斯年就是纯粹排外的民族主义学者，他对伯希和、对高本汉这些有真学问的西方学者，还是很尊重的，虽然有竞争，但是这只是"比赛"。用现在体育界的话说，就是"场上是对手，场下是朋友"。

第三点就是超越。你必须得超越，可是，你怎么能够超越？其实，我觉得当国门打开后，中国学界就面临很多挑战。我不知道现在学者是不是已经很满足，在中国研究里，反正我们能在国内充老大，哪怕充老二也行，可是，你是不是得走出国门？国际中国学界提出的一些问题，你是不是得回应？而且回应的方式，你是不是能让国际学界接受？比如，我们讲费正清提出来的"冲击—反应"论，我们到底怎么理解的？如果不做深入分析，常常会简单化，要么就是完全接受"冲击—反应"模式，要么就是贬斥"冲击—反应"模式已经过时，而柯文的"从中国发现历史"就是时髦了，我们就得跟着"从中国发现历史"，这样行吗？

又比如说，现在很多人讨论美国的"新清史"，学界也有些奇怪，要么就是跟着新清史，要么就是猛批新清史。其实，新清史提出的问题你有过关心吗？新清史的学术渊源和时代背景你清楚吗？他们为什么要强调把清史放在全球史背景中？为什么要把传统清史研究的中心和边缘稍微挪动一点?为什么要强调多种语言文献的历史研究?你要跟新清史辩论或对话,怎么辩论,怎么对话?我们要想一想,这些年来,有关中国的历史研究,为什么"话题"都是东洋人或西洋人在提,我们能不能提出"话题"来,让他们也来回应?

我觉得,其实并不是不可以。比如,我们现在讨论有关"中国"的问题,传统中国的历史变化,使得现代中国在族群、疆域、国家等方面相当特别,你怎么理解?现在,我们提出的这些问题他们也开始认真回应了,最近我就看到一些相关讨论。如果他们要看你的研究,也要回应你的问题,不止是他们"冲击"、我们"回应",这样也许就会成为良性的学术互动。也就是说,你既能预流,又能对话又有竞争,然后你还能提出一些让他们不得不回应的"话题",这样就形成了一个中国学界和国际学界互动的关系。

李礼 这方面您有自己的切身感受吗?

葛兆光 当然,我自己身处其中,也能感觉到,如果要让别人尊敬你,正视你,一定要有共同话题,有自己的角度和立场,要有互相理解的逻辑和概念,这才是一个正常的中外学术交流。我觉得中国的学术界,其实并不是没有条件与国际学界对话。最大问题是,很长时间形成的逻辑、概念和立场,使得我们习惯的学术研究方式和表达方式,让人家觉得很奇怪,好像卯对不上榫一样,因为你那套跟他那套不一样。特别是,因为这套话语往往把学术变成某种政治现状的学术诠释,因此,你的研究对他们来说,不仅没有用,而且很难理解。所以，为什么有外国学者跟我说，你们那里成千上万的杂志，可是我大多数都不要看，特别是你们的学报，好像没有太大的影响力。

当然，还有我们长期形成的叙述方式，好像也成了一些固定套数，学术论文的教科书化，使得我们的学术论著往往有以前说的"八股气"，让人很不容易读下去。同时，我们也没有主动地把一些看法，用英文、日文、法文表达出来，倒是日本有一个传统，他们会努力地把自己的研究，翻译成英文给国际学界，这是有道理的。在这一点上，我们做得不够好，现在我们有了所谓"走出去"，可是很多"走出去"的论著，并不是国际学界关注的，甚至还有不少是"宣传"大于"研究"的，所以，表面看，走是走出去了，但是实际上呢，影响力很小。所以，我觉得这是我们现在的问题，并不是说中国学者没有能力，而是中国学者处在一个特别的环境下。

李礼 如果从未来看今天，目前中国处于学术史上的一个什么时代？能否说一下您的大概感受。

葛兆光 我不知道。在我看来，学术史对任何时代都会很公平。晚清民国学术大转型，当然是一个重要时代，学术史会留下来的，也可以浓墨重彩地写。但是，现在学术界的这种状况，1949年以后，到"文革"、到现在，我们看到的学术状况，也许会觉得不理想，但是我跟你说，从做思想史或学术史的角度来讲，不理想的时代，照样是一个值得研究的时代，你要仔细想想，为什么学术研究会不理想?这背后有很多值得深思的历史。我以前写《中国思想史》,为什么特别写一章"盛世的平庸",为什么特意要讨论"无画处皆是画"?就是这个道理。

李礼 为什么不理想,能否具体说一下?

葛兆光 回顾需要有距离。对于我们这个时代,因为还没到百年后,也许现在我还说不好。我个人觉得,从80年代初我们进入学术界以后,我们始终在艰难地挣扎,也许,将来学术史对这个时代最重要的关注,是学术研究怎么回应政治环境的波动和变化,在艰难中前行。这就回到你提的第一个问题"时势","时势"怎样造成学术史的这个状况。学术跟政治的关系,可能是将来讨论这一段学术史的时候,最有价值或者说最能找到问题的一个关节点。

八
历史写作不是写给自己看的

李礼 据我了解,您对1895年的历史意义非常看重。从1895年到1919年,这一段思想与学术,您有一本书《西潮又东风》。但您原来写《中国思想史》,为什么到1895年就断掉了?有没有想法再往后写?

葛兆光 这是我的问题,因为能力不够。我在大学学的是古典文献专业，一直做的是中国传统时代的历史、文献和宗教研究，要我来写 1895 年以后的思想史，需要接触的现代资料浩如烟海，需要思考的角度和问题也太复杂，我自觉不大能够把握得住。

李礼 在这个您觉得非常重要的年代，如果有几个大的关键"问题"，会是什么，有没有思考过？

葛兆光 从 1895 到 1919 年，是中国近现代史上的关键时期，这是张灏先生提出来的观点。有关这个关键时期，我记得，在我们给张先生 70 寿辰合作的祝寿文集中，大家都曾围绕着这个问题讨论，但是我觉得要把握这个时代的关键问题，还是要由现代史学者来发言，我不大能准确和深入地说明这个时代。所以，我写的《中国思想史》就到 1895 年为止。坦率地说，原来我还设想过写第三卷，就是从 1895 到 1989 年，这是我理解中的中国的"20 世纪"。

李礼 当时的设想有没有提纲？

葛兆光 有提纲，但是搁在那里就没有再动了。因为我发现，20 世纪历史是一个无底洞，资料太丰富，问题太复杂。我现在都想不起来了，搁了十几年了，我 2000 年写完后，曾经开始想写第三卷，可是一想，头绪想不清楚。而且要写完整的历史或思想史确实是很难的，我很佩服霍布斯鲍姆，能写出《帝国的年代》、《资本的年代》、《革命的年代》和《极端的年代》四部曲。我总觉得，20 世纪的历史和文献，对于我这种原来只是受过古典知识训练的人来说，实在是太困难了。

李礼 关于历史写作,我印象比较深的是,您在《古代中国文化讲义》里好像是说,写作仿佛要带人去古代中国旅行。我想知道,这种历史写作风格来源何处?

葛兆光 那本书是我在清华大学时上课写的讲稿。在历史学界,我可能有点儿特殊。第一,我在中文系读过书,中文系出身的人,当然比较重视写作,而且我的老师一再告诫——我记得很清楚——他说,文章是写给别人看的,不是给你自己看的。你要让人家看下去,你就要注意写得清晰、流畅、有层次。我发现现在有些学者写文章,就跟自言自语似的,仿佛对着墙在说话,他不管你听得懂听不懂,看得懂看不懂,这怎么行?

第二,我的很多论著,都是先写讲稿,然后才整理成书的,你要给大学生讲课,干巴巴地照本宣科,别人能听得进去吗?所以你写讲义的时候,总要考虑节奏、故事、趣味,你说的那本《古代中国文化讲义》就是这么来的。

第三,你要知道,我进大学读书的时候,已经年纪很大了,在这之前,我已经写过很多东西了,多少有一些写作经验。

李礼 之前写的都是什么类型的内容?

葛兆光 剧本、诗歌、小说,我都写过。虽然我们后来受训练,要按照学术规范写文章,但有时候积习难改,总觉得你要写得干巴巴的，多没意思。就像劳伦斯·斯通说的，历史不能没有叙述。你看西方的历史写作，有很多是很好看的，毕竟历史就是"他（她）的故事"。这对我也有影响，比如说我写的《想象异域》，就是讲朝鲜燕行使的那一本，我本来并不想写一本研究型论著，而是想写一本类似史景迁那样讲故事的书。

最关键的，还是当一个历史研究者写作时，如果他是带有关怀和感情来进行写作的，那么他的写作跟那种教科书式的写作是不一样的，所谓梁启超那样的"笔端常带感情"的文风，关键不是文笔而是感情。从我写《禅宗与中国文化》开始，一直到最近我写《历史中国的内与外》，都是这种追求。其实，我们的历史与文化研究总是有一些关怀和感情在里面的。尽管我常常引用余先生的话说，对政治只有遥远的兴趣，但是，当政治始终在纠缠和折磨你的时候，你不能不在历史研究中伸出头来看一看现实，又低下头去，把对现实的感受带入历史分析。

李礼 我个人很喜欢您在《天涯》上写的那些文章，比如《阴晴不定的日子》，从历史上的某一天写起，纵横捭阖和历史钩陈，那其实很费功夫。

葛兆光 当然这是学者写随笔。不过，就算是随笔，你也可以看出学者改不掉的毛病和习惯。我写有关王国维去世那一天的这篇随笔，还是要费劲地去查看各种杂志、报纸，收集那一天前后的历史资料，了解那一天前后，北京甚至全国的形势，再看看王国维前后左右的学者在干什么，甚至还要看看这一天之后日本方面的反应。

说起来，我每天基本上是在阅读文献、收集资料上用时最多，如果要为了写随笔专门去收集资料，我没有那么多闲暇，除非有特别想写的题目，我才会抽空去准备。所以，我写那些随笔，其实也挺费事、挺累，因此写得也不多，后来集成《余音》这么一本书，你看从1995年到2015年，总计也不过就是二三十篇，有的还只是急就章。

李礼 记得一位前辈先生评价现在的年轻学者时说，经常觉得他们缺少一个感情的"情"字。20世纪50年代生的这批学者，包括您在内，会不会是抱有强烈人文主义关怀的最后一批人？

葛兆光 我觉得没那么悲观，以后还会有人继续这种历史写作风格的。将来的历史写作，未必会按照原来那种干巴巴的教科书式写法，只要时代给这些历史写作者一点儿自由空间。比如说，如果你写历史人物的传记，写传记怎么可能干巴巴地展开？如果你要写历史故事，你也不可能干巴巴地写。应该说，现代西方历史研究中强调叙事的风格，加上中国传统《史记》中"寓褒贬于叙事"的写法，还是会影响到下一代年轻学者。

我们看外面的历史论著越来越多，变化也是一定会出现的。其实，20世纪80年代黄仁宇的《万历十五年》影响很大，你说他写得有多好吗？也不一定，但他就是完全不同于中国学者的教科书式的历史写法，所以那个时候很多读者才觉得新鲜，觉得原来历史还可以这么写。

后 记

这一组访谈完成于过去几年，对话内容时间跨度较大。坦率地说，用任何题目涵盖可能都略显勉强。但"古今之变"的思考确实贯穿其中。实际上，这样的问题被提给了多数接受访谈的学者，他们并非都是严格意义上的历史学家，但历史视角却是其研究的重要维度，比如赵鼎新教授的历史社会学、梁治平先生的法律史等。实际上，本书十几位学者对历史和当下的见解并不相同，甚至"立场"颇有差异，但这正是魅力所在，他们从各自不同的视角对中国"古今之变"的打量，让这种思考别开生面，读来颇能给人启发。

如果说他们有什么共同点，那就是隐约间的忐忑。这也许是所有关心未来的人的相似之处。它既来自回首往事，更来自思忖当下。但没有人能对未来给出答案，这一两代人注定要背负这种忐忑的感觉前进。

本文收录的内容有一些为首次刊发，有一些则曾刊发于《东方历史评论》（包括新媒体）、《上海书评》等，特别需要说明的是对两位日本学者的访谈。佐藤慎一先生的书面访谈，曾和许知远对佐藤先生进行的现场访谈整合后，收入《东方历史评论（11）：溃败的前夜——从甲申到甲午》，题为《晚清中国知识精英的图景：佐藤慎一访谈》（采访：许知远、李礼，翻译：马宏健）。本书仅收录我对这位学者的书面访谈内容，由北京社科院学者陈言女士重新翻译。那次访谈得到日本笹川基金会胡一平女士大力帮助，在此再次致谢。对狭间直树教授的访谈，分别围绕《日本早期的亚洲主义》、《东亚近代文明史上的梁启超》两书展开，是两次访谈的综合。其中书面采访译者为中国社科院近代史研究所高莹莹女士，现场访谈翻译为北京外国语大学邵建国教授，他对部分问题亦有贡献。年轻学者苗祎琦女士则承担这次访谈的翻译、整理。因编排格式原因，上述情况无法在本书正文一一标注，在此向几位友人特别致谢。

最后需要说明的是，本书的内容除了来自单独专访，部分对谈是在事前有所沟通的情况下，以一对一的沙龙访谈形式在书店进行，地点包括单向空间、彼岸书店、晓风书屋、大夏书店。访谈整理刊发时已对顺序、口语等做了调整、合并，内容亦有所删节，最后文章的大小标题不少为这次新加，由此带来的问题、差错自然由本人完全承担，也借此感谢相关师友的宽容。

本书简体字出版并不顺利，其中波折甘苦自知。最后要特别感谢汉唐阳光和书海出版社诸多师友，尽管出版业境遇今非昔比，你们仍让我再次感受到了出版人的抱负和理想。

李礼

2023 年 8 月

图书在版编目（CIP）数据

古今之变：历史学家访谈录 / 李礼著. —— 太原：书海出版社, 2024.3
ISBN 978-7-5571-0117-6

Ⅰ.①古… Ⅱ.①李… Ⅲ.①史学家—访问记—中国—现代 Ⅳ.① K825.81

中国国家版本馆 CIP 数据核字（2023）第 152448 号

古今之变：历史学家访谈录

著　　者：	李　礼
责任编辑：	李　鑫
复　　审：	贾　娟
终　　审：	梁晋华
装帧设计：	尚燕平
出 版 者：	山西出版传媒集团·书海出版社
地　　址：	太原市建设南路 21 号
邮　　编：	030012
发行营销：	0351-4922220　4955996　4956039　4922127（传真）
天猫官网：	https://sxrmcbs.tmall.com　电话：0351-4922159
E-mail：	sxskcb@163.com　发行部
	sxskcb@126.com　总编室
网　　址：	www.sxskcb.com
经 销 者：	山西出版传媒集团·书海出版社
承 印 厂：	北京汇林印务有限公司
开　　本：	870mm×1120mm　1/32
印　　张：	12
字　　数：	250 千字
版　　次：	2024 年 3 月　第 1 版
印　　次：	2024 年 6 月　第 3 次印刷
书　　号：	ISBN 978-7-5571-0117-6
定　　价：	68.00 元

如有印装质量问题请与本社联系调换